全国高等职业教育示范专业规划教材
浙江省重点教材建设项目

# 出纳实务

主　编　商兰芳　宣国萍

副主编　金　慧　李　莎

参　编　曹惠玲　叶海英　牛瑞新



机 械 工 业 出 版 社

本书根据高职高专财经类专业课程改革的要求，从企业出纳人员的实际岗位技能和工作过程出发，以模拟企业典型业务为背景，对出纳人员所需具备的基本技能进行了较为系统的介绍，并重点依据出纳的工作流程中对现金的管理，对银行存款的管理，出纳工作所涉及的账、证、表和出纳资料的管理等进行了详细的阐述并进行模拟实训，最后，进行出纳工作的综合模拟训练，以全面提高学生的实际出纳工作操作能力。本书分为“学习目标”、“任务案例”、“理论知识”、“任务处理”、“知识归纳”、“阅读材料”、“小思考”、“达标检测”等模块，充分体现了“教、学、做、工融合”的特点。

本书可作为高等职业院校、高等专科学校、成人高校、民办高校及本科院校举办的二级职业院校财经类专业教材，也可供五年制高职院校、中等职业学校和社会从业人员使用。

**图书在版编目(CIP)数据**

出纳实务/商兰芳，宣国萍主编. —北京：机械工业出版社，2011.2（2017.7 重印）
全国高等职业教育示范专业规划教材　浙江省重点教材建设项目
ISBN 978-7-111-33228-2

Ⅰ.①出…　Ⅱ.①商…　②宣…　Ⅲ.①现金出纳管理—高等学校：技术学校—教材　Ⅳ.①F23

中国版本图书馆 CIP 数据核字（2011）第 013844 号

机械工业出版社(北京市百万庄大街 22 号　邮政编码 100037)
策划编辑：孔文梅　　责任编辑：孔文梅　魏　悦
封面设计：马精明　　责任印制：常天培
北京圣夫亚美印刷有限公司印刷
2017 年 7 月第 1 版第 5 次印刷
184mm×260mm ·13 印张·318 千字
11901—13800 册
标准书号：ISBN 978-7-111-33228-2
定价：29.90 元

凡购本书，如有缺页、倒页、脱页，由本社发行部调换

电话服务
服务咨询热线：010-88379833
读者购书热线：010-88379649

网络服务
机 工 官 网：www.cmpbook.com
机 工 官 博：weibo.com/cmp1952
教育服务网：www.cmpedu.com
金 书 网：www.golden-book.com

# 前　言

随着职业教育的深入改革，实现培养高技能人才的目标越来越需要“理论、实践一体化”的教材。本书以企业出纳工作过程为依据，按工作流程将不同的工作内容确定为不同的项目，在每个项目中，以技术实践知识的培养为先导，先给出“任务案例”，再给出相应的“理论知识”，以形成完整的理论知识系统。在理论学习后进行“任务处理”，形成相应的技术实践知识。

本书的编写过程中体现了以下特点：

**1．“工学结合”的教材定位**

本书的编写思路来源于专业调查和企业实践专家的走访结果，本书的内容、结构和体例既充分考虑了职业教育的需要和高职学生的特点，又完整吸收了企业出纳工作的流程和内容，符合职业能力培养和发展的需要。本书在结构的安排上和内容的组织上重点突出“学习的内容是工作　通过工作进行学习”，因此，本书的定位完全体现了工学结合的特点。

**2．实用、合理的教材体系**

本书从企业出纳实务出发来设置体系，从出纳工作内容的介绍入手，通过对出纳岗位典型工作任务进行分析，将出纳工作分为现金管理，银行存款管理，账、证、表处理等几大典型任务，并针对每一项典型工作任务设置教学项目——独立的章节。学生学习完各大章节后，也就学习完了出纳工作中完整的工作过程。这样的教材体系的设置体现了教学知识的完整性和实用性。

**3．理实一体的教材结构**

本书的结构充分体现了理论与实践相结合的原则。本书采用任务案例导入的形式，引导学生从实际问题中分析、寻找理论知识答案，既有利于提高学生的学习兴趣，又有利于对理论知识的理解和掌握。本书更注重从“做”中“学”，提供了专门的练习，通过基本训练题的练习，提高学生对基本知识和技能的掌握。同时本书还在理论课后安排了实训课程，针对出纳工作的全部内容提供仿真的原始材料和具体的实训要求，便于学生学完理论知识后直接进行实践训练，从而大大提高学生的动手能力和对理论知识的理解、运用，有利于培养学生的职业素养和职业能力。

**4．操作性、先进性并重的教材内容**

本书在组织内容时，最为关注两点：一是先进性，即所有内容的组织均以新《企业会计准则》为依据。二是可操作性，即教材内容以可操作性为出发点，兼顾系统性和理论性。从结构上看，本书强调从出纳流程的系统性出发，结合实际企业出纳工作的内容和流程；从内容上看，本书介绍了实际操作过程中的每个环节所需资料、操作步骤以及填写方法，完全贴近企业实务。这样既便于学生在学习后对出纳工作有整体性的了解，又能明确在实际工作中需要做的内容，从而可以更好地促进理论与实践的结合，提高出纳技能。

因此，本书是推行“教、学、做、工融合”职业教育的理想选择。

本书由浙江工业职业技术学院的商兰芳、宣国萍老师担任主编，提出了编写构思，拟定了编写大纲和要求，并对本书的总体内容进行审定；本书由浙江工业职业技术学院的金慧、李莎老师担任副主编。本书的具体分工如下：项目一由商兰芳老师编写，项目二由宣国萍老师编写，项目三由苏州工业园区服务外包学院商务管理系的曹惠玲老师编写，项目四由李莎老师编写，项目五由浙江工业职业技术学院的叶海英老师编写，项目六由河南工业职业技术学院牛瑞新老师编写，项目七由金慧老师编写。

为方便教学，本书配备电子课件等教学资源。凡选用本书作为教材的教师均可索取，请发送邮件至 cmpgaozhi@sina.com，咨询电话：010-88379375。

由于编者的水平有限，书中的错误和缺点在所难免，欢迎广大读者批评指正。

编　者

# 目　录

# 项目一
# 认识出纳

## 学习目标

（1）能清楚地描述出纳人员的基本素质要求、职业特点和其所需要掌握的技能。
（2）熟悉出纳的基本日常工作、基本职责与权限。
（3）初步了解出纳工作规范。

## 任务一　认识出纳

### 任务案例

#### 任务要求

了解出纳的职责与权限，原则与规范。

#### 任务资料

小三从某财经院校毕业后应聘到现在的集团公司财务部。从上班的第一天起，他就想，“领导会把我分到哪个核算岗位呢？在学校里自己学得最好的专业课是‘成本会计’，但愿领导看过我的档案后，把我分到成本核算组。”一天，财务主管黄经理找小王谈了次话。黄经理说：“小王，你刚进咱们公司，还不熟悉情况，我们对你的工作能力也不太了解。这样吧，你先到出纳岗位，暂时做一年的出纳工作。你有困难吗？”小王虽不情愿，但也只能说：“没有困难。”从经理室走出来后，小王嘀咕道：“我是名牌财院毕业的，怎么叫我做一个出纳员？”这时，迎面走来的李大姐说：“没关系，我们每个会计都是从出纳工作开始的。”小王忙问：“大姐，请问出纳的具体工作有哪些？工作流程是怎样的？”李大姐笑着说：“出纳的工作流程实际上就是资金收入和支出的程序。不过，出纳工作虽然简单，但它的每一个环节都是有规范要求的。”

### 理论知识

#### 一、出纳的含义与特点

##### （一）出纳的含义

“出纳”作为会计名词，在不同的场合中有不同的解释。所谓“出”是指支出、付出，而

“纳”是指收入。广义上说，出纳是指收入和发出的管理工作及其工作人员，即包括出纳工作和出纳人员两种含义。

1．出纳工作

出纳工作是指管理货币资金、有价票据收付的工作。具体来说，它是按照有关规章制度办理本单位的现金收付、银行结算和相关账务，保管库存现金、有价证券、财务印章及有关票据等工作的总称。

2．出纳人员

出纳人员通常简称出纳，是指按照有关制度要求，办理本单位的现金收付、银行存款及相关账务结算，并保管库存现金、有价证券、财务印章及有关票据的人员。

（二）出纳的特点

任何工作都有其自身的特点和工作规律。出纳是会计工作的组成部分，具有一般会计工作的本质属性，但它又是一个专门的岗位，一项专门的技术，因此，它具有自己独特的工作特点，具体包括以下几点：

1．社会性

出纳工作担负着一个单位货币资金的收付、存取活动，而这些活动是置身于整个社会经济活动的大环境之中的，是和整个社会的经济运转相联系的。只要这个单位发生经济活动，就必然要求出纳人员与之发生经济关系。如出纳人员要了解国家有关财会政策法规并参加这方面的学习和培训，出纳人员要经常跑银行等。因此，出纳工作具有广泛的社会性。

2．专业性

出纳工作作为会计工作的一个重要岗位，有着专门的操作技术和工作规则。如何填凭证，怎样记出纳账都很有学问，就连保险柜的使用与管理也是有讲究的。因此，要做好出纳工作，成为一名合格的出纳人员，一方面要经过一定的职业教育，另一方面也需要在实践中不断积累经验，掌握出纳工作要领，熟练使用现代化办公工具。

3．政策性

出纳工作是一项政策性很强的工作，每个环节都必须依照国家相关财经法规进行，如办理现金收付时要按照国家现金管理规定进行，办理银行结算业务时要根据国家银行结算办法进行。《中华人民共和国会计法》（以下简称《会计法》）、《会计基础工作规范》（财会字[1996]19号文件）等法规都把出纳工作并入会计工作中，并对出纳工作提出了具体规定和要求。不掌握这些政策法规，就做不好出纳工作；不遵守这些政策法规，就违反了财经纪律。

4．时效性

出纳工作具有很强的时效性。何时发放职工工资，何时核对银行对账单等，都有严格的时间要求，一天都不能延误。因此，出纳人员应安排好时间表，及时办理各项工作，保证出纳工作质量。

## 二、出纳人员与机构

### （一）出纳人员的基本要求

出纳人员是会计人员的重要组成部分。出纳人员应具备以下基本素质：

1. 取得会计人员从业资格证书——会计证

各单位应当根据会计业务需要配备持有会计证的会计人员。未取得会计证的人员，不得从事会计工作。持证上岗既是用人单位的要求，也是对用人单位利益的保证。同时，也是对已经持证人员的权益维护。

此外，持证人每年要参加继续教育的培训，了解和掌握会计政策、专业知识的变化，提高业务水平，满足企业经营管理的需要。

2. 具备必要的专业知识和专业技能

会计人员应当具备必要的专业知识和专业技能，熟悉国家有关法律、法规、规章和国家统一会计制度，遵守职业道德。作为出纳人员应当熟悉会计的基本知识，掌握清点钞票、使用票据等基本技能。

3. 亲属回避制度

亲属回避制度是指为了保证执法和执业的公正性，对由于某种原因可能影响其公正执法或执业的人员实行任职回避的一种制度。国家机关、国有企业、事业单位任用会计人员时实行回避制度。会计机构负责人、会计主管人员的直系亲属不得在本单位会计机构中担任出纳工作。

### （二）出纳机构设置

出纳机构一般设置在会计机构内部，如各企事业单位财务科、财务处内部设置专门处理出纳业务的出纳组、出纳室。

《会计法》第二十一条第一款规定："各单位根据会计业务的需要设置会计机构，或者在有关机构中设置会计人员并指定会计主管人员。不具备条件的，可以委托经批准设立的会计咨询、服务机构进行代理记账。"《会计法》中对各单位会计、出纳机构与人员的设置没有作出硬性规定，只要求各单位根据业务需要来设定。各单位可根据单位规模的大小和货币资金管理的要求，结合出纳工作的繁简程度来设置出纳机构。以工业企业为例，大型企业可在财务处下设出纳科，中型企业可在财务科下设出纳室，小型企业可在财务股下配备专职出纳员。有些主管公司为了资金的有效管理和总体利用效益，将若干分公司的出纳业务（或部分出纳业务）集中办理，成立专门的内部"结算中心"，这种"结算中心"实际上也是出纳机构。

### （三）出纳人员配备

一般实行独立核算的企业单位，在银行开户的行政事业单位，有经常性现金收入和支出业务的企业、行政事业单位都应配备专职或兼职出纳，担任本单位的出纳工作。出纳人员配备的数量，主要取决于本单位出纳业务量的大小和繁简程度。以业务需要为原则，既要满足出纳工作量的需要，又要避免徒具形式、人浮于事的现象。一般可采用一人一岗、一人多岗、一岗多人等几种形式。

一人一岗：规模不大的单位，出纳工作量不大，可设专职出纳人员一名。

一人多岗：规模较小的单位，出纳工作量较小，可设兼职出纳人员一名。如无条件单独设置会计机构的单位，至少要在有关机构中（如单位的办公室、后勤部门等）配备兼职出纳人员一名。但兼职出纳人员不得兼任收入、费用、债权债务账目的登记工作及稽核工作和会计档案的保管工作。

一岗多人：规模较大的单位，出纳工作量较大，可设多名出纳人员，如分设管理收付的出纳人员和管账的出纳人员，或分设现金出纳人员和银行结算出纳人员等。

## 三、出纳职能

出纳工作是整个会计核算工作的基础和重要组成部分，出纳工作的质量和效率，直接关系到整个会计核算工作的质量和效率。一个具有高度责任心的、坚持原则的出纳人员，好比“一夫当关”，让各种违纪违法分子很难有所作为。

出纳职能可概括为收付、反映、监督和管理四个方面：

### 1. 收付职能

出纳的最基本职能是收付职能。企业经营活动少不了货物价款的收付、往来款项的收付，也少不了各种有价证券以及金融业务往来的办理，这些业务往来的现金、票据和金融证券的收付和办理以及银行存款收付业务的办理，都必须经过出纳人员之手。

### 2. 反映职能

出纳的第二个主要职能就是反映职能。出纳要利用统一的货币计量单位，通过其特有的现金与银行存款日记账、有价证券的各种明细分类账，对本单位的货币资金和有价证券进行详细的记录与核算，以便为经济管理和投资决策提供其所需的完整、系统的经济信息。

### 3. 监督职能

出纳不仅要对本单位的货币资金和有价证券进行详细的记录与核算，为经济管理和投资决策提供其所需的完整、系统的经济信息，还要对企业的各种经济业务，特别是货币资金收付业务的合法性、合理性和有效性进行全过程的监督。

### 4. 管理职能

出纳还有一个重要的职能是管理职能。对货币资金与有价证券进行保管，对银行存款和各种票据进行管理，对企业资金使用效益进行分析、研究，为企业投资决策提供金融信息，甚至直接参与企业的方案评估、投资效益预测分析等也是出纳的职责所在。

## 四、出纳职责与权限

### （一）出纳职责

出纳人员的职责一般包括：

（1）负责保管好库存现金、有价证券以及银行存款，其账面记录和相应的实物必须相符。

（2）负责保管好有关印章和空白收据、空白发票、银行汇票等票据。

（3）遵守各项收支标准，在费用开支范围内办理现金收付款业务和银行存款结算业务。

（4）负责登记现金、银行存款日记账，做到数据准确，账目清楚。

### （二）出纳权限

根据《会计法》、《会计基础工作规范》等财会法规，出纳人员具有以下权限：

#### 1. 维护财经纪律，执行财会制度，抵制不合法的收支和弄虚作假行为

《会计法》是我国会计工作的根本大法，是会计人员必须遵循的重要法律。《会计法》第三章第十六条、第十七条、第十八条、第十九条中对会计人员如何维护财经纪律提出了具体

规定。这些规定为出纳人员实行会计监督，维护财经纪律提供了法律保障。出纳人员应认真学习、领会、贯彻这些法规，充分发挥出纳工作的“关卡”、“前哨”作用，为维护财经纪律、抵制不正之风作出贡献。

**2. 参与货币资金计划定额管理的权力**

现金管理制度和银行结算制度是出纳人员开展工作时必须遵照执行的法规，而执行这些法规实际上赋予了出纳人员对货币资金管理的职权。如为加强现金管理，要求各单位的库存现金必须限定在一定的范围内，多余的则要按规定送存银行，这便为银行部门利用社会资金进行有计划的放款提供了资金基础。因此，出纳工作不是简单的货币资金的收收付付，不是无足轻重的点点钞票，其工作的意义只有和许多方面的工作联系起来才能体会到。

**3. 管好与用好货币资金的权力**

出纳工作每天和货币资金打交道，单位的一切货币资金往来都与出纳工作紧密联系。货币资金的来龙去脉和其周转速度的快慢，出纳人员都清清楚楚，因此，提出合理安排利用货币资金的意见和建议，及时提供货币资金的使用与周转信息，也是出纳人员义不容辞的责任。出纳人员应抛弃被动工作观念，树立主动参与意识，把出纳工作放到整个会计工作、经济管理工作的大范围中，这样，既能增强出纳自身的职业荣誉感，又为出纳工作开辟了新的视野。

## 五、出纳原则与规范

出纳工作的基本原则主要是指内部牵制原则（也称为钱账分管原则）。《会计法》第三十七条规定：“会计机构内部应当建立稽核制度。出纳人员不得兼任稽核、会计档案保管和收入、支出、费用、债权债务账目的登记工作。”内部牵制原则是指凡是涉及款项和财物收付、结算及登记的任何一项工作，必须由两人或两人以上分工办理，以起到相互制约的作用。如现金和银行存款的支付，应由会计主管人员或其授权的代理人审核、批准，出纳人员付款，记账人员记账；发放工资时，应由工资核算人员编制工资单，出纳人员向银行提取现金和分发工资，记账人员记账。实行钱账分管主要是为了加强会计人员相互制约、相互监督、相互核对，提高会计核算质量，防止工作误差和营私舞弊等行为。

《会计法》中专门规定出纳人员不得兼管稽核、会计档案保管和收入、费用、债权债务账目的登记工作，是由于出纳人员是各单位专门从事货币资金收付业务的会计人员，根据复式记账原则，每发生一笔货币资金的收付业务，必然引起收入、费用或债权、债务等账簿记录的变化，或者说每发生一笔货币资金的收付业务都要登记收入、费用或债权、债务等有关账簿，如果把这些账簿登记工作都交由出纳人员办理，会给贪污舞弊行为以可乘之机。同样道理，如果稽核、内部档案保管工作也由出纳人员经管，也难以防止利用抽换单据、涂改记录等手段进行舞弊的行为。当然，出纳人员不是完全不能记账，只要其所记的不是收入、费用、债权、债务方面的账目，出纳人员是可以承担一部分记账工作的。总之，内部牵制原则是出纳工作的一项重要原则，各单位都应建立健全这一制度，防止营私舞弊行为的发生，维护国家和单位财产的安全。

## 任务处理

小三在李大姐的指点下，经过一段时期的工作后，逐渐认识到了出纳工作的重要性，并了解到出纳职能，出纳人员基本的日常工作和所需遵守的原则与规范：

（1）出纳职能有收付职能、反映职能、监督职能和管理职能；

（2）出纳职责：①负责保管好库存现金、有价证券以及银行存款。②负责保管好有关印章和空白收据、空白发票、银行汇票等票据。③在费用开支范围内办理现金收付款业务和银行存款结算业务。④负责登记现金、银行存款日记账。

（3）出纳工作的基本原则主要是指内部牵制原则（也称为钱账分管原则）。

# 任务二 出 纳 工 作

## 任务案例

### ➡ 任务要求

了解出纳工作流程和基本素质要求。

### ➡ 任务资料

几个月下来，小王逐渐熟悉了自己工作的内容及程序，在工作中也从未出现差错，可谓得心应手。没想到这一天他在给车队驾驶员武师傅报销运费时，多支付了 1 200 元，幸亏武师傅在清点钱数时发现并主动归还了这 1 200 元。小王吓出了一身冷汗，向武师傅连声道谢。他马上进行了自我反思和总结。

## 理论知识

### 一、出纳工作流程

出纳人员每天要处理大量的经济业务，协调各方面的经济利益关系，整天与钱打交道，工作琐碎，容易出差错。如何才能既提高工作效率，又保证工作质量？这就需要制定一个合理、有效的工作流程，使得出纳工作有条不紊地进行，以满足财务管理的需要。

出纳工作流程是指出纳人员在办理收付款业务时规定的业务处理程序。

#### （一）资金收入的处理程序

**1．清楚收入的来源和金额**

出纳人员在收到一笔资金时，应当清楚地知道收到资金的数额，这笔资金是由谁支付的，收取资金的理由，并按不同的情况进行处理。

（1）确定收款金额。如收入的是现金，应考虑库存现金的限额。

（2）明确付款人。出纳人员应明确付款人的全称和有关情况，当遇到收到背书支票或其他代付款的情况时，应由经办人员加以注明。

（3）收到货币资金的原因。出纳人员应当根据有关销售合同，确定收款额是当期实现收入还是收回以前的欠款，再分别进行处理，保证账证相符。

(4) 代收款项。代收的职工水电费、保险费、房租等代收款项应及时核算，及时交付。

2. 清点收入

出纳人员在清楚收入的金额和来源后，应进行清点核对，清点时应沉着冷静，不要图快。

在清点收入的现金时，应当面清点。在清点过程中出纳人员如发现现金短缺、假钞等特殊问题，应交经办人员负责处理。

在将收到的款项存入银行时，出纳人员应与银行核对，填制进账单，交由银行盖章（或取得收款通知）后，确认收入实现，再进行账务处理。电话通知或电话查询只能作为参考，不能作为收款的依据。

3. 收入的退回

因特殊原因需将收入退回的，如支票印鉴不清、单位账号错误等，出纳人员应及时通知经办人员或对方，重新办理收款业务。

（二）资金支出的处理程序

1. 明确资金支出的金额和原因

出纳人员在支出每一笔资金的时候，一定要知道准确的金额，以合理安排资金。

(1) 明确收款人。出纳人员必须严格按照合同、发票或有关依据记载的收款人进行付款，对于代收款的，应在其出具原收款人的证明材料并与原收款人核实后，方可办理付款手续。

(2) 明确付款的用途。对于不合法、不合理的付款应坚决抵制并及时汇报。用途不明的应拒绝办理。

2. 检查付款审批手续

经办人员在填制付款单时要注明用途，在单据上签名盖章，并对付款事项的真实性和准确性负责。

出纳人员在付款时还应检查付款的审批手续是否齐全。不同单位的审批手续虽然不一定相同，但都应有财务负责人、单位负责人等的签名或盖章。

3. 办理付款

出纳人员在严格检查付款金额、用途和付款手续后方可付款。

对于不够银行结算起点的小额款项、个人支付款项，出纳人员在支付现金后必须在凭证上盖上“现金付讫”戳记。

超过结算起点的款项必须通过银行结算。

## 二、出纳人员的基本素质

出纳工作要求出纳人员要有较高的理论水平，熟练高超的业务技能，严谨细致的工作作风。

(1) 理论水平。合格的出纳人员必须通晓国家颁布的各项政策。出纳工作涉及的“规矩”很多，如《会计法》及各种会计制度，《会计基础工作规范》，现金管理制度及银行结算制度，成本管理条例及费用报销额度，税收管理制度及发票管理办法，本单位内部的财务管理规定等。出纳人员应严格遵守上述法律、法规和制度的规定，做企业的“好管家”。

出纳人员要做好出纳工作，首先应该学习、了解、掌握财经法规和制度，提高自己的理论水平。出纳人员只有刻苦掌握政策法规和制度，明白自己何事能做，何事不能做，何事应该抵制，在工作时才能得心应手，才不会犯错误。

（2）业务技能。“台上一分钟，台下十年功。”出纳工作需要很强的操作技巧。打算盘，熟练使用 OFFICE 软件，填票据，点钞票等，都需要深厚的基本功。

作为专职出纳人员，不但要具备处理一般业务的财会专业基本知识，还要具备较高的处理出纳事务的出纳专业知识水平和较强的数字运算能力。

（3）工作作风。出纳人员必须具备良好的职业道德修养，要热爱本职工作，敬业、精业；要科学理财，充分发挥资金的使用效益；要遵纪守法，严格监督并且以身作则；要洁身自好，不贪、不占公家便宜；要实事求是，真实、客观地反映经济活动的本来面目；要注意保守机密；要竭力完成本单位的中心工作，维护本单位的总体利益，牢固树立“为人民服务”的思想。

每天出纳人员和金钱打交道，稍有不慎就会造成意想不到的损失，出纳人员必须养成与出纳职业相符合的工作作风：精力集中，细致冷静。精力集中就是工作起来要全身心地投入，不为外界所干扰；细致冷静，就是要做到收支计算准确无误，手续完备，不发生工作差错。

（4）安全意识。现金、有价证券、票据、各种印章，既要有内部的保管分工，各负其责并相互牵制，又要有对外的保安措施。出纳人员要密切配合保安部门的工作，更要增强自身的安全意识，学习保安知识，把保护自身分管的公共财产物资的安全与完整作为自己的首要任务来完成。

## 任务处理

小王进行反思后，认为自己对资金收入及资金支出的处理程序还是比较了解的。只是最近他在思想上有所放松、麻痹，加上这一天有中超联赛，作为铁杆球迷的他在工作时还不时在电脑上瞄一眼直播赛程，没有集中精力而导致了这次差错。由此他切实认识到了作为一名出纳人员不仅要有较高的理论水平、熟练高超的业务技能，还要有严谨、细致的工作作风。

## 知识归纳

本项目主要介绍了两个方面的内容：①出纳人员。②出纳工作。

“出纳”作为会计名词，具有出纳工作、出纳人员两层含义。出纳人员一般可采用一人一岗、一人多岗、一岗多人等几种形式。出纳职能可概括为收付、反映、监督、管理四个方面。出纳人员具有的权限包括维护财经纪律，执行财会制度，抵制不合法的收支和弄虚作假行为；参与货币资金计划定额管理的权力；管好与用好货币资金的权力。

出纳工作主要是指出纳人员按照规定的业务处理程序办理收付款业务。做好出纳工作必须具备一定的理论水平、业务技能等。

## 阅读材料

### 出纳员三字经

出纳员，很关键；
静头脑，清杂念。
业务忙，莫慌乱；
情绪好，态度谦。
取现金，当面点；
高警惕，出安全。
收现金，点两遍；
辨真假，免赔款。
支现金，先审单；
内容全，要会签。
收单据，要规范；
不合规，担风险。
账外账，甭保管；
违法纪，又罚款。

## 小思考

荣达公司是一家大规模的经营公司，公司日常的本位币和外币业务都非常频繁，出纳人员的工作量太大，有时在岗的两名出纳人员都无法满足工作需要。于是，赵副总经理向财务总监老王提出让档案室小骆做兼职出纳工作，老王当即提出反对。老王的反对有道理吗？荣达公司应该怎样设置出纳工作岗位？

**案例分析：**《会计法》中规定：“出纳人员不得兼任稽核、会计档案保管和收入、支出、费用、债权债务账目的登记工作。”故老王的反对是正确的。

荣达公司可以按以下思路设置出纳工作岗位：

设置出纳 1 经办本位币业务的现金和银行存款管理工作；设置出纳 2 经办外币业务的现金和银行存款管理工作；设置总出纳，领导和监督出纳 1 和出纳 2 的工作，并经管公司总的现金和银行存款管理工作。

## 达标检测

**一、单项选择题**

1. 出纳工作的基本原则是（　　）。

A. 钱账分管原则　　B. 亲属回避制度
C. 权责发生制原则　　D. 重要性原则

2. 以下说法中正确的是（　　）。

A. 出纳员完全不能记账　　B. 出纳员可以记所有的账目

C. 出纳员可以承担一部分记账　　D. 出纳员不能登记日记账

## 二、多项选择题

1. 出纳人员配备一般可采用（　　）的形式。

A. 一人一岗　　B. 一人多岗　　C. 一岗多人　　D. 钱账分管

2. 下列（　　）不得在本单位会计机构中担任出纳工作。

A. 会计机构负责人　　B. 会计主管人员的直系亲属

C. 办公室文员的亲属　　D. 后勤部门人员

3. 出纳职能可概括为（　　）。

A. 收付职能　　B. 反映职能　　C. 监督职能　　D. 管理职能

## 三、判断题

1. 出纳工作不需要任何技巧，谁都可以做。（　　）

2. 出纳仅仅指出纳人员。（　　）

3.《会计法》规定，出纳人员不得兼任稽核、会计档案保管和收入、债权债务账目的登记工作。也就是出纳人员只能管钱，不能管任何账簿。（　　）

4. 出纳人员只需要打算盘和计算器就可以，不需要取得会计从业资格证书。（　　）

5. 出纳人员只需要懂得算账就可以，不需要了解国家的法律政策。（　　）

## 四、简答题

1. 什么是出纳？

2. 出纳工作有什么特点？

3. 出纳工作的基本要求是什么？

4. 出纳人员有哪些权限？

5. 出纳人员应该具备哪些素质？

# 项目二 出纳工作的基本技能

## 学习目标

（1）清楚地了解作为出纳人员所需的基本知识。
（2）熟练掌握点钞技能、书写技能及票币的识别和整理技能。
（3）熟悉相关机器的使用，网上银行的开设与管理。

## 任务一　人民币的识别和整理

### 任务案例

**任务要求**

熟悉真假人民币的识别方法。

**任务资料**

出纳人员小王平时用多功能防伪点钞机收款，感觉十分方便。会计李大姐不止一次地提醒他需掌握一些人工识别真假人民币的方法，但小王不以为然。这天正当小王向客户收款时，突然停电，防伪点钞机无法使用了，这时他才后悔平时没听李大姐的话，只能临时忙着翻书寻找人工识别真假人民币的相关知识。

### 理论知识

#### 一、人民币的特点

目前市场上流通的人民币以第五套为主，兼有部分第四套人民币。

##### （一）第四套人民币的特点

1987 年 4 月 27 日起陆续发行的第四套人民币的券别，共有九种，即 1 元、2 元、5 元、10 元、50 元、100 元六种主币和 1 角、2 角、5 角三种辅币。第四套人民币具有以下特点：

### 1. 体现了政治性与艺术性的有机结合

在团结一致建设有中国特色社会主义的主题思想下，人民币图案一方面以中国共产党老一辈革命家、工人、农民、知识分子、民族人物像体现政治性，另一方面通过我国名山大川、名胜古迹、民族图案等体现艺术性；整个画面绚丽多彩、栩栩如生，表现了我国货币的独特风格。

### 2. 突出了防伪性能

防伪性能的主要表现：一是在设计、制版上采用了复杂的雕刻技术，不易造假。二是钞票用纸采用了满版古钱水印和固定人物头像水印，表现出明暗层次。三是首次使用安全线，工艺技术很高。四是采用了荧光油墨和磁性油墨以及其他防伪技术。防伪性能的加强也反映了我国印钞技术水平的提高。

### （二）第五套人民币的特点

根据中华人民共和国第 268 号国务院令，中国人民银行于 1999 年 10 月 1 日起在全国陆续发行第五套人民币。第五套人民币有 100 元、50 元、20 元、10 元、5 元、1 元、5 角和 1 角八种面额。第五套人民币与前四套人民币相比，有如下鲜明的特点：

（1）由中国人民银行首次完全独立设计与印制，其印制技术已达到国际先进水平。

（2）通过有代表性的图案，进一步体现出我们伟大祖国悠久的历史和壮丽的山河，具有鲜明的民族性。

（3）主景人物、水印、面额数字均较以前放大，更便于识别。

（4）应用了先进的科学技术，在防伪性能和适应货币处理现代化方面有了较大提高，科技含量较高。

（5）在票幅尺寸上进行了调整，票幅宽度未变，长度缩小。

第五套人民币 100 元纸币的主要特征：主色调为红色，票幅长 155mm，宽 77mm。正面右侧主景为毛泽东头像，左侧为椭圆形梅花图案和汉字、阿拉伯数字面值。票面左上方为中华人民共和国“国徽”图案和中国人民银行行名，右下方为盲文面额标记；背面中间主景为“人民大会堂”图案，左侧为人民大会堂内圆柱图案，上方衬以人民大会堂主会场天花板图，右下方印有年号“1999 年”，票面右上方为“中国人民银行”汉语拼音字母和蒙、藏、维、壮四种民族文字的“中国人民银行”字样和面额。

## 二、假人民币及其主要类型

### （一）假人民币的种类

假人民币是指仿照人民币真钞的纸张、图案、水印、安全线等的原样，利用各种技术手段非法制作的伪币。

按照假币的制作方法和手段，大体可分为两种类型，即伪造币和变造币。

伪造币是指依照人民币真钞的用纸、图案、水印、安全线等的原样，运用各种材料、器具、设备、技术手段模仿制造的人民币假钞。

变造币是指利用各种形式、技术、方法等，对人民币真钞进行加工处理，改变其原有形态，以使其升值。

### （二）伪造币的种类

因仿制的手段不同，伪造币各有其独自的特点，现按不同的仿制手段将之分为手绘假钞、蜡印假钞、石印假钞、手刻凸版假钞、拓印假钞、复印合成假钞、机制假钞、彩色复印假钞、照相假钞、剪贴假钞。

### （三）变造币的种类

按对真币的加工处理方法的不同，变造币可分为以下几种情形：

1. 涂改币

这是指将真币票面金额用化学药剂涂掉，再用油墨或颜料加以涂改，使其面额增大的假钞。

2. 剪贴币

这是指将真币剪贴拼凑成局部缺位的假钞。如由五张拼成六张，或由八张拼成十张，也有的是将票面金额部分进行挖补，使其面额增值的。

3. 揭页币

这是指将真币的纸层揭开，一分为二，再分别用其他纸张粘贴于其背后的单面假钞。

## 三、真假人民币的识别方法

真假人民币的鉴别方法是以印刷的理论为依据进行比较检验的，常用的方法是眼看、手摸、耳听、笔拓、仪器测、尺量。通过这些方法检验后再进行综合分析判断，真假人民币即可现出本来面目。

1. 眼看

一看钞票的水印是否清晰，有无层次和浮雕效果，是否在纸内形成。二看有无安全线，是否在纸内形成。三看多色接线图纹的颜色衔接处是否过渡平稳，有无搭接的痕迹，套印、对印是否准确。四看冠字号码排列距离是否适中，背面有无压痕。五看凹印部位图案是否均由点、线构成。六看票面底纹是否由清晰的连续线条组成，因为假人民币的花纹和线条是由模糊的、不连续的网点构成的。

2. 手摸

用手摸票面上的凹印部位，如盲文点、国徽、主景图案、花边等处有无凹凸的感觉。用手摸纸张的厚薄度、坚韧度、光滑度等。

3. 耳听

钞票纸张是特殊的纸张，质韧，挺括耐折。用手抖动或手弹纸张时，真人民币的纸张声音清脆，假人民币的纸张声音沉闷。

4. 笔拓

将薄页纸敷在钞票水印位置，用软芯铅笔轻拓，真币会在薄纸上出现清晰的水印轮廓图，而假人民币则拓不出水印。

5. 仪器测

用放大镜或显微镜仔细观察钞票票面图纹的色彩过渡、衔接是否准确、平滑，凹印部位有无凸起印痕。用紫外灯检测荧光图文，用磁性检验仪检测磁性印记，用多功能检测仪器对票面水印、荧光、磁性、凹印凸起等特征进行检测。

6．尺量

第五套人民币的100元纸币的主色调为红色，票幅长155mm，宽77mm；20元纸币的主色调为棕色，票幅长145mm，宽70mm。

在进行真假人民币的识别过程中，最简单的方法是比较检验：比较是否是同一版号的，比较印刷版型，比较印刷方法，比较版面图文等。借助仪器进行比较时可使用放大镜、显微镜、紫外灯、文检仪、验钞机等；对于高仿真的假人民币还可以进行纸张成分分析、油墨成分、颜色显色反应，薄层色谱分析等综合分析。

### 任务处理

小王在阅读相关书籍后，了解到真假人民币的鉴别方法是以印刷的理论为依据进行比较检验的。常用的方法有眼看、手摸、耳听、笔拓、仪器测、尺量。通过这些方法检验后再进行综合分析判断，真假人民币即可现出本来面目。

# 任务二 点钞技能

### 任务案例

➡ 任务要求

掌握手持式手工点钞方法。

➡ 任务资料

出纳小王所在的公司平时现金收付款频繁，数量较大。为确保准确，小王每次在机器点钞的基础上再进行一遍手按式手工点钞，但速度较慢。老出纳高大姐建议小王使用速度快的手持式手工点钞方法，而小王却不知道该怎样点钞。

### 理论知识

## 一、点钞的一般程序

出纳人员在办理现金收付业务时，一般应按下列程序办理：审查现金收付凭证及其所附的原始凭证，检查应填项目是否填写齐全、清楚，两者内容是否一致；依据现金收付凭证的金额，先点大额票面金额数，再点小额票面金额数；在点钞过程中，一般应边点数，边在算盘或计算器上加计金额，点钞完毕后，算盘或计算器上的数字，应与应点数额及现金收付凭证上的金额相一致。

需要注意：在点钞过程中，对于成捆、成把现钞上原有的封签、封条和封纸，应暂时保存，点钞无误后方可扔掉；点钞无误后，再办理具体的现金收付业务。

## 二、点钞的基本方法

点钞包括整点纸币和清点硬币。点钞方法是相当多的，概括而言，可以划分为手工点钞和机器点钞两大类。对于手工点钞，根据持票姿势的不同，又可划分为手持式点钞方法和手按式点钞方法。手按式点钞方法是将钞票放在台面上操作；手持式点钞方法是在手按式点钞方法的基础上发展而来的，其速度远比手按式点钞方法快。因此，手持式点钞方法在全国各地应用比较普遍。

手持式点钞方法根据指法的不同可分为单指单张点钞法、单指多张点钞法、多指多张点钞法、扇面式点钞法四种。下面介绍多指多张点钞法、扇面式点钞法：

### （一）多指多张点钞法

多指多张点钞法是指在点钞时用小指、无名指、中指、食指依次捻下一张钞票，一次清点四张钞票的方法，也叫四指四张点钞法。这种点钞法适用于收款、付款和整点工作，这种点钞方法不仅省力、省脑，效率高，而且能够逐张识别假钞票和挑出残破钞票。

**1. 持票**

用左手持钞，右手中指在前，食指、无名指、小指在后，将钞票夹紧，四指同时弯曲将钞票轻压成瓦形，拇指在钞票的右上角外面，将钞票推成小扇面，然后手腕向里转，使钞票的右里角抬起，右手五指准备清点。

**2. 清点**

右手腕抬起，拇指贴在钞票的右里角，其余四指同时弯曲并拢，从小指开始每指捻动一张钞票，依次下滑四个手指，每次下滑动作捻下四张钞票，循环操作，直至点完一百张。

### （二）扇面式点钞法

把钞票捻成扇面状进行清点的方法叫扇面式点钞法。这种点钞方法速度快，是手工点钞中效率最高的一种。但它只适合于清点新票币，不适合于清点新、旧、破混合的钞票。

**1. 持钞**

钞票竖拿，左手拇指在票前下部中间票面约 1/4 处。食指、中指在票后同拇指一起卡住钞票，无名指和小指拳向手心。右手拇指在左手拇指的上端，用虎口从右侧卡住钞票成瓦形，食指、中指、无名指、小指均横在钞票背面，作开扇准备。

**2. 开扇**

开扇是扇面点钞的一个重要环节，扇面要开均匀，为点数打好基础，作好准备。其方法是以左手为轴，右手食指将钞票向胸前左下方压弯，然后再猛向右方闪动，同时右手拇指在票前向左上方推动钞票，食指、中指在票后用力向右捻动，左手指在钞票原位置向逆时针方向画弧捻动，食指、中指在票后用力向左上方捻动，右手手指逐步向下移动，至右下角时即可将钞票推成扇面形。如有不均匀的地方，可双手持钞抖动，使其均匀。打扇面时，左右两手一定要配合协调，不要将钞票捏得过紧，如果点钞时采取一按十张的方法，扇面要开小些，便于清点。

3．点数

左手持扇面，右手中指、无名指、小指托住钞票背面，拇指在钞票右上角 1cm 处。一次按下五张或十张；按下后用食指压住，拇指继续向前按第二次，依此类推。同时左手应随右手点数速度向内转动扇面，以迎合右手按动，直到点完一百张为止。

4．记数

采用分组记数法。一次按五张为一组，记满二十组为一百张；一次按十张为一组，记满十组为一百张。

5．合扇

清点完毕合扇时，将左手向右倒，右手托住钞票右侧向左合拢，左、右手指向中间一起用力，使钞票竖立在桌面上，两手松拢轻墩，把钞票墩齐，准备扎把。

（三）钞票的捆扎

点钞完毕后需要对所点钞票进行扎把，通常一百张捆扎成一把。如临柜收款采用此种方法时，需使用牛皮纸腰条。其具体操作方法如下：

（1）将点过的一百张钞票墩齐竖立。

（2）左手拦腰握住钞票，使之成为瓦状（瓦状的幅度会影响扎钞的松紧，且在捆扎中幅度不能变）。

（3）右手握着腰条头将其从钞票底边夹入钞票的中间（全票的 2/3～3/4 处），从凹面开始绕钞票两圈。

（4）在绕到钞票原转角处时将腰条向右折叠 90°，将腰条头绕捆在钞票的腰条上并转两圈打结。

（四）清点硬币

清点硬币一般常用于收款、收点硬币尾零款。清点硬币一般包括拆卷、清点、记数、包装等几个步骤：

1．拆卷

右手持硬币卷的 1/3 部位，放在待清点完包装纸的中间，左手撕开硬币包装纸的一头，然后右手大拇指向下从左到右端开包装纸，把纸压开后，左手食指平压硬币，右手推出已压开的包装纸，即可准备清点。

2．清点

将硬币由右向左分组清点，用右手拇指和食指持币分组清点，为了准确可用中指在一组中间分开查看。如一次点 10 枚为一组，即从中间分开一边 5 枚。

3．记数

记数方法采用分组记数法，一组为一次，每次枚数相同，如一组 10 枚，记 10 次即为 100 枚。

4．包装

硬币清点完毕后，用双手的无名指分别顶住硬币的两头，用拇指、食指、中指捏住硬币的两端，将硬币取出放入已准备好的包装纸的 1/2 处，再用双手拇指把里半部的包装纸向外掀起掖在硬币底部，用右手掌心用力向外推卷，然后用双手的中指、食指、拇指分别将两头包装纸压下均贴至硬币，使硬币两头压三折包装完毕。

## 任务处理

手持式点钞方法根据指法的不同可分为单指单张点钞法、单指多张点钞法、多指多张点钞法、扇面式点钞法四种。小王选择了省力、省脑、高效且能够逐张识别假钞票和挑出残破钞票的多指多张点钞法，点钞时用小指、无名指、中指、食指依次捻下一张钞票，一次清点四张钞票。经过一段时间的练习后，他熟练掌握了多指多张点钞法，点钞速度比以前快多了。

# 任务三　书写技能

## 任务案例

### 任务要求

熟悉数字书写的要求。

### 任务资料

出纳小王对计算机十分熟悉，在大学时“会计电算化”这门课程学得最好，觉得目前财会人员的记账、开票及凭证填制工作都可以用相关财务软件解决，因此他对手工记账、开票及凭证填制时文字、数字的书写要求不很重视。没想到有一次他去某大公司面试时，财务主管给他出了道题目，让他手工填开数张支票。小王一下蒙了，不知道数字大小写的书写有哪些要求。

## 理论知识

### 一、文字的书写

依据财政部制定的《会计基础工作规范》，文字的书写需符合下列要求：

**1. 文字必须整洁清晰，准确无误**

在登记书写时，不要滥造简化字，不得使用同音异义字，不得写怪字体；摘要文字紧靠左线；文字字体大小适中，紧靠下线书写，上面要留有适当空距，一般应占格宽的1/2，以备按规定的方法改错。为防止字迹模糊，墨迹未干时不要翻动账页；夏天记账时，可在手臂下垫一块软质布或纸板等书写，以防汗浸。

**2. 正常记账时使用蓝黑墨水**

登记账簿时要用蓝黑墨水或者碳素墨水书写，不得使用圆珠笔（银行的复写账簿除外）或者铅笔书写。在会计的记账书写中，数字的颜色是重要的语素之一，它同数字和文字一起传达出会计信息。如同数字和文字的错误会表达错误的信息，书写墨水的颜色用错了，其导致的概念混乱也不亚于数字和文字的错误。

### 3. 特殊记账时使用红墨水

在下列情况下，可以用红色墨水记账：①按照红字冲账的记账凭证，冲销错误记录。②在不设借贷等栏的多栏式账页中，登记减少数。③在三栏式账户的余额栏前，如未印明余额方向的，在余额栏内登记负数余额。④根据国家统一会计制度的规定可以用红字登记的其他会计记录。

### 4. 顺序连续登记

各种账簿按页次顺序连续登记，不得跳行、隔页。如果发生跳行、隔页时，不得随便更换账页和撤出账页，作废的账页也要留在账簿中，应当将空行、空页画线注销，或者注明“此行空白”、“此页空白”字样，并由记账人员签名或者盖章。这对堵塞在账簿登记中可能出现的漏洞，是十分必要的防范措施。

### 5. 结出余额

凡需要结出余额的账户，结出余额后，应当在“借或贷”等栏内写明“借”或者“贷”等字样。没有余额的账户，应当在“借或贷”等栏内写“平”字，并在余额栏内用“0”表示。现金日记账和银行存款日记账必须逐日结出余额。一般来说，对于没有余额的账户，在余额栏内标注的“0”应当放在“元”位。

### 6. 过次承前

每一账页登记完毕结转下页时，应当结出本页合计数及余额，写在本页最后一行和下页第一行有关栏内，并在摘要栏内注明“过次页”和“承前页”字样；也可以将本页合计数及金额只写在下页第一行有关栏内，并在摘要栏内注明“承前页”字样。也就是说，“过次页”和“承前页”的方法有两种：①在本页最后一行内结出发生额合计数及余额，然后过次页并在次页第一行承前页。②只在次页第一行承前页写出发生额合计数及余额，不在上页最后一行结出发生额合计数及余额后过次页。

### 7. 错误更正

登记发生错误时，必须按规定方法更正，严禁刮、擦、挖、补或使用化学药物清除字迹。发现差错时必须根据差错的具体情况采用画线更正、红字更正、补充登记等方法更正。

## 二、数字的书写

依据财政部制定的《会计基础工作规范》的要求，填制会计凭证时，数字的书写必须清晰、工整，并符合下列要求：

（1）阿拉伯数字应一个一个地写，阿拉伯金额数字前应当书写货币币种符号（如人民币符号“￥”）或者货币名称简写和币种符号。币种符号与阿拉伯金额数字之间不得留有空白。凡在阿拉伯金额数字前面写有币种符号的，数字后面不再写货币单位（如人民币“元”）。

（2）所有以“元”为单位（其他货币种类为货币基本单位，下同）的阿拉伯数字，除表示单价等情况外，一律在元位小数点后填写到角、分，无角、分的，角、分位可写“00”或符号“—”，有角无分的，分位应写“0”，不得用符号“—”代替。

（3）汉字大写金额数字一律用正楷或行书书写，如壹、贰、叁、肆、伍、陆、柒、捌、玖、拾、佰、仟、万、亿、元、角、分、零、整（正）等易于辨认、不易涂改的字样，不得用0、一、

二、三、四、五、六、七、八、九、十、另、毛等简化字代替，不得任意自造简化字。

（4）大写金额数字到元或角为止的，在“元”或“角”之后应写“整”或“正”字；大写金额数字有分的，分字后面不写“整”字。

（5）大写金额数字前未印有货币名称的，应当加填货币名称（如“人民币”三字），货币名称与金额数字之间不得留有空白。

（6）阿拉伯金额数字中间有“0”时，大写金额要写“零”字，如人民币 101.50 元，汉字大写金额应写成壹佰零壹元伍角整。阿拉伯金额数字中间连续有几个“0”时，汉字大写金额中可以只写一个“零”字，如￥1 004.56，汉字大写金额应写成“壹仟零肆元伍角陆分”。阿拉伯金额数字元位为“0”，或数字中间连续有几个“0”，元位也是“0”，但角位不是“0”时，汉字大写金额可只写一个“零”字，也可不写“零”字。

## 任务处理

依据财政部制定的《会计基础工作规范》的要求，小王在填写支票时数字的书写必须清晰、工整，并符合下列要求：

（1）大写金额数字前未印有货币名称的，应当加填货币名称（如“人民币”三字），货币名称与金额数字之间不得留有空白。汉字大写金额数字一律用正楷或行书书写，到元或角为止的，在“元”或“角”之后应写“整”或“正”字。

（2）阿拉伯数字应一个一个地写，阿拉伯金额数字前应当书写货币币种符号（如人民币符号“￥”）或者货币名称简写和币种符号。币种符号与阿拉伯金额数字之间不得留有空白。

所有以元为单位（其他货币种类为货币基本单位）的阿拉伯数字，除表示单价等情况外，一律在元位小数点后填写到角、分，无角、分的，角、分位可写“00”或符号“—”，有角无分的，分位应写“0”，不得用符号“—”代替。阿拉伯金额数字中间有“0”时，大写金额要写“零”字；数字中间连续有几个“0”时，汉字大写金额中可以只写一个“零”字。

# 任务四　相关机具的使用

## 任务案例

### 任务要求

熟悉点钞机、凭证装订机、保险柜等机具的使用。

### 任务资料

小王第一天做出纳，虽然知道保险柜是专门用于保管库存现金、各种有价证券、银行票据、印章及其他出纳票据等的，但对使用保险柜保管财物时需注意的事项还不甚清楚，想进一步了解。

# 理论知识

## 一、点钞机的使用

点钞机的使用始于20世纪60年代。国产点钞机是由中国人民银行创造的，经过长期使用和多次更新换代，逐步成为机器标准化、零件通用化的全国统一机型——TD型点钞机，并在出纳工作中普遍应用。该机具有质量高，性能稳定，噪声低，适应性强，维修方便和外形美观等特点。对新型加强型点钞机还特设了与出纳计算机、伪钞辨别机的接口，可多机连接使用，从而更有效地提高出纳工作的质量和效率。以下对TD型点钞机作简要说明。

### （一）点钞机的构造

点钞机通常由捻钞、控钞、整理、传动、计数、机架六部分组成。其工作流程如图2-1所示。

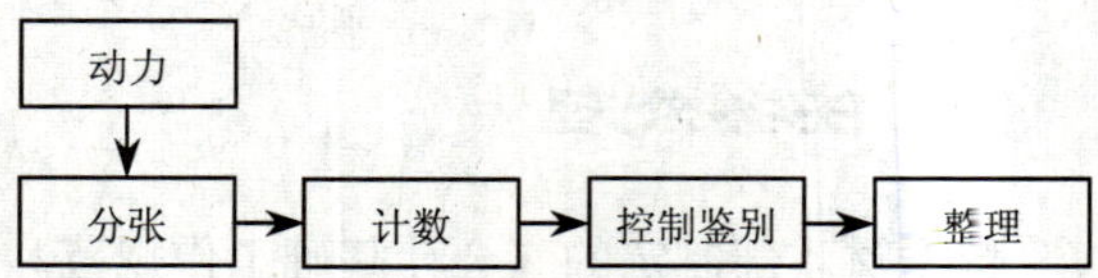


图 2-1　点钞机工作流程图

#### 1. 捻钞部分

应用摩擦分张的原理，点钞机将清点的钞票逐张捻出，以确保计数准确。其主要零件是捻钞胶圈、送钞舌、阻力橡皮。转动的胶轮圈捻动钞票与阻力橡皮相摩擦进行分张，捻钞轮以大约700转/min的速度旋转产生一个较大的压力，钞票接触胶轮时就被拉入滑钞斗，先经过胶轮下方的阻力橡皮，后经过对轮就可有效阻止多张钞票被同时拉出。当胶轮产生的拉力超过阻力橡皮的摩擦力和两张钞票之间的附着力时，第一张钞票就被旋转的对轮捻下，第二张钞票则被阻力橡皮产生的摩擦力挡在原地不动。当第一张钞票完全脱离胶轮时，第二张钞票又被对轮捻动，而第三张钞票又因为阻力橡皮的作用，仍停留在原地不动。这个过程的不断重复，就达到了分张的目的。

#### 2. 控钞部分

控钞是指采用三条金属压钞条，每条的前端有一个压钞轮，用于控制输出对轮高速飞来钞票的落点，使钞票有序地落入压轮下，进行降速排队，使已计数后的钞票有规律地排叠成行。

#### 3. 整理部分

整理部分的主要任务是将输钞带送来的钞票拍打整齐。接钞台的幅度是可调的并且是无级调幅的，拨杆向前移动时幅度变大，向后移动时幅度缩小，以适合主币、辅币的整理。

#### 4. 传动部分

传动运转力采用220V、40W单相、四级感应微型电动机，经传动带、传动轮将动力输送给捻钞传动轮、出钞传动轮、输钞传动轮、摩擦轮、拍打传动轮等，使点钞机正常运转工作。

#### 5. 计数部分

点钞机的计数部分是指采用光电变换电路，利用钞票拉开距离的瞬间，使光敏元件遮光和照光，将光信号变成电压脉冲信号，信号通过整形放大，触发 MOS 集成电路片计数，由数码管显示读数。

#### 6. 机架部分

点钞机的以上五个部分都安装在机架上，成为一部机器的整体。

### （二）点钞机的使用方法

使用点钞机整点纸币时，要做到二看（看清跑道，看清数字）、二清（券别分清，库箱内取清）、二防（防留张，防吃票）、二经常（经常查看机内底部，经常保养维修）。只有掌握点钞机基本的使用方法，精心操作，才能使点钞机保持正常运转，延长机器寿命和减少差错。基本操作程序如下：

（1）将计数器开关接合，看计数器显示数码管的读数是否为“00”。如果发现有数字时，必须按清零按钮，将数字消除并显示“00”。

（2）接合电动机开关，使整机运转，运转时没有金属撞击声。

（3）移动拨杆，根据清点钞票的面积调整接钞台的幅度。

（4）将清点的钞票拆把后，右手握紧钞票，用拇指稍用力向下揿票面使钞票成梯形，再放入滑钞板内。一面注意滑钞板内的钞票要平正，不要紧靠一边，以便出钞分张；一面准备另一把钞票。

（5）在清点时，要让钞票自动下滑，千万不可用手往下压挤钞票，以免下双张。注意力应放在输钞带上，以监视不同券别的混杂，发现时立即关机捡出。

（6）滑钞板内钞票清点完毕后，先观看计数器读数，然后用左手把接钞台的钞票取出，再复点一次，若无误，取出捆扎，用右手将另一把钞票放入，如此重复。

（7）光敏管的部位要时常清除积尘，以保持其灵敏度（部分机型出厂时光敏管的安装位置高于滑钞板 1mm，以便于在钞票清点时自动刷去光敏管上的积尘）。

## 二、凭证装订机的使用

### （一）一般凭证装订机的构造

一般凭证装订机由定芯轴、手柄、刀垫等部件构成（见图 2-2）。

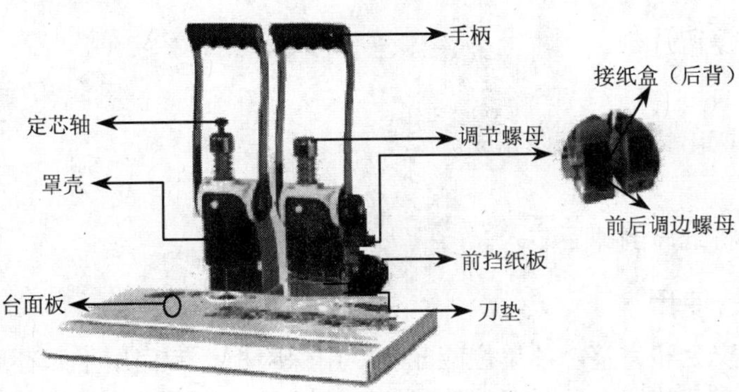


图 2-2 凭证装订机结构图

### （二）凭证装订的准备工作

凭证装订就是将一札一札的会计凭证装订成册，以方便保管和使用。在装订之前，要设计好当月的记账凭证可以装订的册数。每册的厚薄应基本保持相同，不能把几张一份的记账凭证拆开装订在两册之中，要做到既美观、大方又便于翻阅。

在会计凭证装订之前，还要再次检查一遍其所附原始凭证是否都经过加工折叠、整理。凡超过记账凭证宽度和长度的原始凭证，都要整齐地折叠进去，尤其要注意装订线眼处的折叠方法，避免装订以后不易翻开。

全部会计凭证都要加具封面。封面采用较为结实耐磨、耐拉扯的牛皮纸为宜。通常封面上应事先印上本单位的名称和会计凭证的名称，比如“某某工厂记账凭证”或“某某化工厂收款凭证”等。除此之外，封面上还要填写凭证所反映的经济业务发生的时间，凭证的起止号码，本札凭证的顺序号。为了保险起见，还应在记账凭证封面上加盖单位负责人、财务负责人和装订人的印章，由装订人在装订线封签处签名或盖章。

### （三）凭证装订机的使用方法

**1. 打开电源**

机身指示灯亮（红色）时，机器处于预热状态。大约四分钟后，红灯灭，绿灯亮，机器可以开始热铆（预热时不影响机器的打孔）。

**2. 插入铆管**

将铆管插入机身后右侧的小孔内。

**3. 打孔**

将文件放置在台面板上所需装订位置，压右边手柄进行打孔。同时必须保证压纸板受力均匀。

**4. 铆管入孔**

打孔时，机器会根据打孔材料的厚度自动切出相应长度的铆管段，将其插入刚打的装订孔中。

**5. 插入定芯轴**

将凭证移至机器左侧热熔器下，并将定芯轴插入装有铆管的装订孔中。

**6. 热铆**

压左边手柄，停留片刻。

**7. 装订完成**

拔出定芯轴，取出凭证，装订完成。

**8. 倒纸屑**

取下接纸盒，将纸屑倒掉后装入。

## 三、保险柜的使用

为了保护财产安全和完整，各单位应配备专用保险柜，专门用于库存现金、各种有价证券、银行票据、印章及其他出纳票据等的保管。各单位应加强对保险柜的使用管理，制定保险柜使用办法，要求有关人员严格执行。

### （一）保险柜的使用说明

通常保险柜都配有制尾锁、密码锁、弹子锁及防盗报警器等。其具体使用方法如下：

**1. 密码锁的使用**

通常保险柜有三个密码数字：①按第一数字顺时针转动两圈对正标数。②按第二数字逆时针转动一圈，继续转动对正标数。③顺时针转动对正第三数字标数即可打开。关锁时随意转一下即可。

**2. 防盗报警器的使用**

人离时，先拔除弹子锁钥匙，接上电源把门关上，再插入钥匙或金属品便会发出报警器响声。开门后关闭电源报警立即停止。

### （二）使用保险柜时应注意的事项

**1. 保险柜的管理**

保险柜通常由总会计师或财务处（科、股）长授权，由出纳人员负责管理使用。

**2. 保险柜钥匙的配备**

保险柜必须配备两把钥匙，一把由出纳人员保管，供出纳人员每日工作时开启使用；另一把交由保卫部门封存，或由单位总会计师或财务处（科、股）长负责保管，以备在紧急情况下经有关领导批准后开启使用。出纳人员不能将保险柜钥匙交由他人代为保管。

**3. 保险柜的开启**

保险柜必须由出纳人员开启使用，非出纳人员不得开启保险柜。若单位需要对出纳人员的工作进行检查时，比如检查库存现金限额，核对实际库存现金数额，或在其他特殊情况下需要开启保险柜的，应根据规定的程序由总会计师或财务处（科、股）长开启。在通常情况下，其他人不得任意开启由出纳人员掌管和使用的保险柜。

**4. 财物的保管**

每日下班前，出纳人员应将其使用的空白支票、银钱收据、印章等放入保险柜内。保险柜内存放的现金应设置和登记现金日记账，其他有价证券、存折、票据等应根据种类造册登记，贵重物品应按种类设置备查簿，登记其质量、重量、金额等，所有财物应与账簿记录核对一致。按规定，保险柜内不得存放私人财物。

**5. 保险柜密码**

出纳人员应将自己保管使用的保险柜密码严格保密，不得向他人泄露，以免为他人利用。出纳人员调离岗位时，新的出纳人员应使用新的密码。

**6. 保险柜的维护**

保险柜应放置在隐蔽、干燥之处，通常应靠墙放置，注意通风、防湿、防潮、防虫和防鼠。保险柜外要时常擦抹干净，保险柜内应保持整洁卫生，存放整齐。一旦保险柜发生故障，应到公安局指定维修点进行修理，以免泄密或失盗。

**7. 保险柜被盗的处理**

出纳人员发现保险柜被盗后应保护好现场，及时报告公安机关（或保卫部门），待公安机关勘查现场时才能清理财物被盗情况。节假日两天以上或出纳人员离开两天以上，没有派人代其工作的，应在保险柜锁孔贴上封条，出纳人员到位工作时揭封。若发现封条被撕掉或锁孔被弄坏，也应迅速向公安机关或保卫部门报告，以使公安机关（或保卫部门）及时查清情况，以免不法分子进一步作案。

### 任务处理

小王在使用保险柜保管财物时需注意以下事项：

（1）出纳人员不能将保险柜钥匙交由他人代为保管。

（2）出纳人员应将自己保管使用的保险柜密码严格保密，不得向他人泄露，以免为他人利用。

（3）保险柜内存放的现金应设置和登记现金日记账，其他有价证券、存折、票据等应根据种类造册登记，贵重物品应按种类设置备查簿，登记其质量、重量、金额等，所有财物应与账簿记录核对一致。按规定，保险柜内不得存放私人财物。

# 任务五　网上银行的开通与使用

### 任务案例

➡ 任务要求

熟悉网上银行的开通与使用。

➡ 任务资料

小王所在的单位规模不断扩大，经济业务也随之渐增。为提高财务人员工作效率，科长张程要求小王去银行了解网上银行的开通与使用的相关知识，准备近期使用网上银行。

下面以中国建设银行为例，详细阐述网上银行开设与管理的相关知识。

### 理论知识

## 一、网上银行的开通

### （一）申请及安装

申请成为中国建设银行网上银行高级客户时，需持企业营业执照副本、经办人身份证件及其复印件向当地中国建设银行申请，签订《中国建设银行股份有限公司××省分行网上银行企业客户服务协议》，并填写书面的申请表，到账户的开户会计柜台办理账户的签约登记手续。银行将分配给企业一个唯一的客户识别号（此客户识别号为登录网上银行系统时所必须使用的）。高级客户申请成功后，银行将发给客户装有证书的安全设备（USBKEY），并为客户安装相关软件。

### （二）登录网上银行

高级客户登录步骤如下：

（1）将证书安全设备插入计算机，输入网址：https://b2b.ccb.com.cn。

（2）进行证书身份验证，输入证书密码。

（3）如通过验证，则系统将自动弹出一个浏览器窗口，显示中国建设银行网上银行的登录界面，如图 2-3 所示。

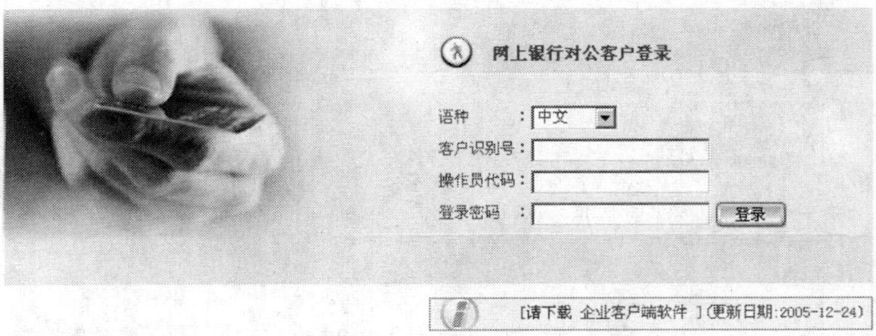


图 2-3　高级客户网上银行登录界面

（4）输入客户识别号、操作员代码与登录密码，点击“登录”进入网上银行系统。

### （三）首次使用网上银行的设置

首次使用网上银行时，应先由主管登录进行以下两步操作，如表 2-1 所示：

**表 2-1　操作过程**

| | 设置项目 | 设置内容 |
|---|---|---|
| ① | 新增操作员 | 新增企业的制单员与复核员，设置操作员代码、登录密码与交易密码，设置操作员可操作的账号及操作权限 |
| ② | 设置转账流程 | 根据本企业的操作流程，设置转账交易的处理流程，即交易需经过哪些复核员进行复核，超过流程金额的需由主管审批 |

#### 1. 新增操作员

主管登录后进入“管理设置”，选择“操作员管理”，点击“新增操作员”按钮，系统出现新增操作员的界面，如图 2-4 所示。

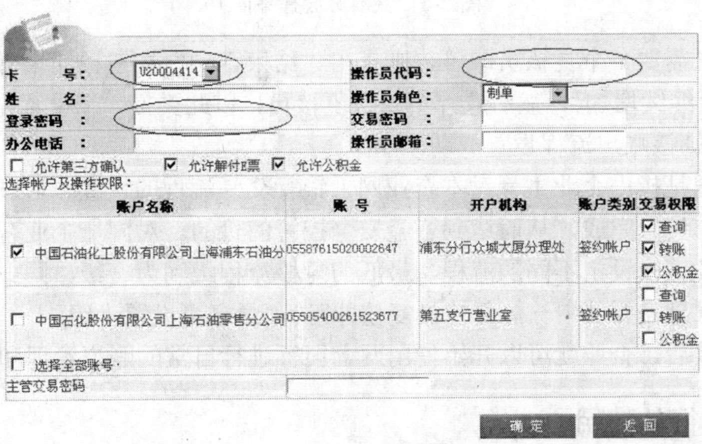


图 2-4　新增操作员界面

由主管将空卡分配给某一操作员，输入相关信息，为操作员指定角色（制单或复核）并分配操作权限（查询、转账）。

**2．设置转账流程**

主管选择“管理设置”下的“转账流程管理”功能，进入设置页面。选择需设置流程的账户，输入该流程的交易金额（单据的金额超过所设流程金额时将提交主管审批），如图 2-5 所示。

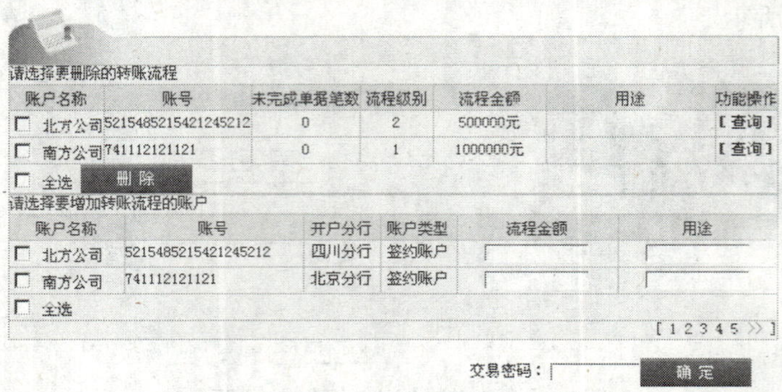


图 2-5　转账流程管理界面

输入交易密码进入下一界面，选定复核员，点击“添加”，选定一级复核员，如图 2-6 所示。

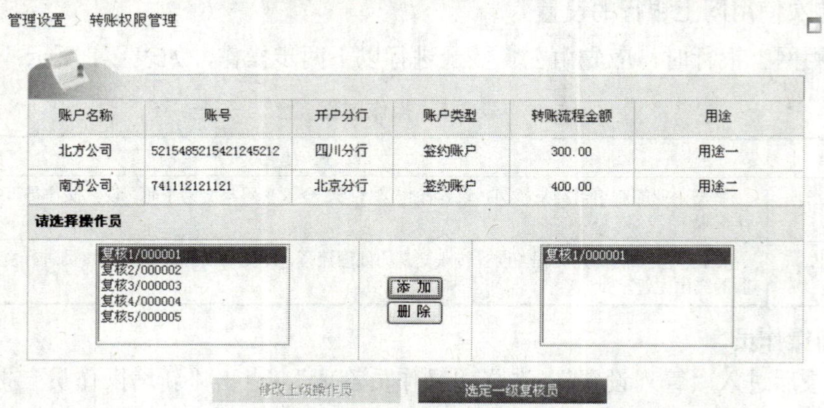


图 2-6　复核员选择界面

如果该流程只需要一个复核员即可，则点击“结束订制”按钮；如果对该流程需设置多级复核，则点击“继续增加”，然后选择第二级复核员，以此类推。当设置完所有级别后，点击“结束订制”，则该账户流程设置成功。

转账流程管理是指由企业主管对本企业网上银行交易流程的设置。通过设置，不同金额交易由不同的操作员来完成，从而达到资金安全控管的目的。对同一企业客户而言，同一个账户中不同的金额可以设定不同的流程，最低的复核流程级别为一级，同一级别允许设置多名复核员（交易时只需要其中一名复核员复核即可），最多可设置十级。

完成以上步骤后，企业就可以开始使用网上银行进行日常的账户管理和操作。

## 二、网上银行的使用

中国建设银行企业网上银行代发功能支持对公账户向个人账户单笔或批量付款，适用于代发工资、报销、退保理赔等多种用途；代扣功能支持对公账户向个人账户单笔或批量收款，适用于代扣水电费、保险费等用途。

### （一）设置代发代扣流程

企业在柜台办理网上银行代发代扣申请后，首先需要由主管卡设置代发代扣流程，步骤如下：

（1）主管卡登录企业网上银行https://b2b.ccb.com.cn。

（2）设置代发代扣流程

1）主管按用途分别设置代发代扣流程。点击“代发代扣”菜单下的“代发代扣流程管理”，如图2-7所示。

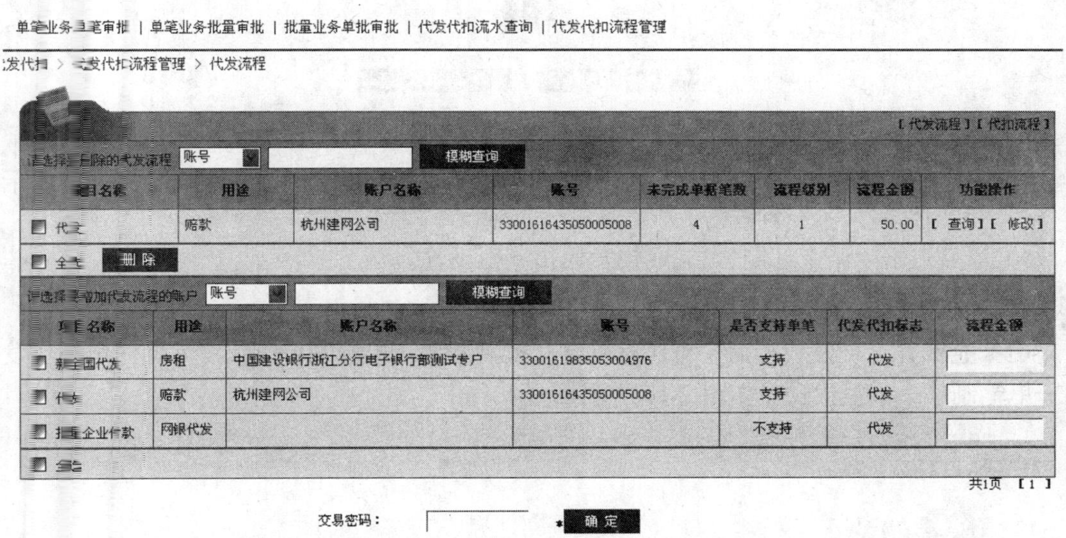


图2-7　代发代扣流程管理界面

2）选定制单员，如图2-8所示。

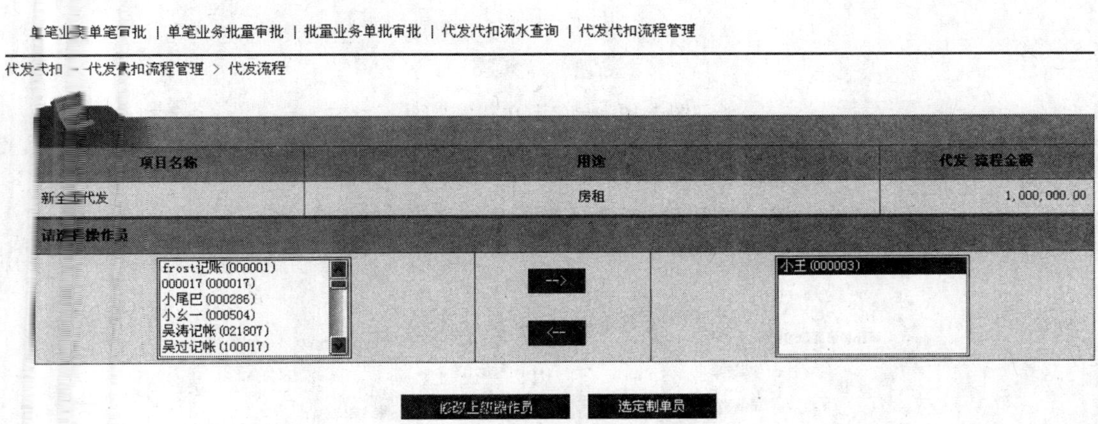


图2-8　制单员选定界面

3）选定复核员，如图2-9所示。

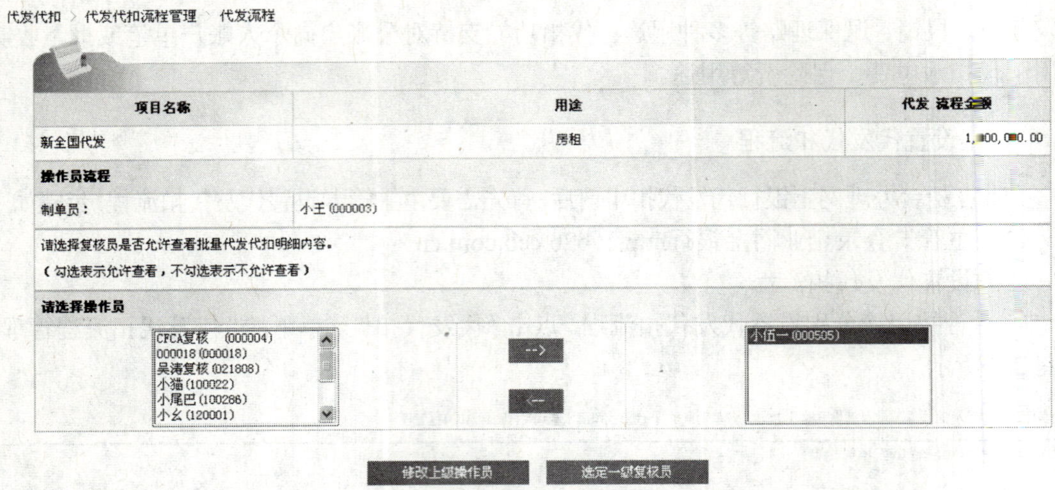


图 2-9　复核员选定界面

4）可设定多级复核员，并选择复核员是否允许查看批量代发代扣明细内容（勾选表示允许查看，不勾选表示不允许查看）。

5）最后点击“结束订制”，完成代发代扣流程设置。

## （二）代发代扣操作

（1）企业开通代发代扣后，可进行单笔和批量制单。单笔制单以代发为例，选择代发代扣—单笔制单—单笔代发，如图 2-10 所示。

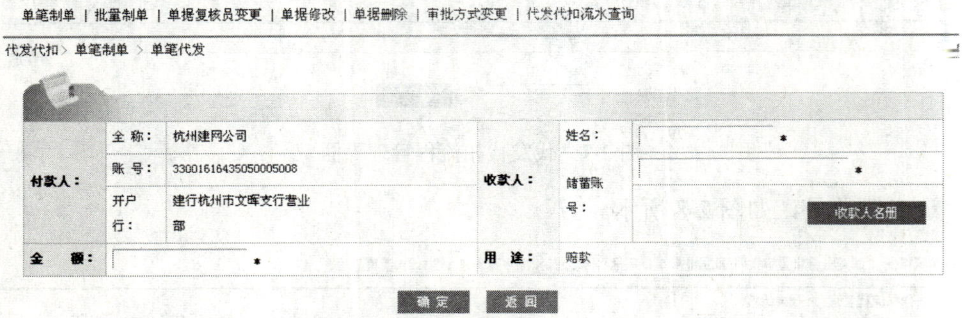


图 2-10　单笔制单代发界面

（2）批量制单以代发为例，选择代发代扣—批量制单—批量代发，如图 2-11 所示。

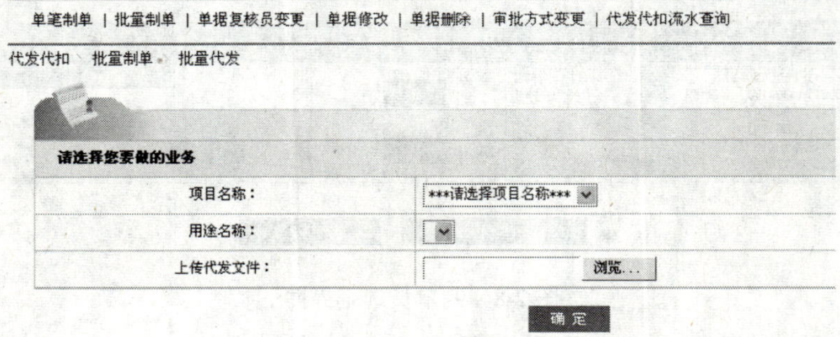


图 2-11　批量制单代发界面

(3) 制单完成后，由代发代扣流程中的复核员登录网上银行，在代发代扣中进行复核，超出流程金额的还需主管进行审批。

代发单据提交网上银行系统后，制单员或复核员可通过代发代扣流水查询菜单查询该笔单据的处理结果，并可查询下载成功明细、失败明细和全部明细。

## 三、证书到期换证

### 1. 到期换证的时间

企业将 USBKEY 插入电脑，进入 IE 浏览器菜单“工具”—“Internet 选项”—“内容”—“证书”—查看证书的“截止日期”，判断证书是否到期。

从证书到期前 30 天开始，企业登录企业网上银行时，系统会提示企业证书到期并需要换证。企业可以在证书到期前 30 天～到期后 90 天内进行更换证书的操作。证书到期后，企业登录网上银行时会提示“该页无法显示”。如果企业的证书已经超期 90 天，系统会提示企业已证书不在换证有效期内。企业需要填写“证书恢复申请表”携带 USBKEY 一起交付银行客户经理或开户行柜台办理。

### 2. 到期换证的操作流程

(1) 企业登录中国建设银行互联网首页 www.ccb.com，点击左侧电子银行服务栏目下的“网上银行”或点击网上银行左下方的“登录”。

(2) 进入网上银行登录界面后，再点击右下方的“证书到期更新”，如图 2-12 所示。

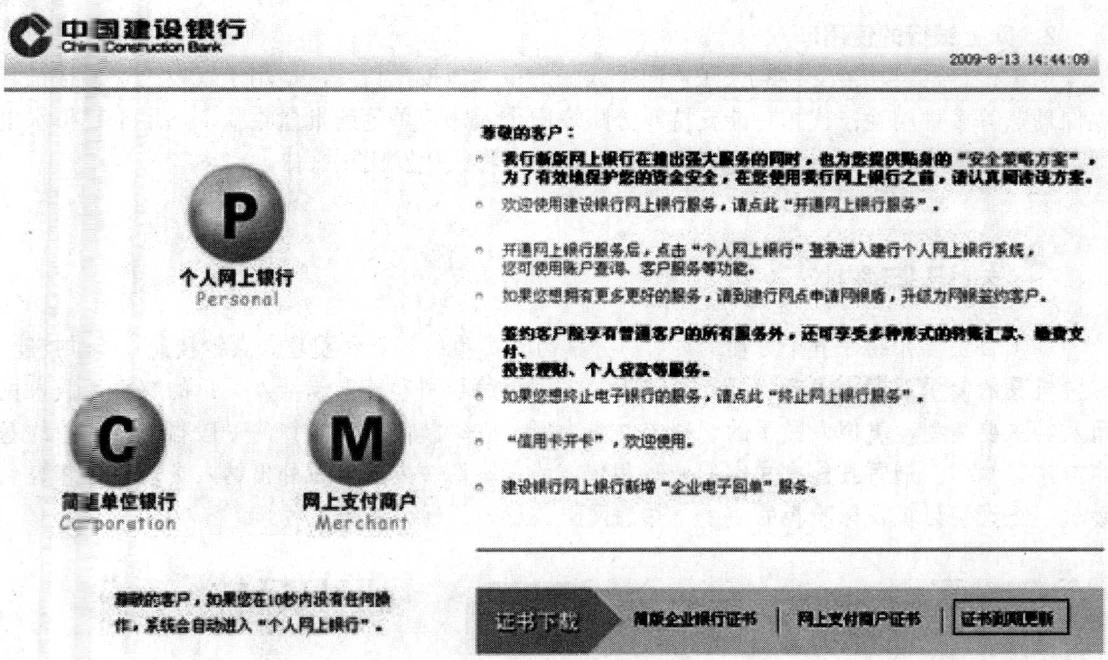


图 2-12　网银登录界面

(3) 进入证书到期换证界面后，点击“更换企业证书”，选择需要更新的证书号，如图 2-13 所示。

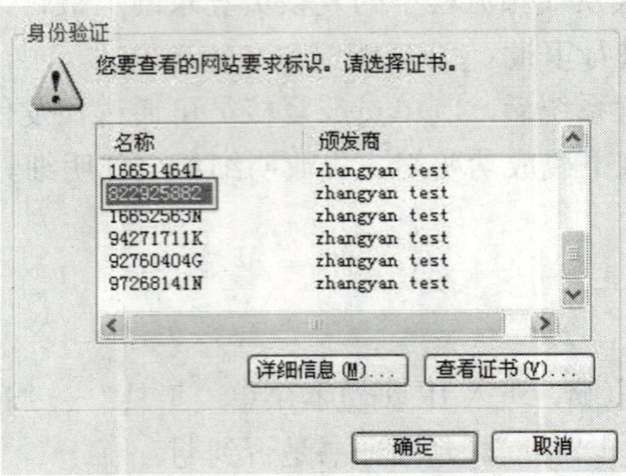


图 2-13　证书选择界面

（4）输入网银盾密码（口令），点击“确定”。证书下载成功后，企业可开始使用新证书办理网上银行业务。

## 任务处理

小王去中国建设银行了解了网上银行的开设与管理相关知识，主要包括：

**1．网上银行的开通**

它主要有申请及安装、登录网上银行及首次使用网上银行的设置三个环节。

**2．网上银行的使用**

网上银行代发功能支持对公账户向个人账户单笔或批量付款，适用于代发工资、报销、退保理赔等多种用途；代扣功能支持对公账户向个人账户单笔或批量收款，适用于代扣水电费、保险费等用途。其主要流程有设置代发代扣流程、代发代扣操作。

## 知识归纳

本项目主要介绍了五个方面的内容，分别为人民币的识别和整理、点钞技能、书写技能、相关机具的使用及网上银行的开通与使用。人民币的识别和整理包括人民币的特点、假人民币及其主要类型、真假人民币的识别方法等内容。点钞技能包括点钞的一般程序、点钞的基本方法等知识。书写技能有文字的书写和数字的书写两个方面。另外出纳人员需熟练掌握点钞机、凭证装订机及保险柜的使用，熟悉网上银行的开通、使用流程。

## 阅读材料

### 用户安全小贴士

**1．网上银行使用安全**

（1）不要使用公共计算机登录网上银行，如网吧的计算机。

（2）在他人计算机上安装、使用证书后应及时删除证书历史信息。

（3）设置安全的网上银行密码，如设置不同的登录密码与交易密码，并定期更改。

（4）不要向任何人透露密码，包括银行的员工。

（5）小心“网络仿冒”邮件要求提供账户信息和密码。

（6）USBKEY 做到专人使用，专人保管，定期修改密码。

**2．计算机使用安全**

（1）下载安装最新的操作系统和浏览器安全程序或补丁。

（2）安装个人防火墙及杀毒软件，及时更新杀毒软件，并定期查杀病毒。

（3）谨慎安装外部程序，访问未知网站。

（4）定期清理浏览器历史信息。

## 小思考

在书写阿拉伯数字会计账簿时要贴紧底线，但上不可顶格。一般每个格内数字占 1/2 或 2/3 的位置，要为更正数字留有余地。但同时又对数字 1、6、7、9 在书写时另有要求，你知道这是为什么吗？这些数字的标准写法还需满足哪些要求呢？

**案例分析**：对于易混淆且笔顺相近的数字，在书写时，尽可能地按标准字体书写，区分笔顺，避免混同，以防涂改。具体要求：“1”不可写得过短，要保持倾斜度，将格子占满，这样可防止改写为“4”、“6”、“7”、“9”；书写“6”时要顶满格子，下圆要明显，以防止改写为“8”；“7”、“9”两字的落笔可延伸到底线下面。

## 达标检测

### 一、单项选择题

1. 正常记账使用（　　）。

A. 蓝黑墨水或碳素墨水　　B. 红墨水

C. 圆珠笔　　D. 圆珠笔

2. 保险柜必须配备的钥匙数量为（　　）。

A. 两把　　B. 一把

C. 根据需要确定　　D. 三把

### 二、多项选择题

1. 按照假币的制作方法和手段，大体可分为两种类型，即（　　）。

A. 伪造币　　B. 变造币　　C. 剪贴币　　D. 揭页币

2. 在以下情况中，可以用红色墨水记账的有（　　）。

A. 按照红字冲账的记账凭证，冲销错误记录

B. 在不设借贷等栏的多栏式账页中，登记减少数

C. 在三栏式账户的余额栏前，如未印明余额方向的，在余额栏内登记负数余额

D. 根据国家统一会计制度的规定可以用红字登记的其他会计记录

## 三、判断题

1. 按规定，保险柜内不得存放私人财物。 ( )
2. ¥80 012 000.00 正确的大写写法：人民币捌仟万零壹万贰仟元整。 ( )
3. ¥2 300 000.68 正确的大写写法：人民币贰佰叁拾万元陆角捌分。 ( )
4. 出纳人员不能将保险柜钥匙交由他人代为保管。 ( )

## 四、简答题

1. 在收款、兑换中发现假币时应如何处理？
2. 什么是点钞？点钞有几种方法？出纳人员应具有哪些识别假钞和点钞的技能？
3. 出纳人员如何进行凭证的装订和保管？
4. 在日常工作中，出纳人员应如何保管现金和空白支票？

# 项目三

# 现金管理

## 学习目标

（1）能够清晰地知道现金收支的范围及现金管理原则。

（2）能够熟练地掌握现金收付业务处理的程序。

（3）能够正确地填写现金收支的各种原始凭证。

（4）能够正确地进行现金的提取与送存。

## 任务一　现金收款

### 任务案例

#### 任务要求

根据案例，能够掌握现金收款的具体要求。

#### 任务资料

今年 7 月份小吴刚从大学毕业，应聘到一家外资企业做出纳。一天，公司 A 仓库向某废品回购站销售了一批废旧材料，售价为 500 元。小吴收到会计开来的一张收据，并当面点清库存现金数额 500 元，核对无误后，盖上了“现金收讫”的章。小吴还没来得及把 500 元的现金放到保险柜里，此时销售部的小李手持借款单来找小吴预借差旅费 500 元，小吴在审核后看到相关签字齐全，就立即把刚刚收到的废旧材料销售款 500 元给了小李。小吴觉得收到 500 元，同时又支出 500 元，这两笔业务正好完全抵销，故在当天的现金日记账中，并没有把这两笔业务记录在内。

分析以上案例，讨论以下问题：

（1）小吴在上述的操作过程中存在什么问题？

（2）正确的操作是怎样的？

### 理论知识

#### 一、现金收款的范围

##### 1. 营业收入

所谓营业收入，是指企事业单位通过销售商品、提供劳务等取得的营业收入以及机关、团体等的拨款收入。对于工业企业而言，其营业收入主要包括产品销售收入和其他业务收入两部分。对外销售产品时一般都通过转账结算，其零星销售收入才收取现金。对于商品流通企业来说，其零售货物时发生的现金收入一般都由柜台的收款员直接送存银行，不通过财务部门。

**2. 非营业业务收入**

所谓非营业业务收入，是指企业、事业单位除营业收入外的非营业业务活动所取得的收入，主要指对外投资活动所取得的投资收入和企业的营业外收入。营业外收入是指企业发生的与企业生产经营无直接关系的各项收入，包括固定资产盘盈、处理固定资产净收益、罚款收入、对外索赔收入、确实无法支付的应收款项等。

**3. 预收现金款项**

所谓预收现金款项，是指收到的购货或接受劳务单位或者个人用现金预交的货款、劳务服务款或定金。预收现金款项属于企业的一项负债。

**4. 提取现金收入**

所谓提取现金收入，是指当单位需要现金时，可以按照有关规定，由出纳人员填写现金支票到银行提取现金。

**5. 其他现金收款业务**

所谓其他现金收款业务，是指各单位向有关单位和个人收取的不属于营业收入、非营业业务收入、预收现金款项、提取现金收入的其他现金款项的业务。这些现金收款业务包括：

（1）向有关单位和个人收取的各种赔款、罚款。

（2）向有关单位和个人收取的押金。

（3）向有关单位和个人收取的借款，如出差人员退回的多余的差旅费。

（4）向职工收回的代垫款项等。

## 二、现金管理的基本原则

现金管理就是对现金的收、付、存各环节进行管理。依据《现金管理暂行条例》的规定，现金管理的基本原则如下：

**1. 收付合法原则**

收付合法原则是指各单位在收付现金时必须依据国家的相关财经法规办理现金收支业务。这里的合法包括两个层次的含义：一是现金的来源和使用必须合法；二是现金收付必须在合法的范围内进行。

**2. 钱账分管原则**

钱账分管是指管钱的人不管账，管账的人不管钱。一方面，各单位应配备专职或兼职的出纳人员负责办理现金收付业务和现金保管业务，非出纳人员不得经管现金收付业务和现金保管业务；另一方面，出纳人员不得兼任稽核、会计档案保管和收入、费用、支出、债权债务账目的登记工作。建立钱账分管制度，可以使出纳人员和会计人员相互牵制，相互监督，从而减少错误和贪污舞弊的可能性。

当然，管钱的人不管账，并不是说出纳人员不能管理任何账簿。出纳人员在办理现金收付业务和现金保管的同时，同时兼登记现金日记账和编制现金日报表，由会计人员登记现金总账；也有的单位由出纳人员登记现金账（包括现金总账和日记账），出纳人员编制现金日报表。但按照《会计法》的规定，出纳人员不得兼任稽核、会计档案保管和收入、费用、支出、债权债务账目的登记工作。

**3. 收付两清原则**

收付两清是指出纳人员对收付的现金应进行复核。不论金额大小，工作忙闲，出纳人员应切实做到现金收付不出差错，收付款当面点清，以保证收付两清。这是为了避免在现金收支过程中出现差错，防止收付时发生长款、短款。

**4. 日清月结原则**

日清月结是指各单位必须将每天发生的现金收付业务都记入现金日记账，结出每天的库存现金余额，并将账面余额与实际库存现金余额相核对，保证账实相符。日清月结是出纳人员办理现金出纳工作的基本原则和要求，也是避免出现长款、短款的重要措施。

日清月结的内容主要包括：

（1）清理各种现金收付款凭证，检查单证是否相符，也就是各种收付款凭证所填写的内容与所附原始凭证反映的内容是否一致，同时还要检查每张单证是否已经盖齐“现金收讫”、“现金付讫”的戳记。

（2）登记和清理日记账。将当日发生的所有现金收付业务全部登记入账，在此基础上，查看账证是否相符，即现金日记账所登记的内容、金额与收付款凭证的内容、金额是否一致。清理完毕后，结出现金日记账的当日库存现金账面余额。

（3）现金盘点。出纳人员应按券别分别清点其数量，然后加总，即可得出当日现金的实存数。将盘存得出的实存数和账面余额进行核对，看两者是否相符。如发现长款或短款，应进一步查明原因，及时进行处理。所谓长款，是指现金实存数大于账面余额；所谓短款，是指现金实存数小于账面余额。如果经查明长款属于记账错误、丢失单据等，应及时更正错账或补办手续，如属少付他人的，则应查明并退还原主，如果确实无法退还，经过一定审批手续后，可以作为单位的收益；对于短款，如查明属于记账错误时应及时更正错账，如果属于出纳人员的工作疏忽或业务水平问题，一般应按规定由过失人赔偿。

（4）检查库存现金是否超过规定的现金限额。如实际库存现金超过规定的库存限额，则出纳人员应将超过部分及时送存银行；如果实际库存现金低于库存限额，则应及时补提现金。

## 三、现金收款的处理

### （一）现金收款的原始凭证

由于各单位的性质不同，从事经济活动的性质也不尽相同，因而在办理具体的现金收款业务时，所采用的原始凭证的种类各不相同。一般来说，涉及现金收款业务的原始凭证可以分为以下几种，见表 3-1。

表 3-1 常见现金收款原始凭证

| 种　类 | 解　释 |
|---|---|
| 发票 | 发票是指企业、事业单位在购销商品、提供和接受劳务以及从事其他经营活动中开具、收取的收付款凭证。它是进行会计核算的原始凭证，也是税务机关进行税务稽查的重要依据 |
| 非经营性收据 | 非经营性收据是指国家机关、事业单位等按规定收取规费和咨询服务费用时所开具的收款收据。非经营性收据由国家财政部门统一印制或加盖监制章。国家机关、事业单位在按规定收取各种规费和服务费用时必须开具非经营性收据 |
| 内部收据 | 内部收据一般适用于单位内部职能部门或与职工之间的现金往来及与外部单位或者个人之间的非经营性现金往来。如职工向单位交纳的水电费、房租等。内部收据一般由单位根据自己的需要设计印制或向商店购买，无须到税务部门领购 |
| 现金支票 | 现金支票是指可以用于支取现金的支票，它可以由存款人签发用于到银行为本单位提取现金，也可以签发给其他单位或个人用来办理结算或者委托银行代为支付现金给收款人 |

根据纳税主体的性质不同，发票分为普通发票和增值税专用发票。下面分别介绍每种原始凭证。

1．普通发票

（1）普通发票的内容。普通发票的基本内容包括发票的名称、发票号码、联次及用途、客户名称、商品名称或经营项目、计量单位、数量、单价、大小写金额、开票人、开票日期、开票单位（个人）名称（章）等。有代扣、代收、委托代征税款的，其发票内容应当包括代扣、代收、委托代征税种的税率和代扣、代收、委托代征税额。普通发票的具体格式如图 3-1 所示。

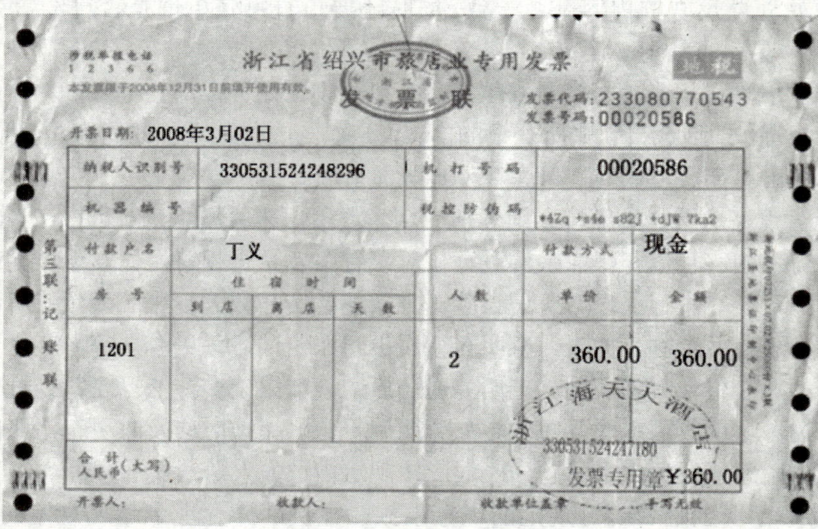
浙江省绍兴市旅店业专用发票
发票联
发票代码：233080770543
发票号码：00020586
开票日期：2008年3月02日

| 纳税人识别号 | 330531524248296 | 机打号码 | 00020586 |
|---|---|---|---|
| 付款户名 | 丁义 | 付款方式 | 现金 |
| 房号 | 人数 | 单价 | 金额 |
| 1201 | 2 | 360.00 | 360.00 |

合计人民币（大写） ￥360.00
开票人：　收款人：　收款单位盖章

图 3-1　浙江省绍兴市旅店业专用发票

（2）普通发票的基本联次。普通发票的基本联次为三联：第一联为存根联，开票方留存备查；第二联为发票联，收执方作为付款或收款的原始凭证；第三联为记账联，开票方作为记账的原始凭证。除增值税专用发票外，县（市）以上税务机关根据需要可适当增删联次并确定其用途。

（3）普通发票的领购。依法办理税务登记的单位和个人在领取税务登记证件后，可向主管税务机关申请领购发票。申请领购发票的单位和个人应当提出购票申请，提供经办人身份证明、税务登记证件或者其他有关证明以及财务印章或发票专用章的印模，经主管税务机关审核后，发给发票领购簿，凭发票领购簿核准的种类、数量以及购票方式，向主管税务机关领购发票。

需要临时使用发票的单位和个人，可以直接向税务机关申请办理。临时到本省、自治区、直辖市以外从事生产经营活动的单位和个人，应当凭所在地主管税务机关的证明，向经营地税务机关申请领购发票。经营地税务机关可以要求其提供保证人或者根据所领购发票的票面限额及数量交纳不超过一万元的保证金，并限期缴销发票。

（4）普通发票的开具。销售商品、提供服务以及从事其他经营活动的单位，对外发生经营业务并收取款项时，均应向付款方开具发票；在特殊情况下，即收购单位和扣缴义务人支付个人款项时，可以由付款方向收款方开具发票。付款方应当从收款方处取得发票，并不得要求变更品名和金额。

开具发票应当按照规定的时限、顺序，全部联次一次性如实开具，并加盖单位财务印章或发票专用章。不符合规定的发票不得作为财务报销凭证，任何单位和个人有权拒收。

使用电子计算机开具发票时，须经主管税务机关批准，并使用税务机关统一监制的机打发票，开具后的存根联应当按顺序装订成册。

发票不得转借、转让、代开，未经税务机关批准不得拆本使用，不得自行扩大专业发票使用范围。禁止倒买、倒卖发票。开具发票的单位和个人应当建立发票登记制度，设置发票登记簿，并定期向税务机关报告发票使用情况。

**【例 3-1】**红星有限公司是增值税一般纳税人，于 2010 年 6 月 15 日以零售的方式销售给中兴公司管理部门写字纸 100 本，零售价为 2.34 元/本，笔记本 50 本，零售价为 4.68 元/本，并开具普通发票，对方以库存现金形式支付款项。该发票的记账联格式如表 3-2 所示。

浙江省绍兴市商业零售业统一发票　　0309914123

**记 账 联**　　NO：0893803

客户：中兴公司　　2010 年 6 月 15 日

| 品名规格 | 单位 | 数量 | 单价 | 金额 | | | | | | 备注 |
|---|---|---|---|---|---|---|---|---|---|---|
| | | | | 仟 | 佰 | 拾 | 元 | 角 | 分 | |
| 写字纸 | 本 | 100 | 2.34 | | 2 | 3 | 4 | 0 | 0 | |
| 笔记本 | 本 | 50 | 4.68 | | 2 | 3 | 4 | 0 | 0 | |
| | | | | | | | | | | |
| 合计（大写）人民币肆佰陆拾捌元零角零分 | | | | ¥ | 4 | 6 | 8 | 0 | 0 | |

填票人：李湘　　收款人：张丽　　业户名称（盖章）：红星有限公司

图 3-2 发票记账联格式

该项经济业务的发生，使红星公司取得了一笔收入。但是该笔业务是零售业务，开具的是普通发票，该票据的价格是含税价，因此，应该转换为不含税的价格入账。

$$468 \div (1+17\%) = 400\text{（元）}$$

其会计处理如下：

借：库存现金　　468

　　贷：主营业务收入　　400

　　　　应交税费——应交增值税（销项税额）　　68

2. 增值税专用发票

增值税专用发票是指按照税法规定应当缴纳增值税的单位和个人在销售货物或者应税劳

务（即修理修配劳务）时向购买方或接受劳务方开具的发票。它是计算和缴纳增值税的基础和前提。一般纳税人在销售货物或者应税劳务时，应当向购买方开具增值税专用发票，并在增值税专用发票上分别注明销售额和销项税额。

增值税专用发票的基本内容，除一般发票应有的发票的名称、发票号码、联次及用途、客户名称、商品名称或经营项目、计量单位、数量、单价、大小写金额、开票人、开票日期、开票单位名称等外，还包括购货方的地址，购货方的增值税登记号，增值税税率，供货方的名称、地址及增值税登记号。

增值税专用发票为一式三联：第一联为抵扣联，是购货方扣税凭证，即购货方可以进行抵扣的进项发票；第二联为发票联，是购货方的记账凭证，即购货方作为购进货物的原始凭证；第三联为记账联，是销货方的记账凭证，即销货方作为销货的原始凭证。

增值税专用发票在开具时，除了适用普通发票的开具方法外，应注意如下几点：

（1）"纳税人登记号"栏。销货方的纳税人登记号按照本单位税务登记证上确定的纳税人登记号填列，购货方的纳税人登记号按照购货方提供的纳税人登记号填列。

（2）"税率"栏。按照法律规定，增值税一般税率为 17%，低档税率为 13%，小规模纳税人征收率为 3%，销货方应当依照税法规定的税率填写。

（3）"税额"栏。"税额"栏应按照金额和税率的乘积计算填列。如某货物单价为 5 000 元/件，数量为 2 件，税率为 17%，则金额为 10 000 元（单价 5 000 元/件×数量 2 件），税额为 1 700 元（金额 10 000 元×税率 17%）。

（4）"价税合计"栏。"价税合计"栏应按照金额加上税额的合计数填写。如上例，价税合计为 11 700 元（金额 10 000 元+税额 1 700 元）。

**【例 3-2】**绍兴新源酒厂是增值税一般纳税人，于 2008 年 1 月 8 日向浙江金润商场销售 28t 粮食白酒，单价是 4 100 元/t。货款已存入银行，开具的增值税专用发票如图 3-3 所示。

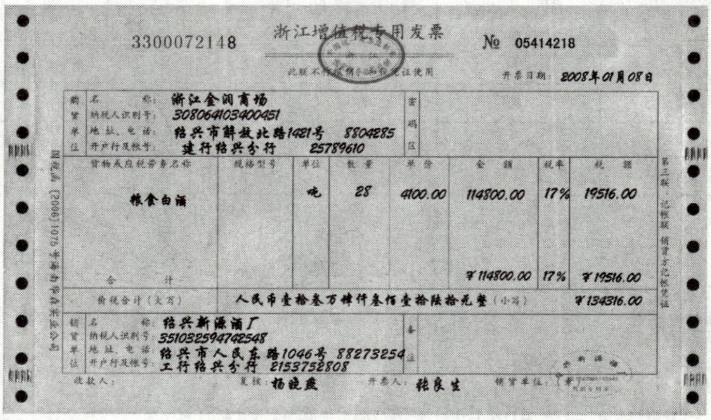
3300072148 浙江增值税专用发票 № 05414218

开票日期：2008年01月08日

购货单位 名称：浙江金润商场
纳税人识别号：308064103400451
地址、电话：绍兴市解放北路1421号 8804285
开户行及帐号：建行绍兴分行 25789610

| 货物或应税劳务名称 | 规格型号 | 单位 | 数量 | 单价 | 金额 | 税率 | 税额 |
|---|---|---|---|---|---|---|---|
| 粮食白酒 | | 吨 | 28 | 4100.00 | 114800.00 | 17% | 19516.00 |
| 合计 | | | | | ¥114800.00 | 17% | ¥19516.00 |

价税合计（大写）人民币壹拾叁万肆仟叁佰壹拾陆元整（小写）¥134316.00

销货单位 名称：绍兴新源酒厂
纳税人识别号：351032594742548
地址、电话：绍兴市人民东路1046号 88273254
开户行及帐号：工行绍兴分行 2153752808

收款人： 复核：杨晓燕 开票人：钱良生 销货单位：（章）

图 3-3 增值税专用发票

该项经济业务属于绍兴新源酒厂的一笔销售收入，并且开具的是增值税专用发票。

其会计处理如下：

借：银行存款 134 316

贷：主营业务收入 114 800

应交税费—— 应交增值税（销项税额） 19 516

### 3　非经营性收据

非经营性收据（以下简称收据）是企业经常使用的原始凭证，一般是在不需要或暂时无法开具发票而又必须有凭证的时候开具的。收据由出纳人员负责填制。

收据的基本联次为一式三联：第一联为存根联，第二联为收据联（交由对方报销、记账用），第三联为记账联（本单位记账用）。全部联次必须用双面复写纸一次套写完成。

在填制收据时，应逐项填写开具收据的日期、经济事项描述（交款人、收款事由）、金额（大小写），经办人员签章并加盖单位财务专用章。

收据开具完毕后，应当进行复核检查，防止发生差错。将收据的第一联（存根联）保留在收据本上，撕下收据的第二联（收据联）交付付款单位或个人，撕下收据的第三联（记账联）交由会计人员作编制记账凭证的依据。

【例 3-3】红星有限责任公司于 2010 年 4 月 5 日收到杭州华联超市的包装物押金 2 500 元，开具收据如图 3-4 所示。

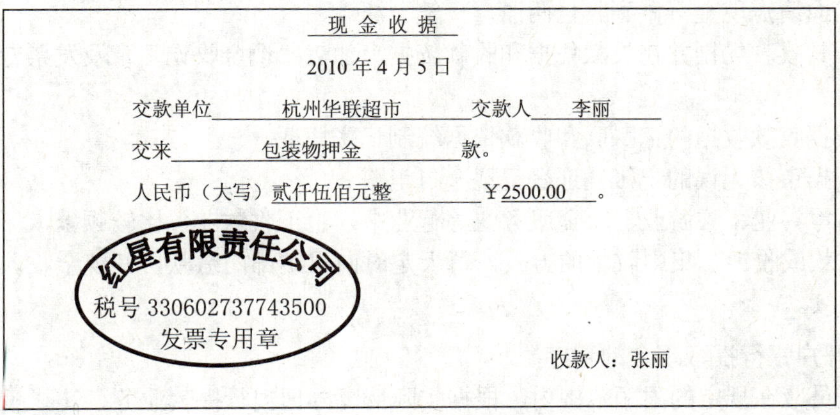
现 金 收 据

2010 年 4 月 5 日

交款单位　杭州华联超市　交款人　李丽

交来　包装物押金　款。

人民币（大写）贰仟伍佰元整　￥2500.00。

红星有限责任公司　税号 330602737743500　发票专用章

收款人：张丽

图 3-4　现金收据

该项经济业务引起红星有限责任公司的库存现金增加，同时产生一笔负债。应付给杭州华联超市的包装物押金，需记入“其他应付款”科目。

其会计处理如下：

借：库存现金　　2 500

　　贷：其他应付款　　2 500

### 4．内部收据

除了上述所说的收据外，很多企业都会制作一些内部收据，用于证明收取企业内部职工交来的款项。内部收据的填制方法与收据基本一致。

在开具现金收款原始凭证时，除了应遵循上述规定外，还应注意如下几点：

（1）在开具现金收款原始凭证时，要正确选用现金收款原始凭证，不得用内部收据或非经营性收据代替发票，以逃避纳税义务，也不能用经营性发票代替销货发票或用普通发票代替增值税专用发票等。

（2）在填开现金收款原始凭证时，应当按照经济业务如实填开，不得应付款方的要求任意改变现金收款原始凭证的有关内容，从而防止不法分子利用合法的凭证从事违法活动。

（3）在填开现金收款原始凭证（特别是发票、非经营性收据）时，如发生错误，应将该凭证保留在发票本上，并盖上“作废”章，以示注销，不得随意将错误凭证丢弃，或连同该凭证存根联一并撕去。

### （二）现金收款的处理程序

现金收款的处理程序是指在现金收入过程中的处理步骤和规则。收入现金的顺序和来源不同时，收入现金的程序也不一致。

#### 1. 出纳人员直接收款的程序

直接收款方式是指由交款人直接持现金到出纳部门交款的方式。如购货单位交付货款，职工交来货款等。出纳人员在办理此类收款业务时，其收款程序如下：

（1）受理收款业务时，对于由其他人员填开的现金收入单证应首先进行审核，查看其业务内容是否完整、真实、准确，然后再审核现金收入是否合法、合理，手续是否齐全。

（2）当面清点现金，做到收付两清，一笔一清。

（3）开具收款凭据并在收款凭据和收款依据上加盖“现金收讫”章及发票专用章（或财务专用章）。

（4）根据收款收据的记账联和收款依据编制记账凭证。

（5）根据审核无误的记账凭证登记现金日记账。

在商品零售业、旅游业、饮食服务业等行业中，由于收款业务比较频繁，一般采用由营业员分散收款或收银员集中收款的方式，每天定时向出纳部门缴款，其现金收入也应按前述程序办理手续。

#### 2. 向开户银行提取现金的程序

出纳人员应在规定的限额范围内，根据实际情况办理银行提款业务。其一般程序如下：

（1）出纳人员签发现金支票。出纳人员在填写现金支票时，应当符合相关要求。现金支票的格式如图 3-5 所示。

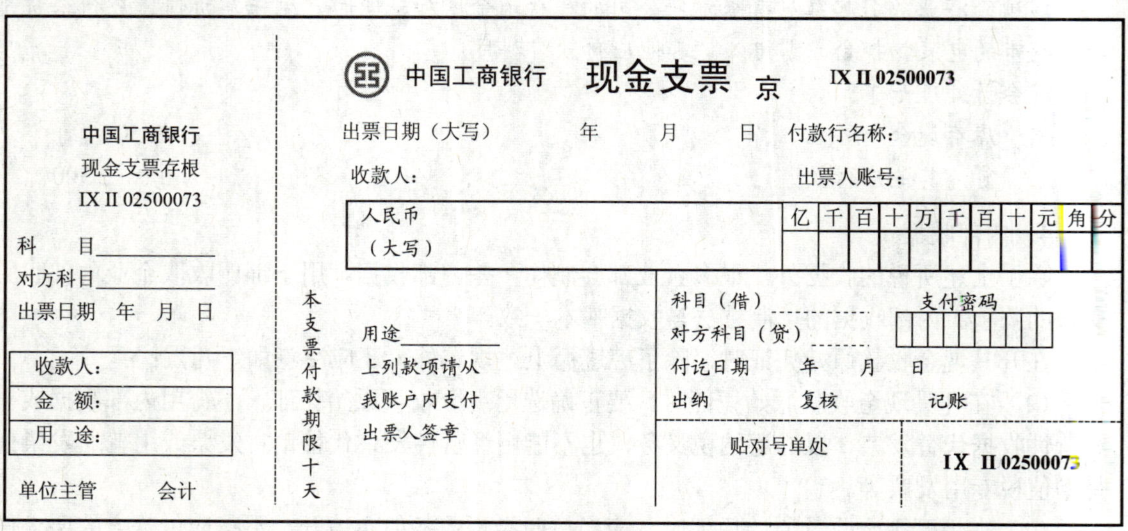


图 3-5　现金支票

（2）取款人向开户银行提交取款凭证。取款人持现金支票到开户银行后，向受理窗口递交现金支票。银行受理后，交给取款人领款对号牌，取款人等候取款。

（3）银行审核现金支票无误后，呼叫取款人到银行出纳窗口领取现金。

（4）取款人收取现金后，应当面清点现金数量，确认无误后方可离开柜台。

（5）取回现金后，出纳人员应及时将现金存入保险柜；如果取款人不是出纳人员，双方应当当面点清。将现金收存完毕后，出纳人员应在支票存根联上签字确认。

（6）出纳人员应根据现金支票存根或回单编制记账凭证。

（7）出纳人员应根据审核无误的记账凭证登记现金日记账。

### 任务处理

小吴在前述经济业务的操作中严重违反了《会计法》中“不得坐支现金”的规定。所谓坐支，是指从单位的现金收入中直接用于支付各种开支。坐支现金容易打乱现金收支渠道，不利于开户银行对单位的现金进行有效的监督和管理。在案例中小吴直接把收到的500元废旧材料销售款预付给小李作为差旅费，并且没有把这两笔业务登记到日记账中，属于典型的“坐支现金”的会计行为。

小吴的正确做法是，按照收支两条线的规定，将收到的废旧材料销售款存入保险柜，预付给小李的差旅费则应该从库存限额中支付，并将这两笔业务按照“日清月结”的原则登记到现金日记账中。

## 任务二 现金付款

### 任务案例

#### 任务要求

根据案例，能够确定出差报销的范围。

#### 任务资料

李某是浙江晨锋机电有限责任公司的销售部经理。一次他参加商品展销会后回公司报销时，报销单中所列的报销金额共计20 000元。报销单所附内容：乘飞机往返费用为1 800元，一人三天住宿费为2 400元（该公司规定部门经理每人每天住宿费标准是200元），展台租用费为2 000元，招待费为3 000元，代总经理私人归还欠款10 000元（无凭证，李某自写说明一张），损坏别人物品赔偿为800元（取得白纸收条一张）。总经理王某批准全额作为业务费报销，财务部刘经理在审核时发现有些费用属于个人支出，不应由公司报销。

分析以上案例，讨论以下问题：

（1）上述费用开支中的哪些费用不应报销？

（2）财务部刘经理应如何处理？

（3）如果李经理这样报销会给企业带来什么样的影响？

## 理论知识

### 一、现金支出的范围和原则

#### 1. 现金支出范围

（1）职工工资、津贴。这里所说的职工工资、津贴是指企业、事业单位和机关、团体、部队支付给职工的工资和工资性津贴。

（2）个人劳务报酬。它是指由于个人向企业、事业单位和机关、团体、部队等提供劳务而由企业、事业单位和机关、团体、部队等向个人支付的劳务报酬。它包括新闻出版单位支付给作者的稿费，各种学校、培训机构支付给外聘教师的讲课费，设计费，装潢费，安装费，制图费，化验费，测试费，咨询费，医疗费，技术服务费，介绍服务费，经纪服务费，代办服务费，各种演出与表演费，以及其他劳务费用。

（3）根据国家规定，颁发给个人的科学技术、文化艺术、体育等方面的各种奖金。

（4）各种劳保、福利费用以及国家规定的对个人的其他支出，如退休金、抚恤金、学生助学金、职工困难生活补助。

（5）收购单位向个人收购农副产品和其他物资的价款。如收购金银、工艺品、废旧物资的价款。

（6）出差人员必须随身携带的差旅费。

（7）结算起点（1 000 元）以下的零星支出。超过结算起点的应实行银行转账结算，结算起点的调整由中国人民银行确定并报国务院备案。

（8）中国人民银行确定需要支付现金的其他支出。如在采购地点不确定，抢险救灾以及其他特殊情况下，办理转账结算不够方便时，必须使用现金的支出。对于这类支出，现金支取单位应向开户银行提出书面申请，由本单位财会部门负责人签字或盖章，开户银行审查批准后予以支付现金。

除上述（5）、（6）两项外，其他各项在支付给个人的款项中，支付的现金每人不得超过 1 000 元，超过限额的部分根据提款人的要求，在指定的银行转存为储蓄存款或以支票、银行本票予以支付。企业与其他单位的经济往来除规定的范围可以使用现金外，应通过开户银行进行转账结算。

#### 2. 现金支出原则

按照《现金管理暂行条例》及其实施细则规定，企业、事业单位和机关、团体、部队的现金管理应遵循“八不准”。具体如下：

（1）不准用不符合财务制度的凭证顶替库存现金。

（2）不准单位之间互相借用现金。

（3）不准谎报用途套取现金。

（4）不准利用银行账户代其他单位和个人存入或支取现金。

（5）不准将单位收入的现金以个人名义存入储蓄。

（6）不准保留账外公款。

（7）不准发行变相货币。

（8）不准以任何票券代替人民币在市场上流通。

开户单位如有违反现金管理“八不准”的任何一种情况，开户银行可按照《现金管理暂行条例》的规定，有权责令其停止违法活动，并根据情节轻重给予警告或罚款。

## 二、现金开支的审批

各单位应按照《现金管理暂行条例》及其实施细则规定的现金开支范围，并根据本单位的生产经营管理实际，现金付出业务的繁简以及现金开支的额度等，建立健全现金开支审批制度，以加强现金开支的日常管理。现金开支审批制度一般应包括以下内容：

### 1. 明确现金开支范围

各单位应按照《现金管理暂行条例》及其实施细则的规定，确定本单位的现金开支范围，如支付职工工资，支付职工差旅费，支付职工因公借款，支付零星采购材料款和运杂费等。

### 2. 自制或购买各种报销凭证，规定报销手续和办法

各单位应按其业务内容自制或购买各种报销凭证，如工资支付单、借款单、购料凭单、差旅费报销单等，并规定各种报销凭证的使用方法及其传递手续，确定各种现金支出业务的报销办法。

### 3. 确定各种现金支出的审批权限

各单位应根据其经营规模、内部职责分工等，确定不同额度和不同的现金支出审批权限。如凡是现金开支额在500元以下的，由会计人员审查批准；凡是现金开支额在500元以上1 000元以下的，由单位财务主管审查批准；凡是现金开支额在1 000元以上5 000元以下的，必须由单位总会计师（或主管副厂长等）批准；凡是现金开支额在5 000元以上的，由单位最高领导批准等。出纳人员根据按规定权限经审核批准并签章的付款凭证及其所附原始凭证办理现金付款业务。没有经过审核批准并签章的或者有关人员超越规定审批权限的，出纳人员不予付款。

## 三、现金支付的处理

### （一）现金支付的原始凭证

在实务中，涉及向企业外部付款的原始凭证主要是从外单位取得的发票和收据，这两种原始凭证在前面已经有所介绍。这里主要介绍在企业内部付款的情形下使用的原始凭证，可分为以下几种：

#### 1. 工资单

工资单是指各单位按月向职工支付工资的原始凭证。

**【例 3-4】**表3-2是红星有限责任公司管理部门于2010年5月份计提的工资表。

表 3-2 工资表

部门：管理部门　　　　2010 年 5 月　　　　单位：元

| 编号 | 姓名 | 应付工资 | | | 扣除款项 | | | | | | | 实发工资 |
|---|---|---|---|---|---|---|---|---|---|---|---|---|
| | | 标准工资 | 各项津贴 | 合计 | 事假 | | 病假 | | 房租 | 水电费 | | |
| | | | | | 天数 | 工资 | 天数 | 工资 | | | | |
| 1 | 张华 | 500 | 80 | 580 | | | 1 | 10 | | | | 570 |
| 2 | 王芳 | 900 | 80 | 980 | 1 | 10 | | | | | | 970 |
| 3 | 李云 | 800 | 80 | 880 | | | | | | | | 880 |
| 4 | 赵五 | 600 | 80 | 680 | | | | | 50 | 20 | | 610 |
| 5 | 丁洁 | 700 | 80 | 780 | | | | | 50 | 30 | | 700 |
| 合计 | | 3 500 | 400 | 3 900 | | 10 | | 10 | 100 | 50 | | 3 730 |

该项经济业务一方面引起红星有限责任公司的管理费用增加，另一方面引起企业欠员工的负债增加。

其会计处理如下：

借：管理费用　　　　3 730

　　贷：应付职工薪酬　　　　3 730

2. 借款单

借款单一般适用于单位内部所属机构为购买零星办公用品或职工因公出差等原因而向财务部借款等事项。借款单没有特定的格式，可以到商店统一购买，也可以由企业自行编制。

【例 3-5】红星有限责任公司销售部职工王力因公到北京出差，预借差旅费 1 500 元，填写借款单，如表 3-3 所示。

表 3-3 借款单

2010 年 4 月 5 日

| 借款人：王力 | |
|---|---|
| 借款理由：出差借差旅费 | |
| 借款金额：人民币（大写）壹仟伍佰元整　　￥1500.00 | |
| 本单位负责人意见： | 借款人（签章）：王力 |
| 单位负责人签章： | 会计主管核批： |

该项经济业务一方面引起企业的库存现金减少，同时导致企业增加一笔其他应收款，其会计处理如下：

借：其他应收款　　　　1 500

　　贷：库存现金　　　　1 500

3. 领款单

领款单是指本单位职工或单位内部所属机构领取各种非工资性奖金、津贴、补贴、劳务费和其他各种现金款项及其他单位或个人向本单位领取劳务费、服务费时填制的原始凭证。领款单没有特定的格式，可以到商店统一购买，也可以由企业自行编制。其格式同借款单。

【例 3-6】红星有限责任公司工厂部职工李金于 2010 年 4 月 5 日领取第一季度的餐费补贴 500 元。填写领款单，如表 3-4 所示。

表 3-4 领款单

日期：2010 年 4 月 5 日

| 部门 | 工厂部 |
|---|---|
| 用途 | 第一季度餐费补贴 |
| 金额 | 人民币（大写）伍佰元整　　　　¥500.00 |
| 备注 | |

单位负责人批示：　　　　财务负责人批示：　　　　领款人：

该笔经济业务一方面引起企业欠员工的应付职工薪酬减少，另一方面引起企业的库存现金减少。

其会计处理如下：

借：应付职工薪酬——职工福利　　　　500

　　贷：库存现金　　　　500

**4. 费用报销单**

费用报销单是指各单位内部有关人员为单位购买零星物品，接受外单位或个人的劳务或服务而办理报销业务以及单位职工报销医药费、托补费等使用的单据。同样，费用报销单也没有特定的格式，可以到商店统一购买，也可以由企业自行编制。在填制时，应将相关的原始凭证贴于“原始凭证粘贴处”。

【例 3-7】红星有限责任公司管理部门职工王华零星购买办公用品 250 元，其中钢笔为 100 元，笔记本为 150 元，到财务部报销。其填制的费用报销单见表 3-5。

表 3-5 费用报销单

报销日期 2010 年 4 月 25 日　　　　附件 2 张

| 费用项目 | 类别 | 金额 | 负责人（签章） | 张云 |
|---|---|---|---|---|
| 钢笔 | 办公用品 | 100.00 | 审查意见 | 同意 |
| 笔记本 | 办公用品 | 150.00 | 报销人（签章） | 王华 |
| 报销金额合计 | | 250.00 | | |

核实金额（大写）⊗万⊗仟贰佰伍拾零元零角零分　¥250.00

该笔经济业务一方面引起企业的管理费用增加，另一方面引起企业的库存现金减少。

其会计处理如下：

借：管理费用　　　　250

　　贷：库存现金　　　　250

5．差旅费报销单

差旅费报销单是指单位出差人员根据车（机）票、住宿发票等外来原始凭证填制的，用来报销差旅费和出差补贴费的原始凭证。它是费用报销单的一种特殊形式。

出差人员出差回来报销费用时，首先应到财务部门领取差旅费报销单，如实填写差旅费报销单的有关内容，如出差事由、出差起止日期、车船及住宿单据种类与张数等，并将有关车票、机票、住宿发票等原始单据粘贴在报销单背后，经所在部门和单位有关领导批准签字后送财务部门报销。财务部门根据企业差旅费报销方法，审查费用报销情况是否符合标准，所附单据是否真实。经审核无误后，财务部门将结算出报销费用总额，然后交由出纳人员具体办理现金收付。

【例 3-8】承【例 3-5】，红星有限责任公司销售部职工王力于 2010 年 4 月 16 日出差归来，报销差旅费。其中往返硬座火车票共计 450 元，出差 10 天，住宿费标准为 80 元/天，共住 9 天，伙食补助为 20 元/天。其填写差旅费报销单如表 3-6 所示。

表 3-6　差旅费报销单

| 起 | | 止 | | 起止地点 | 补助 | | | 说明 |
|---|---|---|---|---|---|---|---|---|
| 月 | 日 | 月 | 日 | | 天数 | 标准/天 | 金额 | |
| 4 | 5 | 4 | 16 | 东宁—北京 | 10 | 20 | 200 | |
| | | | | | | | | |
| | | | | | | | | |
| | | | | | | | | |
| 飞机费 | | | | 车船费 | 450 | 住宿费 | 720 | 其他 |
| 合计（大写）壹仟叁佰柒拾元整　¥1370.00 | | | | | 单据张数 | 4张 | 报销人 | 王力 |
| | | | | | | | 2010年4月16日 | |

该笔经济业务一方面引起企业的销售费用增加，同时，剩余的现金退回到财务部；另一方面使原来计提的其他应收款减少。

其会计处理如下：

借：销售费用　　1 370

　　库存现金　　130

　　贷：其他应收款　　1 500

6．现金缴款单

当出纳人员将现金交存银行时，需要填制现金缴款单，然后将填制好的现金缴款单交由银行的柜台工作人员进行相关手续的办理。

【例 3-9】红星有限责任公司的出纳人员于 2010 年 4 月 30 日将当日所收取的现金 5 850 元缴存银行，填写的现金缴款单如表 3-7 所示。

表 3-7 现金缴款单

2010 年 4 月 30 日　　　　　　序号：

<table>
<tr><td rowspan="7">客户填写部分</td><td colspan="2">收款人户名</td><td colspan="3">红星有限责任公司</td></tr>
<tr><td colspan="2">收款人账号</td><td>141400000000001</td><td>收款人开户行</td><td>工商银行东宁支行</td></tr>
<tr><td colspan="2">缴款人</td><td>张丽</td><td>款项来源</td><td>销售收入</td></tr>
<tr><td rowspan="2">币种（√）<br>人民币</td><td>人民币√</td><td colspan="3" rowspan="2">大写：人民币伍仟捌佰伍拾元整　￥5850.00</td></tr>
<tr><td>外币：</td></tr>
<tr><td colspan="2"></td><td colspan="2"></td><td></td></tr>
<tr><td colspan="2"></td><td colspan="2"></td><td></td></tr>
<tr><td>银行填写部分</td><td colspan="5">日期：　日志号：　交易码：　币种：<br>金额：　终端号：　主　管：　柜员：</td></tr>
</table>

制票：张丽　　　　复核：张云

该项经济业务一方面引起企业的库存现金减少，另一方面导致企业的银行存款等额增加。其会计处理如下：

借　银行存款　　5 850

　　贷：库存现金　　5 850

### （二）现金支付的处理程序

在实务中，现金支付可以分为主动支付和被动支付两种情形。这两种现金支付的处理程序是不一样的。

#### 1. 主动支付现金的处理程序

主动支付是指出纳部门主动将现金付给收款单位和个人。如发放奖金、薪金、津贴以及福利等现金支出。其具体程序如下：

（1）根据有关资料编制付款单，并计算出付款金额。

（2）根据付款金额清点现金（不足时应从银行提取），按单位或个人分别装袋。

（3）发放现金时，要让收款人当面清点并签收（签字或盖章）。

（4）根据付款单等原始凭证填制记账凭证。

（5）根据记账凭证登记现金日记账。

#### 2. 被动支付现金的处理程序

被动支付是指收款单位或个人持有关凭据到出纳部门领取现金，出纳人员根据相关规定和凭证支付现金。其具体程序如下：

（1）受理原始凭证，如报销单据、借据、其他单位和个人的收款收据等。

（2）审核原始凭证，看其有关内容是否填列完整，手续是否完备，是否符合付款标准。

（3）支付现金并进行复点，要求收款人当面点清，以避免发生纠纷。

（4）在审核无误的付款凭证上加盖“现金付讫”印章。

（5）根据原始凭证填制记账凭证。

（6）根据记账凭证登记现金日记账。

### 任务处理

根据案例分析可知前述费用开支中的下列费用不应报销：

(1) 住宿费按公司规定的标准，只能报销200×3=600（元），超过标准的部分2400−600=1800（元）不能报销。

（2）代总经理私人归还的欠款10000元属于总经理的私人费用，不能报销。

（3）损坏别人物品赔偿800元属于私人费用，并且取得的白纸收条也不符合规定，不能报销。

针对李经理交来的相关发票，财务部刘经理应该只报销符合要求的部分费用。对于上述三种不应报销的费用不得报销刘经理应给予解释并退还李经理自写的说明和他取得的白纸收条，同时与总经理进行沟通并解释部分费用不能报销的原因。

如果李经理这样报销，一方面会虚增企业的费用项目，从而使得企业最终的利润虚减，最终会导致会计数据不符合真实性的要求；另一方面，也会破坏企业财务报销的一些规定，容易令其他人员效仿，不利于对企业的经营管理。

## 任务三　现金保管与清查

### 任务案例

#### ➡ 任务要求

根据案例，能够分析现金收款中发生长短款的原因。

#### ➡ 任务资料

李大姐在浙江光明制药集团公司做档案员已经十来年了。前不久公司搞优化组合，由于她是会计专业毕业的，于是她被分到分公司财务科做出纳人员。一天，她在结账的时候发现“现金日记账”的账面数是5 800元，而实存数是6 800元。她怎么也找不到原因，也不知道这多出来的1 000元是否可以先取出来。她思想斗争了很久，最后还是走进了科长的办公室。

李大姐紧张地问：“科长，我今天的现金账轧不平，长款1 000元。怎么办？”

科长说：“没关系，出现这种情况不奇怪，你不必太慌张，让会计小王和你一起查查看。做出纳人员最常遇到的就是长短款，甚至有时还会出现账面为红数的情况。只要你掌握现金核算业务，并掌握一定的技巧就不会出现这种情况了。”

分析以上案例，讨论以下问题：

（1）李大姐在结账时出现的长款 1 000 元是怎么回事？可能的原因有哪些？

（2）多出来的 1 000 元李大姐是否可以先取出来？她该如何处理？

## 理论知识

### 一、库存现金的限额要求

各开户单位的库存现金都要核定限额。

（1）库存现金限额是指国家规定由开户银行给各单位核定一个保留现金的最高额度。核定单位库存限额的原则是，既要保证日常零星现金支付的合理需要，又要尽量减少现金的使用。开户单位由于经济业务的发展需要增加或减少库存现金限额时，应按必要的手续向开户银行提出申请。

（2）库存现金限额的核定管理。为了保证现金的安全，规范现金管理，同时又能保证开户单位的现金正常使用，按照《现金管理暂行条例》及其实施细则规定，库存现金限额由开户银行和开户单位根据具体情况商定，凡在银行开户的单位，银行根据其实际需要核定 3～5 天的日常零星开支数额作为该单位的库存现金限额。边远地区和交通不便地区的开户单位，其库存现金限额的核定天数可以适当放宽在 5 天以上，但最多不得超过 15 天的日常零星开支的需要量。

库存现金限额每年核定一次，经核定的库存现金限额，开户单位必须严格遵守。其核定具体程序如下：

（1）开户单位与开户银行协商核定库存现金限额。

$$库存现金限额=每日零星支出额\times核定天数$$

$$每日零星支出额=月（或季）平均现金支出额（不包括定期性的大额现金支出和不定期的大额现金支出）\div月（或季）平均天数$$

（2）由开户单位填制“库存现金限额申请批准书”。

（3）开户单位将申请批准书报送单位主管部门，经主管部门签署意见，再报开户银行审查批准，开户单位凭开户银行批准的限额数作为库存现金限额。

### 二、库存现金的保管

#### （一）现金保管制度

现金是流动性最强的资产，无须变现即可使用，因而现金是犯罪分子谋取的最直接目标。因此各单位应建立健全现金保管制度，防止由于制度不严、工作疏忽而给犯罪分子以可乘之机，给国家和单位造成损失。现金保管制度一般应包括如下内容：

（1）超过库存限额以外的现金应在下班前送存银行。

（2）为加强对现金的管理，除工作时间需要的小量备用金可放在出纳人员的抽屉内，其余则应放入出纳人员专用的保险柜内，不得随意存放。

（3）限额内的库存现金在当日核对清楚后，一律放在保险柜内，不得放在办公桌内过夜。

（4）单位的库存现金不准以个人名义存入银行，以防止有关人员利用公款私存取得利息收入，也防止单位利用公款私存形成账外小金库。银行一旦发现公款私存，可以对单位处以罚款，情节严重的，可以冻结单位现金支付。

（5）库存现金包括纸币和硬币，应实行分类保管。各单位的出纳人员应对库存票币分别按照纸币的票面金额和硬币的币面金额，以及整数（即大数）和零数（即小数）分类保管。

纸币一定要打开铺平存放，并按照纸币的票面金额，以每一百张为一把，每十把为一捆扎好。凡是成把、成捆的纸币即为整数，均应放在保险柜内保管，随用随取；凡不成把的纸币视为零数，也要按照票面金额，每十张为一轧，分别用曲别针别好，放在传票箱内或抽屉内。一定要存放整齐，秩序井然。

硬币也是按照币面金额，以每一百枚为一卷，每十卷为一捆，同样将成捆、成卷的硬币放在保险柜内保管，随用随取；不成卷的硬币，应按照不同的币面金额，分别存放在特别的卡数器内。

### （二）库存现金保管注意事项

#### 1．要有专人保管库存现金

库存现金保管的责任人是出纳人员以及其他所属单位的兼职出纳人员。出纳人员应选择诚实可靠、工作责任心强、业务熟练人员担任。

#### 2．送取现金时要有安全措施

去银行送存现金或提取现金时，一般应有两个人以上。数额较大时，途中最好用专箱装放，专车运送；必要时可进行武装押运。

#### 3．库存现金存放时要有安全措施

安全防护的重点是出纳人员的办公室和保险柜等。出纳人员的办公室应选择坚固实用的房间，能防潮、防火、防盗、通风，墙壁、房顶要牢固，门、窗要有铁栏或金属板（网），根据需要可安装自动报警、监控等装置。出纳人员要配备专用保险柜，保险柜应靠在出纳办公室的内墙存放，保险柜钥匙由出纳人员专人保管，不得交由其他人员代管；保险柜密码应由出纳人员开启，并做好开启记录，严格保密；出纳人员工作变动时，应及时更换密码。保险柜的钥匙或密码丢失或者发生故障，要立即报请领导处理，不得随意找人修理或配钥匙。必须更换保险柜时，要办理以旧换新的批准手续，注明更换情况备查。

## 三、库存现金的清查

### （一）库存现金清查的概念

库存现金的清查是指通过实地盘点的方法，确定库存现金的实存数，再与现金日记账的账面余额进行核对，以查明余缺情况。库存现金的盘点，应由清查人员会同现金出纳人员共同负责。

(1) 在盘点前，出纳人员应先将现金收、付凭证全部登记入账，并结出余额。

(2) 盘点时出纳人员必须在场，现金应逐张清点，并与现金日记账进行核对，如发现盘盈、盘亏时，必须会同出纳人员核实清楚。

(3) 盘点结束后，应根据盘点结果及时填制“库存现金盘点报告表”，见表 3-8，并由检查人员和出纳人员签名或盖章。

表 3-8 库存现金盘点报告表

单位名称： 年 月 日 单位：元

| 实存金额 | 账存金额 | 实存与账存对比 | | 备注 |
|---|---|---|---|---|
| | | 盘盈 | 盘亏 | |
| | | | | |

盘点人： 出纳人员：

此表具有双重性质。它既是盘存单，又是账存实存对比表；既是反映现金实存数并用以调整账簿记录的重要原始凭证，也是分析发生差异原因，明确经济责任的依据。

### （二）库存现金清查结果的处理

在库存现金清查中，发现现金短缺或盈余时，除了设法查明原因外，还应及时根据“库存现金盘点报告表”进行账务处理。

#### 1. 审批前的处理

财产清查发现的有待查明原因的现金短缺或盈余，首先应通过“待处理财产损溢——待处理流动资产损溢”科目核算。该账户属于资产类账户，其借方登记短缺数和盈余数的转销，贷方登记盈余数和短缺数的转销。经过上述账务处理后，保证了库存现金的账实相符。

当库存现金短缺时，应该按照实际短缺的金额，借记“待处理财产损溢——待处理流动资产损溢”科目，贷记“库存现金”科目；当现金溢余时，按实际溢余的金额，借记“库存现金”科目，贷记“待处理财产损溢——待处理流动资产损溢”科目。

#### 2. 审批后的处理

待查明原因后，再分别按下列情况处理：

库存现金短缺时，应由责任人和保险公司赔偿的部分，通过“其他应收款”科目核算（如已收到赔偿的款项，直接通过“银行存款”等科目核算）；无法查明原因的库存现金短缺，根据企业内部管理权限，经审批后记入“管理费用”科目。

库存现金溢余时，应支付给有关人员和单位的，应从“待处理财产损溢——待处理流动资产损溢”科目转入“其他应付款”；无法查明原因的库存现金溢余，根据企业内部管理权限，经审批后转入“营业外收入”科目。

**【例 3-10】** 华南股份有限公司于 2010 年 11 月末进行现金清查时发现短缺 3 000 元，根据“库存现金盘点报告表”作会计分录如下：

借：待处理财产损溢——待处理流动资产损溢 3 000

　　贷：库存现金 3 000

经反复核查，其中200元应由出纳李某责任赔偿：

借：其他应收款——应收现金短缺款（李某）　　200

　　贷：待处理财产损溢——待处理流动资产损溢　　200

其中2500元应由保险公司赔偿：

借：其他应收款——应收保险公司赔款　　2500

　　贷：待处理财产损溢——待处理流动资产损溢　　2500

其余300元未查明原因，经批准转入管理费用处理：

借：管理费用——现金短缺　　300

　　贷：待处理财产损溢——待处理流动资产损溢　　300

【例3-11】华南股份有限公司于2010年12月末进行现金清查时发现溢余2000元，其中1200元属于应支付给其他公司的违约金，剩余盘盈金额无法查明原因。根据“库存现金盘点报告表”作会计分录如下：

审批前：

借：库存现金　　2000

　　贷：待处理财产损溢——待处理流动资产损溢　　2000

审批后：

借：待处理财产损溢——待处理流动资产损溢　　2000

　　贷：其他应付款　　1200

　　　　营业外收入　　800

## 任务处理

李大姐在结账时出现的长款1000元属于库存现金盘盈问题。造成盘盈的原因，可能是应付给某单位或个人的款项而未付，也可能是做账错误所致，还可能是某些无法查明的原因。

针对多出的1000元，李大姐不能先取出来，而应该根据盘点结果填写“库存现金盘点报告表”，然后交由相关会计，做记账凭证。借记“库存现金”1000元，贷记“待处理财产损溢——待处理流动资产损溢”1000元。等后续查明原因后，经审批后作转销的会计处理：借记“待处理财产损溢——待处理流动资产损溢”，若是应付给某单位或个人的款项，则贷记“其他应付款”，若是无法查明原因的，则贷记“营业外收入”。

## 知识归纳

本项目介绍了三方面的内容：一是现金收款，二是现金付款，三是现金保管与清查。现金收款包括现金收款的五大范围、现金管理的四项基本原则、现金收款的处理程序，而处理程序中主要包括普通发票、增值税专用发票、非经营性收据、内部收据等原始凭证的填制及会计处理；现金付款包括现金开支的范围和原则、现金审批程序、现金支出的处理程序，重点是工资单、借款单、领款单、差旅费报销单等原始凭证的填制及会计处理；现金的保管与清查包括库存现金的限额要求、保管制度、清查的方法及会计处理。

## 阅读材料

### 库存现金管理中常见的错弊行为

库存现金是单位内部流动性最强的资产。为了加强对库存现金的内部控制和管理，必须强化各单位内部会计控制制度建设。本文对单位库存现金管理中易发生的错弊行为进行剖析。

**1．涂改凭证金额**

会计人员利用原始凭证管理上存在的漏洞或业务上的便利条件，使用“退字灵”、“修正液”等化学药剂，乘机更改发票或收据上的金额，把现金收入原始凭证上的金额改小或将现金支出原始凭证上的金额放大，从而达到贪污的目的。其主要原因是会计主管人员或指定人员未认真审查原始凭证。

**2．票据“头尾”不一**

票据在出票时往往需要套写。出纳人员或经办员在套写时在复写纸的下面放置废纸，利用假复写的方法，使票据凭证联和存根联金额不一致，造成收多报少或支少报多，贪污差额款。其主要原因是填制收付款原始凭证与收付款职责未分开，单位内部牵制制度失效。

**3．撕毁票据或盗用凭证**

会计人员或出纳人员撕毁收入现金的票据，将现金据为己有；用盗取的发票、收据等凭证向客户开票，隐匿现金，达到贪污的目的。其主要原因是单位在票据管理方面存在漏洞，未能有效地控制票据的数量和编号；对于收入款项的监督不力。

**4．虚开发票，虚构内容**

会计人员或有关人员与外部人员串通，在购物时虚开发票，或在做账时虚列工资、奖金等，将多支出的现金据为己有。其主要原因是未能坚持经济业务事项的办理不得由一个人负责全过程的原则，未能做到薪金支付单等由单位人劳部门编制和审核，会计稽核人员未能真正发挥作用。

**5．添枝加叶，加码报销**

会计人员在原始凭证上添加经济业务的内容和金额，达到贪污现金的目的。其主要原因是会计稽核人员未履行职责，未发挥作用。

**6．错记金额，贪污现金**

出纳人员在登记现金日记账时故意记错金额或将其合计数加错，表现为少计收入、多计支出，从而将多余的库存现金据为己有。其主要原因是会计分工、会计牵制出了问题，出纳人员除登记日记账外，还兼登记明细账和总账。

**7．公款私用，挪用现金**

出纳人员或其他人员采用虚写或涂改现金缴款单日期的做法，未将当天应该送交银行的销货款等及时入账，挪用后进行体外循环。其主要原因是会计牵制不力，会计稽核人员未发挥作用。

## 小思考

小李是某公司的出纳人员，在2010年9月8日和10日两天的现金业务结束后进行的现金清查中，分别发现现金短缺50元和现金溢余20元的情况。对此他经过反复思考也弄不明白原因。为了保全自己的面子，同时又考虑到两次账实不符的金额很小，他决定采取下列办法进行处理：现金短缺50元。自掏腰包补齐；现金溢余20元，暂时收起。请问小李的做法是否符合规定？

**案例分析**：小李的做法不符合规定。小李在9月8日和10日两天的现金清查结果的处理方法都是错误的。他的处理方法的直接后果可能掩盖公司在现金管理与核算中存在的诸多问题，有时可能是重大的经济问题。因此，凡是出现账实不符的情况，必须按照有关的会计规定进行处理。

按照规定，对于在现金清查中发现的账实不符，即现金溢缺情况，首先应通过“待处理财产损溢”科目进行核算。待查明原因后按如下要求进行处理：一是如为现金短缺，属于应由责任人赔偿的部分，借记“其他应收款”或“库存现金”等科目，贷记“待处理财产损溢——待处理流动资产损溢”科目；属于应由保险公司赔偿的部分，借记“其他应收款”科目，贷记“待处理财产损溢——待处理流动资产损溢”科目；属于无法查明的其他原因，根据管理权限，经批准后处理，借记“管理费用——现金短缺”科目，贷记“待处理财产损溢——待处理流动资产损溢”科目。二是如为现金溢余，属于应支付给有关人员或单位的，应借记“待处理财产损溢——待处理流动资产损溢”科目，贷记“其他应付款——应付现金溢余”科目；属于无法查明原因的现金溢余，经批准后，借记“待处理财产损溢——待处理流动资产损溢”科目，贷记“营业外收入——现金溢余”科目。

## 达标检测

### 一、单项选择题

1. 增值税专用发票的（　　）联次是用于销售方记账的。

   A. 存根联　　B. 发票联　　C. 记账联　　D. 抵扣联

2. 下列不属于现金收款原始凭证的是（　　）。

   A. 普通发票　　B. 现金收据　　C. 现金支票　　D. 现金缴款单

3. 下列各项中，属于不可以使用现金的事项是（　　）。

   A. 职工工资、报酬　　B. 付给施工单位的大额劳务报酬

   C. 个人劳务报酬　　D. 出差人员随身携带的差旅费

4. 企业日常零星支出在（　　）元之下的可以使用现金。

   A. 2000　　B. 10000　　C. 1000　　D. 100

5. 无法查明原因的库存现金盘亏数，转销后应记入（　　）会计科目。

   A. “管理费用”　　B. “营业外支出”　　C. “其他应收款”　　D. “财务费用”

6. 库存现金限额一般是3～5天日常零星支出，特殊情况者可以申请5天以上，但最长不得超过（ ）天。

A. 10　B. 15　C. 20　D. 25

二、多项选择题

1. 营业收入包括下列（ ）会计科目。

A. “主营业务收入”　B. “其他营业收入”

C. “营业外收入”　D. “应交税费——应交增值税（销项税额）”

2. “待处理财产损溢”账户的借方登记（ ）。

A. 库存现金短缺数　B. 库存现金盈余数

C. 短缺数的转销　D. 盈余数的转销

3. 下列属于现金管理基本原则的有（ ）。

A. 收付合法原则　B. 钱账分管原则

C. 收付两清原则　D. 日清月结原则

4. 下列属于现金支付原始凭证的有（ ）。

A. 工资单　B. 借款单

C. 差旅费报销单　D. 现金支票

5. 下列属于现金收款的原始凭证有（ ）。

A. 增值税专用发票　B. 现金收据

C. 现金支票　D. 领款单

6. 出纳人员不可以兼做（ ）工作。

A. 固定资产管理　B. 档案保管　C. 稽核　D. 债权债务的登记

三、判断题

1. 出纳人员可以兼做会计档案保管的工作。（ ）

2. 向小规模纳税人销售产品时应该开具普通发票。（ ）

3. 出纳人员去银行提取现金时应填写现金缴款单。（ ）

4. 为方便起见，出纳人员可以将收取的现金直接对外支付。（ ）

5. 当企业业务较少时，出纳人员可以将连续几天的业务一次性登记入账。（ ）

四、简单题

1. 单位现金管理的基本原则有哪些？

2. 日清月结的内容主要包括哪些方面？

3. 现金收入管理的基本规定有哪几点？

4. 现金管理“八不准”是指什么？

5. 请简述现金收款的处理程序。

6. 请简述现金支付的处理程序。

五、经济业务题

资料：新华公司于2010年4月发生下列现金收付业务。

1. 2日，以现金250元购入文印用纸。

2. 2日，出纳人员从银行提取现金800元备用。

3. 2日，以现金300元支付办公用品费。

4. 6日，销售A产品300件，开具增值税专用发票，货款为19500元，增值税税款为3315元，款项以现金形式收到。

5. 10日，以现金支付市内材料采购运杂费60元。

6. 12日，以现金支付管理科李新报销差旅费80元。

7. 13日，向个人销售10件B产品，开具普通发票，价款为550元，货款以现金形式收到。

8. 14日，从银行提取现金40000元。

9. 15日，以现金40000元发放本月职工工资。

10. 18日，管理科职工王刚预借差旅费3000元。

11. 19日，以现金支付市内零星材料采购款150元。

12. 21日，以现金支付产品广告费3500元。

13. 25日，王刚报销差旅费2800元，退回现金200元。

14. 27日，收到职工张华因违反规定交来的罚款现金300元，开具收据。

15. 30日，因公负伤的职工李二报销医疗费500元。

要求：针对上述经济业务作出相应的会计处理。

# 项目四

# 银行存款管理

## 学习目标

（1）能够正确地识别银行存款账户的种类。
（2）能够正确地开设、变更、撤销银行存款账户。
（3）能够正确地识别银行结算方式的种类。
（4）能够正确地掌握不同银行结算方式的基本程序。
（5）能够正确地完成银行结算凭证的填制。

## 任务一　账 户 管 理

### 任务案例

#### 任务要求

分析企业的情况，确定出纳人员开设银行结算账户的种类、所需要提供的开户资料，完成开户申请书的填写以及简要阐述开设账户的基本处理程序。

#### 任务资料

浙江晨锋科技有限公司于 2010 年 1 月成立，需要到银行开设一个存款账户，主要完成单位日常经济业务的转账结算和现金存取。该公司的基本信息如下：

企业名称：浙江晨锋科技有限责任公司
地址：杭州市杭海路 187 号
法人代表：李青
身份证号码：330601197001250768
注册资金：800 万元
企业类型：有限责任公司（增值税一般纳税人）
联系电话：0571-88668092
经营范围：科技通信产品的生产和开发
纳税人登记号：610125748727421
企业法人营业执照编号：6580002116989

组织机构代码：74896375-1

地区代码：610106

## 理论知识

### 一、银行账户及其分类

银行账户是指各单位为办理结算和申请贷款而在银行开立的账户。银行账户是各单位通过银行办理转账、结算信贷以及现金收支业务的主要工具，具有反映和监督国民经济各部门经济活动的作用。凡新办的企业或公司在取得工商行政管理部门颁发的法人营业执照后，可选择在办公地点附近的银行申请开设自己的结算账户。

根据《人民币银行结算账户管理办法》（中国人民银行令[2003]第5号）的规定，银行账户应分为基本存款账户、一般存款账户、临时存款账户和专用存款账户四种。

#### 1．基本存款账户

基本存款账户是指存款人办理日常转账结算和现金收付的银行结算账户。它是各独立结算单位或实行独立核算的企业在银行开立的主要账户。按照规定每一存款人只能在银行开立一个基本存款账户，主要用于办理日常的转账结算和现金收付，企事业单位的工资、奖金等现金的支取只能通过此账户办理。

#### 2．一般存款账户

一般存款账户是指存款人因借款或其他结算需要，在基本存款账户开户银行以外的银行营业机构开立的银行结算账户。存款人可以通过一般存款账户办理转账、结算和存入现金，但不能支取现金。

#### 3．临时存款账户

临时存款账户是指存款人因临时经营活动需要而开立的银行结算账户。存款人可以通过该账户办理转账结算和根据国家现金管理规定办理现金收付。

#### 4．专用存款账户

专用存款账户是指存款人因特定用途而开立的银行结算账户。

### 二、开设账户的条件和一般程序

根据《人民币银行结算账户管理办法》的规定，不同的银行结算账户的开设条件和程序不同。

#### （一）基本存款账户

#### 1．开设基本存款账户的当事人应具备的资格

开设基本存款账户的当事人包括两部分：

（1）具有民事权利能力和民事行为能力，并依法独立享有民事权利和承担民事义务的法人和其他组织，包括企业法人、机关、事业单位、社会团体、军队、武警部队、民办非企业组织（如不以盈利为目的的民办学校、福利院、医院等）。

（2）虽然不是法人组织，但是具有独立核算资格，有自主办理资金结算需要的单位。它主要包括非法人企业（如具有营业执照的企业集团下属的分公司）、外国驻华机构、单位设立的独立核算的附属机构（如单位附属的食堂、招待所、幼儿园）。

**2. 开设基本存款账户时需出具的资料**

开设基本存款账户时，按规定应向开户银行出具下列资料：

（1）企业营业执照（正本）或登记证书、批文原件和三份复印件。

（2）组织机构代码证（正本）原件和三份复印件。

（3）国税、地税税务登记证（正本）原件和三份复印件。

（4）法人代表身份证原件和三份复印件。

（5）单位行政公章、财务专用章、法人代表或财务负责人印章（银行预留印鉴用）。

**3. 基本存款账户的开设程序**

（1）填写开户申请书。企业经办人员需要填写一式三联的“开立单位银行结算账户申请书”，如图 4-1 所示，其中一份由开立单位留存，一份由开户银行留存，一份由开户银行报送当地人民银行。

按组织机构代码证上的机构类型填写

按营业执照或登记证书上标注填写，若无标注可不填

填写营业执照、批文、法人证书、非正规就业劳动组织证书号

填写营业执照、法人证书、非正规就业劳动组织证书

国税与地税号一致，机关、社会团体、事业单位、非正规就业劳动组织等单位不需提供

**开立单位银行结算账户申请书**

| | | | |
|---|---|---|---|
| 存款人名称 | | 电　话 | |
| 地　　址 | | 邮　编 | |
| 存款人类别 | | 组织机构代码 | |
| 法定代表人（　）<br>单位负责人（　） | 姓　名 | | |
| | 证件种类 | 证件号码 | |
| 行 业 分 类 | A（　）B（　）C（　）D（　）E（　）F（　）G（　）H（　）I（　）J（　）<br>K（　）L（　）M（　）N（　）O（　）P（　）Q（　）R（　）S（　）T（　） | | |
| 注 册 资 金 | 币种： | 金额： | 地区代码　290000 |
| 经 营 范 围 | | | |
| 证明文件种类 | | 证明文件编号 | |
| 国税登记证号 | | 地税登记证号 | |
| 关 联 企 业 | 关联企业信息填列在“关联企业登记表”上。 | | |
| 账 户 性 质 | 基本（　）　一般（　）　专用（ √ ）　临时（　） | | |
| 资 金 性 质 | | 有效日期至 | 年　月　日 |

以下为存款人上级法人或主管单位信息：

| | | | |
|---|---|---|---|
| 上级法人或主管单位名称 | | | |
| 基本存款账户开户许可证核准号 | | 组织机构代码 | |
| 法定代表人（　）<br>单位负责人（　） | 姓　名 | | |
| | 证件种类 | 证件号码 | |

以下栏目由开户银行审核后填写：

| | | | |
|---|---|---|---|
| 开户银行名称 | | | |
| 开户银行代码 | | 账　号 | |
| 账 户 名 称 | | | |
| 基本存款账户开户许可证核准号 | | 开户日期 | |
| 本存款人申请开立单位银行结算账户，并承诺所提供的开户资料真实、有效。<br>单位公章<br>存款人（公章）<br>年　月　日 | 开户银行审核意见：<br>经办人（签章）<br>开户银行（签章）<br>年　月　日 | 人民银行审核意见：<br>（非核准类账户除外）<br>经办人（签章）<br>人民银行（签章）<br>年　月　日 | |

填写说明：

（1）申请开立临时存款账户，必须填列有效日期；申请开立专用存款账户，必须填列资金性质。

（2）“行业分类”中各字母代表的行业种类如下：A：农、林、牧、渔业；B：采矿业；C：制造业；D：电力、燃气及水的生产供应业；E：建筑业；F：交通运输、仓库和邮政业；G：信息传输、计算机服务及软件业；H：批发和零售业；I：住宿和餐饮业；J：金融业；K：房地产业；L：租赁和商务服务业；M：科学研究、技术服务和地质勘查业；N：水利、环境和公共设施管理；O：居民服务和其他服务业；P：教育业；Q：卫生、社会保障和社会福利业；R：文化、教育和娱乐业；S：公共管理和社会组织；T：其他行业

（3）带括号的选项填“√”。

（4）申请开立核准类账户，填写本表一式三联，三联申请书由开户银行报送人民银行当地分行，加盖审核章后，一联由开户单位留存，一联由开户银行留存，一联由中国人民银行当地分行留存；申请开立备案类账户，填写本表一式两联，一联由存款人留存，一联由开户银行留存。

图 4-1　开立单位银行结算账户申请书

（2）开户银行审核证明文件。如果“开立单位银行结算账户申请书”填写事项齐全，符合开设条件的，银行将企业的开户申请书、相关的证明文件和银行审核意见等开户资料报送中国人民银行当地分行。

（3）中国人民银行核准。中国人民银行当地的分行在2个工作日内对报送的开户资料进行审核，符合开户条件的，予以核准并打印银行开户许可证，由开户银行交给企业；不符合条件的，出具审核意见连同开户资料一并退回。

（4）领取开户许可证。

**（二）一般存款账户**

**1．开设一般存款账户的当事人应具备的资格**

只要申请人具有借款或其他结算的需要，都可以申请开设一般存款账户，并且没有数量限制，可自主选择不同经营理念的银行。需要明确的是，一般存款账户不能在基本存款账户的开户银行（同一营业机构）开设。

**2．开设一般存款账户时需出具的资料**

开设一般存款账户时需向开设银行提供下列资料：

（1）开设基本存款账户需提供的材料。

（2）与基本存款人账户的存款不在同一地点的附属非独立核算单位可申请开立该账户，并须向开户银行出具基本存款户的存款人同意其非独立核算单位开户的证明。

（3）在基本存款账户以外的银行取得借款的单位和个人可以申请开立该账户，并须向开户银行出具借款合同或借款借据。

**3．一般存款账户的开设程序**

（1）填写开户申请书。

（2）开户银行审核证明文件。如果开户申请书填写事项齐全，符合开设条件的，银行即办理开户手续。

（3）中国人民银行备案。

（4）领取开户许可证。

**（三）临时存款账户**

**1．开设临时存款账户的当事人应具备的资格**

下列三种情况可以开设临时存款账户：

（1）工程指挥部、筹备领导小组、摄制组等临时机构。

（2）建筑施工及安装单位等在异地进行经营活动。

（3）公司的注册验资。

临时存款账户实行有效管理，有效期限最长不得超过两年。

**2．开设临时存款账户时需出具的资料**

开设临时存款账户时需向开设银行提供下列资料：

（1）临时机构应出具驻在地主管部门统一设立临时机构的批文。

（2）异地建筑施工及安装单位应出具其营业执照（正本）、基本存款账户开户许可证、施工及安装地建设主管部门核发的许可证或建筑施工及安装合同。

(3) 异地临时经营单位应出具营业执照（正本）、基本存款账户开户许可证、临时经营地工商行政管理部门的批文。

(4) 注册验资时应出具工商行政管理部门核发的企业名称预先核准通知书或有关部门的批文。

**3．临时存款账户的开设程序**

临时存款账户的开设程序与基本存款账户相同。

**（四）专用存款账户**

**1．开设专用存款账户的当事人应具备的资格**

纳入专用存款账户管理的资金包括以下三类：

(1) 按国家法律、法规、规章和国务院的有关规定需要专项管理的资金，如预算外资金、基本建设资金、更新改造资金、社会保障资金等。

(2) 具有专项投资用途的资金，如证券交易结算资金、信托资金等。

(3) 其他需要开设账户管理的资金，如金融机构存放同业、党、团、工会的组织机构经费等。

**2．开设专用存款账户需出具的资料**

开设专用存款账户需向开设银行提供下列资料：

(1) 开设基本存款账户需提供的材料。

(2) 基本存款账户开户许可证。

(3) 存款人须向开户银行出具有关部门批准立项的文件或国家有关文件的规定等证明文件。

**3．专用存款账户的开设程序**

专用存款账户的开设程序与一般存款账户相同。

**（五）账户的变更和撤销**

**1．银行存款账户的变更**

存款人变更名称、法定代表人或负责人、地址、邮编、电话等开户资料信息的，应及时填写一式三份的“变更银行账户内容申请书”到开户银行申请办理开户资料信息变更手续，详见图 4-2。其中一份由存款人留存，一份由开户银行留存，一份由开户银行报送当地人民银行。

**2．银行存款账户的撤销**

存款人有被撤并、解散、宣告破产或关闭的，注销、被吊销营业执照的，因迁址需要变更开户银行地点情况的，应向开户银行提出撤销银行结算账户的申请。撤销程序如下：

(1) 填写撤销银行账户申请书。单位因各种原因而终止或改变开户银行时，应到原开户银行办理账户撤销手续，填写“撤销银行账户申请书”，如图 4-3 所示。超过规定期限未办理结算账户撤销手续的，银行有权停止其结算账户的对外支付。存款人未清偿其开户银行债务的，不得申请撤销账户。

(2) 提交有关证明资料。存款人撤销银行结算账户时，必须与银行核对存款余额，交回各种重要的空白票据、结算凭证。撤销基本存款账户时还需要交回开户许可证。

(3) 银行受理。银行在收到存款人撤销银行结算账户的申请后，对于符合销户条件的，应当在 2 个工作日内办理撤销手续，同时于撤销之日起 2 个工作日内，向中国人民银行当地分支行报告。

## 变更银行账户内容申请书

| | | | |
|---|---|---|---|
| 账户名称 | 中国工商银行杭州市羊坝头支行① | | |
| 开户银行代码 | 7901② | 账　号 | 33011809032389③ |
| 账户性质④ | 基本（√）　专用（　）　一般（　）　临时（　）　个人（　） | | |
| 开户许可证核准号 | J7910001846602⑤ | | |
| 变更事项及变更后内容如下：⑥ | | | |
| 账户名称 | — | | |
| 地址 | — | | |
| 邮政编码 | — | | |
| 电话 | — | | |
| 注册资金金额 | — | | |
| 证明文件种类 | — | | |
| 证明文件编号 | — | | |
| 经营范围 | — | | |
| 法定代表人或负责人 | 姓名 | 李春 | |
| | 证件种类 | 身份证 | |
| | 证件号码 | 330801196511230896 | |
| 关联企业 | | — | |
| 上级法人或主管单位基本存款账户核准号 | | — | |
| 上级法人或主管单位名称 | | — | |
| 上级法人或主管单位法定代表人或负责人 | 姓　名 | — | |
| | 证件种类 | — | |
| | 证件号码 | — | |
| 本存款人申请变更上述银行结算账户内容，并承诺所提供的开户资料真实、有效。⑦<br>杭州泰鑫科技有限责任公司 ★ 公　章<br>存款人（签章）<br>2008年5月15日 | 开户银行审核意见：<br>经办人（签章）：<br>银行（签章）：<br>年　月　日 | 人民银行审核意见：<br>经办人（签章）：<br>银行（签章）：<br>年　月　日 | |

图 4-2　变更银行账户内容申请书

## 撤销银行账户申请书

| | | | |
|---|---|---|---|
| 账户名称 | 杭州泰鑫科技有限责任公司① | | |
| 开户银行名称 | 中国工商银行杭州市羊坝头支行① | | |
| 开户银行代码 | 7901① | 账号 | 33011809032389① |
| 账户性质 | 基本（√）　专用（　）　一般（　）　临时（　）　个人（　）① | | |
| 开户许可证核准号 | J7910001846602① | | |
| 销户原因 | 破产② | | |
| 缴回凭证名称及号码：③<br>空白转账支票号码为14562003～14562025<br>现金支票号码为23265010～23265025 | | 余款转入＿＿＿＿＿行＿＿＿＿＿账号④ | |
| 本存款人申请撤销上述银行账户，承诺所提供的证明文件真实、有效。<br>法定代表人或负责人（签章）　姓　印　文⑤<br>杭州泰鑫科技有限责任公司 ★ 单位（公章）或个人（签章）　公　章⑥<br>年　月　日 | | 开户银行审核意见：<br>经办人（签章）：<br>开户银行（签章）<br>年　月　日 | |

图 4-3　撤销银行账户申请书

## 三、银行账户的管理原则

为保证银行结算的顺利进行，根据《人民币银行结算账户管理办法》的规定，各单位都应当遵守以下基本原则：

### 1．一个基本账户原则

它是指存款人只能在银行开立一个基本存款账户，不能多头开立基本存款账户。存款人在银行开立基本存款账户时，实行由中国人民银行当地分支机构核发开户许可制度。同时存款人在其账户内必须有足够的资金，以保证支付。

### 2．自愿选择、自主支配原则

它是指存款人可以自主选择银行开立账户，银行也可以自愿选择存款人开立账户。任何单位和个人不得强制干预存款人和银行开立或使用账户。一经双方相互认可后，存款人应遵循银行结算的规定，而银行应保证存款人对资金的所有权和自主支配权不受侵犯。

### 3．存款保密原则

银行必须依法为存款人保密，维护存款人资金的自主支配权。除国家法律规定和国务院授权中国人民银行总行的监督项目外，银行不得替任何单位和个人查询、冻结、扣划存款人账户内的存款，以维护存款人资金的自主支配权。

### 4．银行不垫款原则

它是指银行在办理结算时只负责办理双方单位的资金转移，不为任何单位垫付资金。

## 四、银行账户的使用和管理

银行账户是各单位与其他单位通过银行办理结算和现金收付的重要工具。为了维护金融秩序，保证各项经济业务的正常开展，各单位应加强对银行账户的使用和管理。依据《人民币银行结算账户管理办法》，开户单位通过银行账户办理资金收付时，必须做到以下几点：

（1）认真贯彻执行国家的政策、法令，遵守银行关于信贷、结算和现金管理等方面的规定。在银行对单位账户进行检查时，必须提供账户使用情况的有关资料。

（2）单位在银行开立的账户，只供本单位业务经营范围内的资金收付，不许出租、出借或转让给其他单位或个人使用。

（3）各种收付款凭证，必须如实填明款项来源或用途，不得巧立名目，弄虚作假；不得套取现金，套购物资；严禁利用账户搞非法活动。

（4）各单位在银行的账户必须有足够的资金保证支付，不准签发空头的支款凭证和远期的支付凭证。

（5）及时、正确地记载银行往来账务，并及时地与银行寄送的对账单进行核对，发现不符，尽快查对清楚。

## 任务处理

（1）出纳人员应该开设基本存款账户。

（2）开设基本存款账户提交的资料：①企业营业执照（正本）或登记证书、批文原件和三份复印件。②组织机构代码证（正本）原件和三份复印件。③国税、地税税务登记证（正本）原件和三份复印件。④法人代表身份证原件和三份复印件。⑤单位行政公章、财务专用章、法人代表或财务负责人印章（银行预留印鉴用）。

（3）参照图 4-1 填写“开立单位银行结算账户申请书”。

（4）开立银行账户业务的基本处理程序如图 4-4 所示：

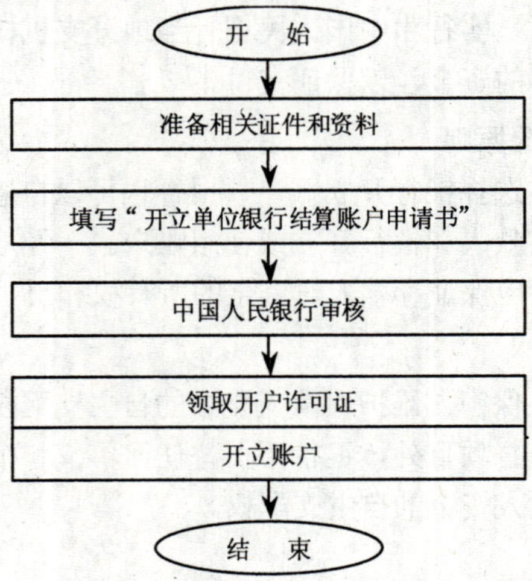


图 4-4　开立银行账户业务的基本处理程序

# 任务二　银行结算管理

## 任务案例

### 任务要求

分析企业经济业务的情况，确定出纳人员可以选择的银行结算方式，并以其中一种结算方式为例，简要阐述该项业务处理的流程。

### 任务资料

2010 年 3 月 20 日浙江晨锋科技有限公司与杭州恒生电子有限公司签订商品购销合同，浙江晨锋科技有限公司销售给杭州恒生电子有限公司一批产品，增值税专用发票上注明的价款为 200 000 元，增值税税额为 34 000 元，商品已发送。

## 理论知识

## 一、银行结算方式概述

### 1．银行结算方式的概念

所谓结算方式，是指用一定的形式和条件来实现各单位（或个人）之间货币收付的程序和方法。结算方式是办理结算业务的具体组织形式，是结算制度的重要组成部分。按照货币收付形式的不同可分为现金结算方式和银行结算方式。所谓银行结算方式是指不使用现金，通过银行将款项从付款单位（或个人）的银行账户直接划转到收款单位（或个人）的银行账户的货币资金结算方式。除了规定可以使用现金结算的以外，所有企业、事业单位和机关、团体、部队等相互之间发生的商品交易、劳务供应、资金调拨、信用往来等均应按照《人民币银行结算账户管理办法》的规定，必须通过银行实行转账结算。

**2. 银行结算方式种类**

现行的银行结算方式包括银行汇票、商业汇票、银行本票、支票、汇兑、委托收款、托收承付、信用卡八种结算方式。这八种结算方式根据结算形式的不同，可以划分为票据结算（支票、银行本票、银行汇票和商业汇票）和支付结算（汇兑、委托收款、托收承付和信用卡）两大类；根据结算地点的不同，可以划分为同城结算方式、异地结算方式和通用结算方式三大类。其中，同城结算方式是指在同一城市范围内各单位或个人之间的经济往来，通过银行办理款项划转的结算方式，具体有支票结算方式和银行本票结算方式。异地结算方式是指不同城镇、不同地区的单位或个人之间的经济往来通过银行办理款项划转的结算方式，具体包括银行汇票结算方式、汇兑结算方式和托收承付结算方式。通用结算方式是指既适用于同一城市范围内的结算，又适用于不同城镇、不同地区的结算，具体包括商业汇票结算方式、委托收款结算方式和信用卡，其中商业汇票结算方式又可分为商业承兑汇票结算方式和银行承兑汇票结算方式。如图 4-5 所示。

- 同城结算方式
  - 支票（现金支票和转账支票）
  - 银行本票（定额本票和不定额本票）
- 异地结算方式
  - 银行汇票
  - 汇兑（信汇和电汇）
  - 托收承付
- 通用结算方式
  - 商业汇票（商业承兑汇票和银行承兑汇票）
  - 委托收款
  - 信用卡

图 4-5　银行结算方式种类

## 二、银行票据结算方式

票据是指体现一定财产权利的有价证券，包括支票、银行本票、银行汇票和商业汇票。《中华人民共和国票据法》（以下简称《票据法》）对票据在出票、背书、承兑等方面内容作了具体的规定，主要包括：

（1）出票制度。出票是指支票、汇票、本票的出票人按照《票据法》规定的记载事项和方式作成票据，并支付的一种票据行为。票据上必须记载事项包括表明票据种类的文字、无条件支付的委托、确定的金额、收付款人名称、出票日期、出票人签章、付款日期、付款地等。

（2）背书制度。背书是指票据持有人按照《票据法》的规定，在票据的背面记载一定的事项，以表示其愿意转让票据权利的行为。转让背书时必须记载的事项包括背书人签章、被背书人名称、背书日期。

（3）承兑制度。承兑是指汇票的付款人按照《票据法》的规定，在汇票上记载一定的事项，以表示其愿意支付汇票金额的票据行为。承兑是汇票特有的行为，本票和支票均不存在承兑问题。

## （一）支票结算方式

### 1．支票概述

（1）支票的概念。支票是指由出票人签发的，委托办理支票存款业务的银行在见票时无条件支付确定的金额给收款人或持票人的一种票据。

（2）支票的适用范围。支票结算仅限于在银行开户的单位和个人在同城或同一票据交换区域的商品交易、劳务提供、资金调拨以及其他款项的结算。

（3）支票的种类。

1）现金支票。现金支票上印有“现金”字样，现金支票只能用于支取现金。

2）转账支票。转账支票上印有“转账”字样，转账支票只能用于银行转账。

3）普通支票。普通支票上未印有“现金”或“转账”字样。普通支票可以用于支取现金，也可以用于转账；在普通支票左上角画两条平行线，即为画线支票，画线支票只能用于转账，不得支取现金。

### 2．支票结算的基本规定

（1）支票一律记名。它是指签发的支票上必须注明收款人的名称，并只准收款人或签发人向银行办理转账或提取现金。在中国人民银行总行批准的地区，转账支票可以背书转让。

（2）支票的有效期为 10 天。有效期从签发的次日算起，到期日遇节假日顺延，过期支票银行不予受理，支票自行作废。

（3）支票的金额起点为 100 元。

（4）签发支票时应使用墨汁、碳素墨水填写。

（5）签发人必须在银行账户余额内按照规定向收款人签发支票。不准签发空头支票或印章与预留银行印鉴不符的支票，否则银行应予以退票，并按票面金额处以 5%但不低于 1000 元的罚款，另外，持票人有权要求出票人赔偿支票金额 2%的赔偿金。

（6）已签发的现金支票遗失，可以向银行申请挂失；在挂失前已经支付的，银行不予受理。已签发的转账支票遗失，银行不受理挂失。

### 3．支票结算的基本程序

从总体上看，支票结算的基本程序如图 4-6 所示。

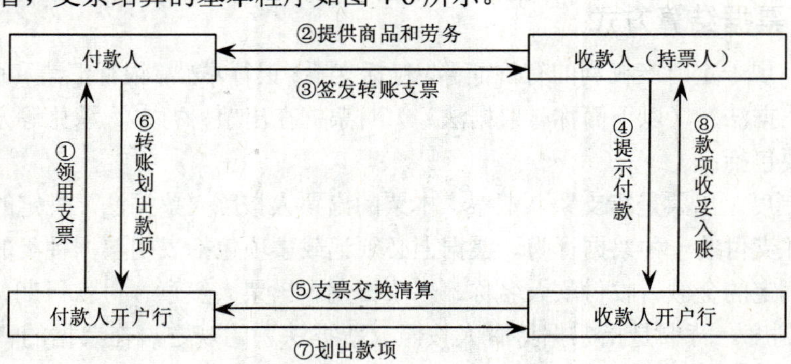


图 4-6 支票结算程序

具体来讲，可分为支票付款业务流程和收款业务流程。

（1）支票付款业务处理流程

1）填写空白支票请购单。企业向开户银行购买现金支票、转账支票等重要空白票据时，需要填写一式四联的空白支票请购单。第一联式银行作转账借方凭证，第二联式银行作转账贷方凭证，第三联式银行凭证作配售凭证及销账用，第四联式银行回执作单位收据或记账凭证。存款人向开户银行领购支票时，应由出纳人员填写一式四联的空白支票请购单，并在第一联上加盖预留银行印鉴，送交银行办理。如图 4-7 所示。

**中国工商银行浙江省分行营业部空白支票请购单 1**

2010 年 4 月 1 日　　　　No：0725053.

<table>
<tr><td rowspan="3">请购人</td><td>全称</td><td>杭州恒申有限责任公司</td><td rowspan="3">请购凭证</td><td>名称</td><td colspan="6">转账支票</td><td rowspan="6">第一联<br>银行作转账借方凭证</td></tr>
<tr><td>账号</td><td>33011809032591</td><td>号码</td><td colspan="6"></td></tr>
<tr><td>开户银行</td><td>工行杭州市羊坝头支行</td><td>数量</td><td>1 本</td><td colspan="2">单价</td><td colspan="3">5.00</td></tr>
<tr><td rowspan="2">金额</td><td colspan="4" rowspan="2">人民币（大写）伍元整</td><td>千</td><td>百</td><td>十</td><td>元</td><td>角</td><td>分</td></tr>
<tr><td></td><td></td><td>¥</td><td>5</td><td>0</td><td>0</td></tr>
<tr><td colspan="3">本存款人已通读本请购单背面所列《支票票据行为诚信承诺书》，对其所列全部内容已经理解并承诺遵守。<br>上列空白支票工本费在本存款人账户中列支。<br>杭州恒申有限责任公司财务专用章　孙印丰<br>（预留银行签章）</td><td colspan="2">请购人签收：</td><td colspan="6">会计分录：<br>借：<br>贷：<br>授权柜员　　操作柜员</td></tr>
</table>

图 4-7　空白支票请购单

2）银行审核。银行在核对印鉴相符后，发给申请企业空白支票，按规定收取工本费和手续费，并在支票登记上注明领用日期、领用单位、支票起讫号码等，以备查对。同时在空白支票请购单上填写请购凭证的起止号码。

3）领取空白支票。银行出售的每张空白支票上均要加盖银行名称和签发人账号。按照规定，每个账户一次只能购买一本支票，业务量大的可以适当放宽。企业因撤销、合并或其他原因注销账户时，应将剩余的空白支票交回银行注销。请购人取得空白支票后，在空白支票请购单“请购人签收”处签字。

4）编制记账凭证。出纳人员根据开户行退回的空白支票请购单第四联和银行收费回单，编制记账凭证，将购买支票的费用作为“财务费用”，并交会计审核。

5）登记现金日记账。出纳人员根据审核无误的记账凭证，序时登记现金日记账。同时，在记账凭证中“记账”栏划上记账符号“√”，并在记账凭证下方加盖记账人签章。

6）签发支票。支票由支票正联、存根联和支票正联的背面组成，如图 4-8 所示。各个部分信息的填写方法和要求不相同：

正联：“出票日期”填写填开当天的日期，日期必须使用中文大写，以防止编造日期。在填写月、日时，月为壹、贰的，日为壹～玖和壹拾、贰拾和叁拾的，应在其前加“零”；日为拾壹～拾玖的应在其前加“壹”。出票日期使用小写填写的，银行不予受理。大写日期未按要求规范填写的，银行可以受理；但由此造成损失的，由出票人自行承担。

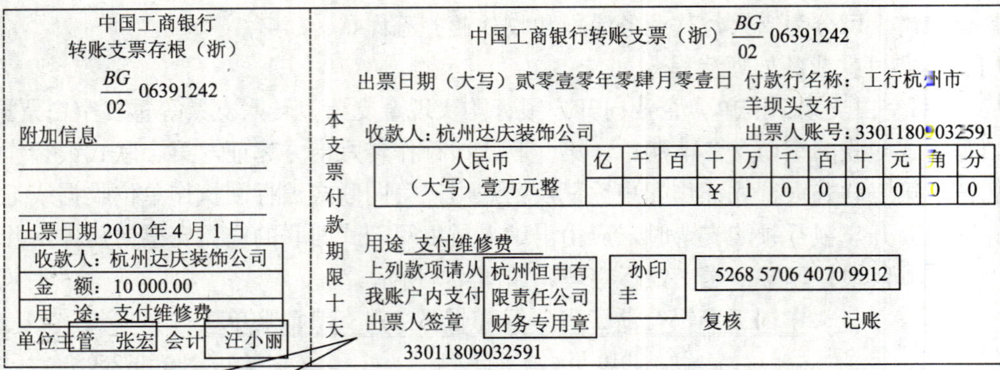
中国工商银行
转账支票存根（浙）
$\frac{BG}{02}$ 06391242
附加信息
出票日期 2010 年 4 月 1 日
收款人：杭州达庆装饰公司
金　额：10 000.00
用　途：支付维修费
单位主管　张宏　会计　汪小丽

本支票付款期限十天

中国工商银行转账支票（浙） $\frac{BG}{02}$ 06391242
出票日期（大写）贰零壹零年零肆月零壹日　付款行名称：工行杭州市羊坝头支行
收款人：杭州达庆装饰公司　出票人账号：33011809032591

| 人民币（大写）壹万元整 | 亿 | 千 | 百 | 十 | 万 | 千 | 百 | 十 | 元 | 角 | 分 |
|---|---|---|---|---|---|---|---|---|---|---|---|
| | | | | ¥ | 1 | 0 | 0 | 0 | 0 | 0 | 0 |

用途 支付维修费
上列款项请从我账户内支付　杭州恒申有限责任公司财务专用章　孙印丰　5268 5706 4070 9912
出票人签章　复核　记账
33011809032591

企业签发转账支票后，沿虚线裁开，将支票的正联交给客户。

图 4-8　转账支票

“收款人”填写对方收款单位的名称。

“付款行名称”填写付款单位开户银行的名称。

“出票人账号”填写付款单位在开户银行的账号。

“金额”大写按要求规范填写，小写金额必须与大写金额一致，并在小写最高位的前一格填写人民币符号“¥”。

“用途”填写所付款项的用途。

“小写金额下方的空格栏”采用支付密码的，可在此填写支付密码。

“出票人签章”应盖上银行预留印鉴。

存根：“附加信息”与正联背面所填内容相同。

“出票日期”用小写填写与正联相同的日期。

“收款人”与正联所填内容相同。

“金额”用小写填写与正联相同的金额。

“用途”与正联所填相同。

“单位主管、会计”由单位财务负责人签字或盖章。

企业签发转账支票后，沿虚线裁开，将支票的正联交给客户。

7）编制记账凭证。出纳人员根据转账支票存根联，编制记账凭证，并交会计审核。

8）登记银行存款日记账。出纳人员根据审核无误的记账凭证，序时登记银行存款日记账。同时，在记账凭证中“记账”栏划上记账符号“√”，并在记账凭证下方加盖记账人签章。

（2）支票收款业务处理流程

1）审核支票。出纳人员在接受支票时，应注意审核以下内容：支票收款人或者被背书人是否为本企业；支票签发日期是否在付款期内；大小写金额是否一致；背书转让的支票的背书是否连续，有无“不准转让”字样；大小写金额、签发日期和收款人有无更改；签发人盖章是否齐全。

2）填写支票背面。收款人应在支票规定的付款期限（10 日）内，持支票到本单位的开户银行办理收款进账手续，逾期银行不予受理。办理收款进账手续时，应在支票背面背书人签章处加盖本企业银行预留印鉴，并填写签章的日期，同时在本栏目中填写“委托收款”字样；在被背书人栏填写本单位开户银行名称。

如果收款业务是由付款人签发的，委托其开户银行办理转账结算程序的转账支票结算，付款人按应支付的款项签发转账支票加盖银行预留印鉴，并填制进账单后，直接交其开户银行，要求将上述款项划转到收款人开户银行，俗称“倒打”。

（3）填制进账单。收款人审核无误后，填写进账单，将支票连同进账单一并交给开户银行办理进账。进账单共三联：第一联回单。此联是受理银行交给持（出）票人的回单。第二联贷方凭证。此联由收款人开户银行作贷方凭证。第三联收账通知。此联是收款人开户银行交给收款人的收账通知。如图 4-9 所示。

**进账单**

2010年4月2日

| | | | |
|---|---|---|---|
| 出票人 | 全称 | 杭州顶新有限责任公司 | |
| | 账号 | 384561254612154 | |
| | 开户银行 | 建设银行杭州庆春支行 | |
| 金额 | 人民币（大写） | ¥50 000.00 | |
| 收款人 | 全称 | 杭州恒申有限责任公司 | |
| | 账号 | 33011809032591 | |
| | 开户银行 | 工商银行杭州市羊坝头支行 | |
| 票据种类 | 转账支票 | 票据张数 | 1 |
| 票据号码 | 06391242 | | |

**中国工商银行 进账单（回 单）1**

2010 年 4 月 2 日①

| | | | | | |
|---|---|---|---|---|---|
| 出票人 | 全称 | 杭州顶新有限责任公司② | 收款人 | 全称 | 杭州恒申有限责任公司⑤ |
| | 账号 | 384561254612154③ | | 账号 | 33011809032591⑤ |
| | 开户银行 | 建设银行杭州庆春支行④ | | 开户银行 | 工商银行杭州市羊坝头支行⑤ |

| 人民币（大写） | 千 | 百 | 十 | 万 | 千 | 百 | 十 | 元 | 角 | 分 |
|---|---|---|---|---|---|---|---|---|---|---|
| 伍万元整⑥ | | | ¥ | 5 | 0 | 0 | 0 | 0 | 0 | 0 |

| | |
|---|---|
| 票据种类 | 转账支票⑦ |
| 票据张数 | 1⑧ |
| 凭证号码 | 06391242⑨ |

中国工商银行杭州市羊坝头支行 2010.04.02 业务受理章

受理银行盖章

注意：本回单不作进账、提货的证明，不作账务处理依据，仅供查询用。

此联是受理行交给持（出）票人的回单

图 4-9 银行进账单

填写内容如下：

“日期”填写办理进账当天的日期。

“出票人全称”按支票上出票人签章上的名称填写。

“出票人账号”按支票上记载的出票人账号填写。

“出票人开户银行”按支票上记载的付款银行名称填写。

“收款人全称、账号、开户银行”按收款单位的具体情况填写。

“金额”按支票的金额填写。

“票据种类”填写结算票据的种类。

“票据张数”填写结算票据的张数。

“票据号码”填写结算票据的号码。

银行经审核无误后，在进账单的第一联回单上加盖银行印章，退回收款人。回单联不作进账、提货的证明，不作账务处理依据，仅供查询用。

（4）编制记账凭证。银行之间传递凭证，收款人开户银行办妥进账手续后，通知收款人收款入账。出纳人员根据开户银行退回的第三联“收账通知”，编制记账凭证，并交会计审核。

（5）登记银行存款日记账。出纳人员根据审核无误后的记账凭证，序时登记银行存款日记账。同时，在记账凭证中“记账”栏画上记账符号“√”，并在记账凭证下方加盖记账人签章。

## （二）银行本票结算方式

### 1. 银行本票结算概述

（1）银行本票的概念。银行本票是指由银行签发的，承诺自己在见票时无条件支付确定的金额给收款人或者持票人的票据。

（2）银行本票结算的适用范围。银行本票结算适用于单位和个人在同城或同一票据交换区域的商品交易、劳务提供以及其他款项的结算。银行本票可以用于转账，注明“现金”字样的银行本票可以用于支取现金。

（3）银行本票的种类

1）定额本票。它是指金额预先固定，面额为 1 000 元、5 000 元、1 万元和 5 万元四种的银行本票。定额本票只有一联，由出票银行盖章后交申请人办理转账结算或取款。

2）不定额本票。它是指金额预先不固定的银行本票。不定额本票为一式两联：第一联由出票行留存，结清本票时作支付凭证附件；第二联由出票行结清本票时作支付凭证。

### 2. 银行本票结算的基本规定

（1）银行本票一律记名。

（2）银行本票允许背书转让。

（3）银行本票的付款期为 2 个月，逾期的银行本票，兑付银行不予受理。

（4）银行本票见票即付，不予挂失；遗失的不定额银行本票在付款期满后 1 个月确定未冒领的，可以办理退款手续。

（5）不允许签发远期本票。

（6）银行本票的出票人，为经过中国人民银行当地分支行批准办理银行本票业务的银行机构。

### 3. 银行本票结算的基本程序

银行本票的结算程序如图 4-10 所示。

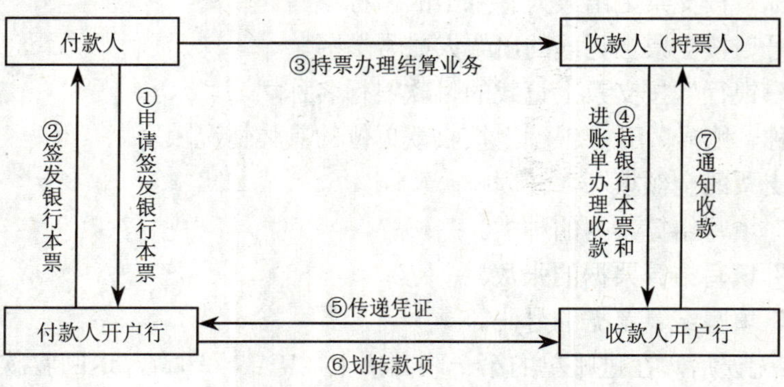


图 4-10 银行本票结算程序

具体来讲，可分为银行本票结算付款业务流程和收款业务流程。

（1）银行本票结算付款业务处理流程

1）填写银行本票业务委托书。申请人办理银行本票时，应向银行填写“银行本票业务委托书”，如图 4-11 所示，详细填明收款人名称、金额、日期等内容，并加盖预留银行印鉴；如个体经济户和个人需要支取现金的，还应填明“现金”字样，送本单位开户银行

（未在银行开户的个人办理银行本票时，应先将现金交存银行，办理领取银行本票的手续）。

**中国工商银行　业务委托书**

委托日期：2010 年 4 月 5 日①　　　　　浙 A00637382

<table>
<tr><td>银行打印</td><td colspan="16"></td></tr>
<tr><td rowspan="10">客户打印</td><td colspan="2">业务类型②</td><td colspan="8">☐电汇　☐信汇　☐汇票申请书　☑本票申请书<br>其他________</td><td colspan="2">汇款方式</td><td colspan="4">☐普通<br>☐加急</td></tr>
<tr><td rowspan="4">受托人③</td><td>全称</td><td>杭州恒申有限责任公司</td><td rowspan="4">收款人④</td><td colspan="2">全称</td><td colspan="10">杭州中大电子有限责任公司</td></tr>
<tr><td>账号或地址</td><td>33011809032591</td><td colspan="2">账号或地址</td><td colspan="10">3123040152012801</td></tr>
<tr><td>开户行名称</td><td>工行杭州市羊坝头支行</td><td colspan="2">开户行名称</td><td colspan="10">建行杭州市庆春支行</td></tr>
<tr><td>开户银行</td><td>浙江省杭州市</td><td colspan="2">开户银行</td><td colspan="10">浙江省杭州市</td></tr>
<tr><td colspan="3" rowspan="2">金额（大写）人民币柒万伍仟元整⑤</td><td>亿</td><td>千</td><td>百</td><td>十</td><td>万</td><td>千</td><td>百</td><td>十</td><td>元</td><td>角</td><td>分</td></tr>
<tr><td></td><td></td><td></td><td>￥</td><td>7</td><td>5</td><td>0</td><td>0</td><td>0</td><td>0</td><td>0</td></tr>
<tr><td colspan="2">支付密码</td><td></td><td colspan="12" rowspan="4">上列款项及相关费用请从我账户内支付<br>杭州恒申有限责任公司财务专用章　孙印丰<br>委托人签章：</td></tr>
<tr><td colspan="2">加急汇款签字</td><td></td></tr>
<tr><td colspan="2">用途</td><td>货款⑥</td></tr>
<tr><td colspan="3">附加信息及用途：⑦</td></tr>
</table>

第一联　记账联

事后监督：　　　　会计主管：　　　　复核：　　　　记账：

图 4-11　银行本票业务委托书

“银行本票业务委托书”一式三联：第一联为记账联，留存受理业务银行，据以记账。第二联为发报或出票依据，传递给收款银行。第三联为回单联，退回申请人。具体内容如下：

“委托日期”用小写数字填写申请当日的日期。

“业务类型”在选择本票申请书方式内打“√”。

“委托人全称、账号或地址、开户行名称、开户银行”分别填写委托单位的名称、开户银行账号或地址、开户行名称等相关信息。

“收款人全称、账号或地址、开户行名称、开户银行”分别填写收款单位的名称、开户银行账号或地址、开户行名称等相关信息。

“金额”与前述票据的填写相同。

“用途”填写所付款项的用途。

“附加信息及用途”填写需要说明的事项或银行本票的用途。

2）申请办理银行本票。银行受理企业递交的一式三联的“银行本票业务委托书”，在收妥款项后，据以签发银行本票，如图 4-12 所示。如签发不定额本票时，需要支取现金的，在银行本票上划去“转账”字样；用于转账的，在银行本票上划去“现金”字样，加盖印鉴，用压数机压印出票金额，将银行本票与加盖银行印章的业务委托书“回单联”一并交给申请人办理结算。

**中国工商银行**

| 付款期限<br>贰个月 | 本 票 1 浙 A12637378 | |
|---|---|---|
| | 出票日期（大写）贰零壹零年零肆月零伍日 | |
| 收款人：杭州中大电子有限责任公司 | | 申请人：杭州恒申有限责任公司 |
| 凭票即付人民币（大写）柒万伍仟元整 | | |
| 转账 / 现金 | | |
| 备注： | | 出纳： 复核： 经办： |

此联出票行留存，结清本票时作借方凭证附件

图 4-12 银行本票

3）编制记账凭证。出纳人员根据加盖付款行印鉴的银行本票业务委托书“回单联”编制记账凭证，并交会计审核。同时将银行本票交收款人据以收款。

4）登记银行存款日记账。出纳人员根据审核无误后的记账凭证，序时登记银行存款日记账。同时，在记账凭证中“记账”栏划上记账符号“√”，并在记账凭证下方加盖记账人签章。

（2）银行本票结算收款业务处理流程

1）审查银行本票。收款人应在银行本票规定的付款期限（2 个月）内，持银行本票到本单位的开户银行办理收款进账手续，逾期银行不予受理。在办理收款进账时，收款人应审查下列事项：收款人是否确为本单位或本人；银行本票是否在提示付款期内；必须记载事项是否齐全；出票行签章是否符合规定；不定额银行本票是否有压数机压印的出票金额，并与大写出票金额一致；出票金额、出票日期是否更改；背书是否连续。

2）填写银行本票背面信息。收款人审核银行本票无误后，在本票背面 “持票人向银行提示付款签章”处加盖银行预留印鉴。如收款人为本人，在本票背面“持票人向银行提示付款签章”处加盖个人印章，同时需要填写身份证件的名称和号码。

3）填写进账单。收款人根据审核无误的银行本票，填写进账单，将银行本票连同进账单一并交给开户银行办理进账，经银行审核无误后，在进账单回单上加盖银行印章，退回收款人。回单联不作进账、提货的证明，不作财务处理依据，仅供查询用。

4）编制记账凭证。银行之间传递凭证，办理资金划拨。收款人开户银行办妥进账手续后，通知收款人收款入账，出纳人员根据开户行退回的“收账通知”联，编制记账凭证，并交会计审核。

5）登记银行存款日记账。出纳人员根据审核无误的记账凭证，序时登记银行存款日记账。同时，在记账凭证中“记账”栏划上记账符号“√”，并在记账凭证下方加盖记账人签章。

### （三）银行汇票结算方式

#### 1．银行汇票结算概述

（1）银行汇票的概念。银行汇票是指由出票银行签发的，由其在见票时按照实际结算金额无条件支付给收款人或者持票人的票据。银行汇票的出票银行为银行汇票的付款人。

（2）银行汇票结算的适用范围。银行汇票结算适用于异地单位和个人之间的各种款项的收付结算。

（3）银行汇票结算凭证的格式。银行汇票结算凭证为一式四联：第一联为“卡片”，它是

出票行结清汇票时做汇出汇款的支款凭证；第二联为汇票，它是代理付款行付款后作联行往来借方凭证的附件；第三联为“解讫通知”，它是代理付款行兑付后随报单寄出票行，由出票行作多余款项的收款凭证；第四联为“多余款收账通知”它是出票行结清多余款项后交申请人的凭证。

**2．银行汇票结算的基本规定**

（1）银行汇票可以用于转账，标明“现金”字样的银行汇票也可以提现。

（2）银行汇票的出票银行为银行汇票的付款人，银行汇票的付款地点为代理付款人或出票人所在地。

（3）银行汇票的出票人在票据上的签章，应为经中国人民银行批准使用的该银行汇票专用章加其法定代表人或其授权经办人的签名或盖章。

（4）签发银行汇票需记载下列事项：表明“银行汇票”的字样，无条件支付的承诺，出票金额，付款人名称，收款人名称，出票日期，出票人签章。缺少上述任何一项记载的，银行汇票无效。

（5）银行汇票的提示付款期限自出票日起 1 个月。持票人超过付款期限提示付款的，代理付款人（银行）不予受理。

（6）银行汇票的债务可以依法由保证人承担保证责任。

（7）银行汇票可以背书转让，但填明“现金”字样的银行汇票不得背书转让。

（8）填明“现金”字样和代理付款人的银行汇票丧失，可以由失票人通知付款人或代理付款人挂失支付。

（9）银行汇票丧失时，失票人可以凭人民法院出具的其享有票据权利的证明，向出票银行请求付款或退款。

**3．银行汇票结算的基本程序**

银行汇票结算的基本程序如图 4-13 所示。

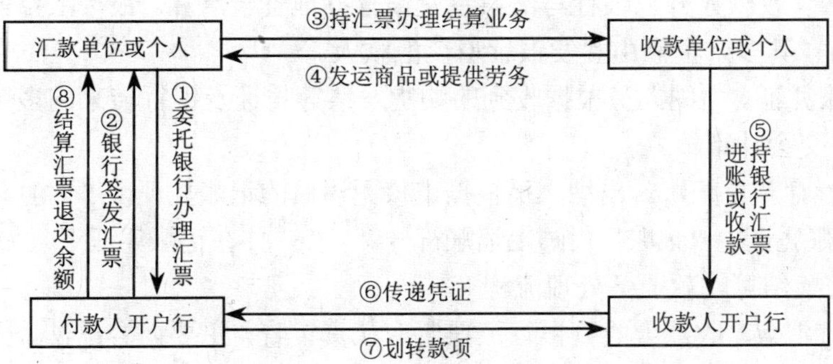


图 4-13　银行汇票结算基本程序

（1）银行汇票结算付款业务处理流程

1）填写银行汇票业务委托书。申请人办理银行汇票时，应向银行填写“银行汇票业务委托书”，详细填明汇款人的名称和账号、收款人名称、金额、日期等内容，并加盖预留银行印鉴，由银行审查后签发银行汇票。如汇款人未在银行开立账户，应先将现金交存银行，办理领取银行汇票的手续。

“银行汇票业务委托书”中填写的相关内容与“银行本票业务委托书”相同，这旦不再重复阐述。

2）编制记账凭证。出纳人员根据加盖付款行印鉴的银行汇票业务委托书“回单联”编制记账凭证，并交会计审核。

3）登记银行存款日记账。出纳人员根据审核无误后的记账凭证，序时登记银行存款日记账。同时，在记账凭证中“记账”栏画上记账符号“√”，并在记账凭证下方加盖记账人签章。

4）银行签发银行汇票。签发银行受理“银行汇票业务委托书”，审核其内容和印鉴，并在办妥转账或收妥现金后，即可向申请人签发转账或支取现金的银行汇票，如图 4-14 所示。并将第二联汇票和第三联解讫通知交申请人。

付款期限<br>壹个月

中国工商银行

银行汇票（卡片） 1 第 0056743 号

| 出票日期（大写）贰零壹零年零伍月零贰 | | | | | 代理付款行：建行成都市草庐支行 | | | | 行号：400458 |
|---|---|---|---|---|---|---|---|---|---|
| 收款人：成都明基有限责任公司 | | | | | 账号：9402282134291 | | | | |
| 出票金额人民币（大写）壹拾贰万元整 | | | | | | | | | |
| 实际结算金额人民币（大写） | 千 | 百 | 十 | 万 | 千 | 百 | 十 | 元 | 角 | 分 |
| | | | | | | | | | | |

申请人：杭州恒申有限责任公司 账号或住址：33011809032591

出票行：工商银行杭州市羊坝头支行 行号：230458

备注：购材料

复核 记账

复核 记账

此联出票行结清汇票时作汇出汇款借方凭证

图 4-14 银行汇票

5）持往异地办理结算。申请人持第二联汇票和第三联解讫通知向填明的收款人办理结算。

6）款项清算。收款人开户银行与汇票签发银行办理资金清算。银行汇票的实际结算金额低于出票金额的，其多余金额由签发银行退交汇款人。

7）编制记账凭证。出纳人员根据收到的购货发票等凭证及银行转来的多余款收账通知编制记账凭证，并交会计审核。

8）登记银行存款日记账。出纳人员根据审核无误后的记账凭证，序时登记银行存款日记账。同时，在记账凭证中“记账”栏画上记账符号“√”，并在记账凭证下方加盖记账人签章。

（2）银行汇票结算收款业务处理流程

1）审查银行汇票。收款人收到银行汇票时应认真审查，主要内容：收款人或背书人是否确定为本单位；银行汇票是否在付款期限内，日期、金额等的填写是否正确无误；票据专用章是否清晰；是否有压数机压印的出票金额，与大写出票金额是否一致；银行汇票和解讫通知是否齐全、相符；必须记载的事项是否齐全。

2）填写实际结算金额。审核无误后，在汇款金额以内，根据实际需要的款项办理结算，并将实际结算金额和多余金额准确、清晰地填入银行汇票第二联和解讫通知第三联的有关栏内。全部解付的银行汇票应在“多余金额”栏写上“0”符号。填写完结算金额和多余金额，在银行汇票背面的提示付款人处加盖银行预留印鉴后，收款人或背书人将银行汇票和解讫通知同时交付兑付银行。

3）填写进账单。收款人应根据实际结算金额填写银行进账单。

4）办理银行进账或收款。在银行开立账户的银行收款人或被背书人在银行汇票背面加盖银行预留印鉴，连同银行汇票、解讫通知、进账单一并交开户银行办理转账。银行受理后，退回进账单的回单联。未在银行开立账户的收款人持银行汇票向银行支取款项时，必须校验本人身份证或兑付地有关单位足以证实收款人身份的证明，并在银行汇票背面签章或签字，注明证件名称、号码及发证机关后，才能办理支取手续。

收款人开户银行与汇票签发银行办理内部资金清算。银行汇票实际结算金额低于出票金额的，多余金额由签发银行退交汇款人。

5）银行通知收到款项。收款人开户银行受理银行汇票后，将实际结算金额划入收款人账户上，并将进账单第三联解讫通知退回收款人，作为收款依据。

6）编制记账凭证。出纳人员根据进账单第三联解讫通知，编制记账凭证，并交会计审核。

7）登记银行存款日记账。出纳人员根据审核无误的记账凭证，序时登记银行存款日记账。同时，在记账凭证中“记账”栏画上记账符号“√”，并在记账凭证下方加盖记账人签章。

### （四）商业汇票结算方式

#### 1．商业汇票结算概述

（1）商业汇票的概念。商业汇票是指由出票人签发的，委托付款人在指定日期无条件支付确定的金额给收款人或持票人的票据。商业汇票的出票人可以是收款人，也可以是付款人或承兑申请人。商业汇票的付款人为承兑人。

（2）商业汇票结算适用范围。商业汇票结算适用于同城或异地在银行开立存款账户的法人以及其他组织之间，根据购销合同进行合法商品交易所发生的款项结算。

（3）商业汇票的种类

1）商业承兑汇票。商业承兑汇票是指由收款人签发，交由付款人承兑，或由付款人签发并承兑的一种票据。商业承兑汇票由银行以外的付款人承兑。商业承兑汇票为一式三联：第一联为“卡片”，由承兑人留存；第二联为“汇票”，它是持票人开户行随委托收款凭证及付款人开户行作付款凭证的附件；第三联为“存根”，它由出票人存查。

2）银行承兑汇票。银行承兑汇票是指由承兑申请人签发，经银行审查同意承兑的票据。银行承兑汇票应由在承兑银行开立存款账户的存款人签发，由银行承兑。银行承兑汇票为一式三联：第一联为卡片，由承兑银行留存备查，到期时支付票款作支付凭证附件；第二联为汇票，它随委托收款凭证及付款人开户行作付款凭证的附件；第三联为存根，它由出票人存查。

#### 2．商业汇票结算的基本规定

（1）商业汇票一律记名，允许背书转让。

（2）签发的商业汇票必须经过承兑才具有法律效力。承兑期限由交易双方商定，最长不超过6个月。

（3）商业汇票的贴现。贴现是指商业汇票的收款人或持票人在汇票到期前为取得资金，贴付一定的利息将票据权利转让给银行，银行按照票面金额扣除自贴现日至汇票到期日期间利息后的净额支付给汇票持有人的一种票据行为。贴现期限从贴现之日起至汇票到期日止，最长不超过 6 个月，单张贴现金额不超过 1 000 万人民币。

（4）签发商业汇票应以商品交易为基础，禁止签发、承兑、贴现无商品交易的商业汇票。

（5）商业汇票到期后，一律通过银行办理转账结算，银行不支付现金。商业汇票的提示付款期自汇票到期日起 10 日内。

### 3．商业汇票结算的基本程序

（1）商业承兑汇票的基本程序。商业承兑汇票的基本程序如图 4-15 所示。

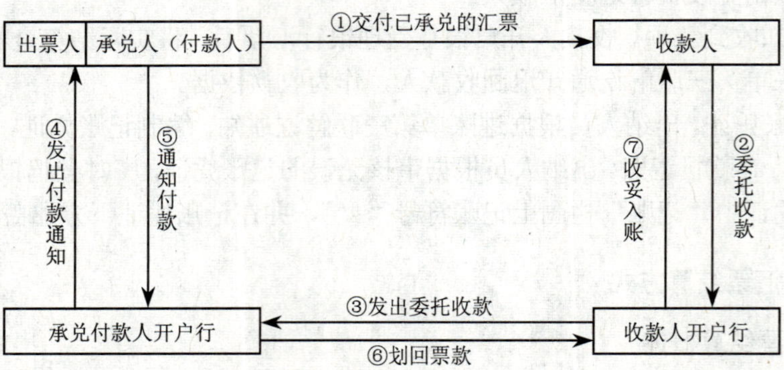


图 4-15　商业承兑汇票的基本程序

具体来讲，可分为商业承兑汇票结算付款业务流程和收款业务流程。

1）商业承兑汇票结算付款业务流程

① 签发商业承兑汇票，如图 4-16 所示。

**商业承兑汇票（卡片）**　　1　　汇票号码：098[illegible]80

出票日期（大写）贰零壹零年零壹月零壹拾日①

| 付款人② | 全称 | 杭州恒申有限责任公司 | 收款人③ | 全称 | 光华机械有限责任公司 |
|---|---|---|---|---|---|
| | 账号 | 33011809032591 | | 账号 | 13565297203813 5 |
| | 开户银行 | 工行杭州市羊坝头支行 | | 开户银行 | 建行西安市太白路支行 |

| 出票金额 | 人民币④（大写）壹拾壹万柒仟元整 | 亿 | 千 | 百 | 十 | 万 | 千 | 百 | 十 | 元 | 角 | 分 |
|---|---|---|---|---|---|---|---|---|---|---|---|---|
| | | | | ¥ | 1 | 1 | 7 | 0 | 0 | 0 | 0 | 0 |

| 汇票到期日（大写） | 贰零壹零年零伍月零壹拾日⑤ | 付款人开户行⑦ | 行号 | 230458 |
|---|---|---|---|---|
| 交易合同号码 | 200838⑥ | | 地址 | 杭州江干区庆春东路 83 号 |
| 杭州恒申有限责任公司财务专用章　孙印丰　⑧出票人签章 | | 备注： | | |

此联承兑人留存

图 4-16　商业承兑汇票

商业承兑汇票的填写方法如下：

“出票日期”与支票填写方法相同。

“付款人全称、账号、开户银行”填写付款人即本企业名称的全称、开户银行的账号、开户银行的名称。

“收款人全称、账号、开户银行”填写收款单位名称的全称、开户银行的账号、开户银行的名称。

“出票金额”与支票金额填写方法相同。

“汇票到期日”填写商业承兑汇票到期的年、月、日，用大写填写，日期填写方法与出票日期要求相同。

“交易合同号码”填写所结算的交易合同的编号。

“付款人开户行行号、地址”填写付款人开户银行的行号和所在地址。

“出票人签章”加盖出票人的银行预留印鉴。

② 承兑商业汇票。商业承兑汇票需要由付款人承兑（收款人签发的应交付款人承兑，付款人签发的应由本人承兑）。付款人在商业承兑汇票第二联正面上签署“承兑”字样，填写承兑日期并加盖银行预留印鉴后，将汇票交收款人收执，第一、三联由付款人留存（如为收款人签发的，将第三联交付出票人留存）。

③ 到期兑付。付款人收到开户银行转来委托收款的托收凭证第五联“付款通知”及所附商业承兑汇票，与商业承兑汇票第一联核对无误后，应于当日通知银行付款。付款人在接到付款通知的次日起 3 日内未通知银行付款的，视同付款人承诺付款，银行应于付款人接到通知之日起第 4 日将款项划给持票人。付款人提前收到由其承兑的商业承兑汇票时，应通知银行于汇票到期日付款。

付款人存在合法抗辩事由拒绝支付的，应自接到付款通知之日起 3 日内，出具书面“拒绝付款理由书”，送交开户银行，银行将拒绝付款证明和商业承兑汇票邮寄给持票人开户银行，由持票人开户行转交给持票人。

④ 编制记账凭证。出纳人员根据委托收款的托收凭证第五联编制记账凭证，并交会计审核。

⑤ 登记银行存款日记账。出纳人员根据审核无误后的记账凭证，序时登记银行存款日记账。同时，在记账凭证中“记账”栏画上记账符号“√”，并在记账凭证下方加盖记账人签章。

2）商业承兑汇票结算收款业务流程

① 审核商业承兑汇票。收款人收到经过承兑的商业汇票时应注意审核：是否为中国人民银行统一印制的商业承兑汇票；汇票的签发和到期日期，收款单位名称、账号、开户银行等项目是否填写齐全；汇票上的印鉴是否齐全；汇票是否超过有效承兑期限；汇票上有无注明“不得转让”字样，经转让的汇票背书是否连续，签章是否正确。

② 填写委托收款的托收凭证。收款人根据审核无误的商业承兑汇票填写一式五联委托收款的托收凭证。

③ 银行受理委托收款的托收凭证。收款人开户银行审查受理后，将委托收款的托收凭证第一联回单加盖银行业务受理章后退回收款人。收款人开户行将有关单证交付款人开户银行，以通知付款人。

④ 收到开户行收账通知。收款人开户银行和付款人开户银行进行票据交换、审核、资金

的划拨。款项到账后开户银行通知收款人办理收款。

⑤ 编制记账凭证。出纳人员根据开户银行转来委托收款的托收结算凭证第四联“收账通知”编制记账凭证，并交会计审核。

⑥ 登记银行存款日记账。出纳人员根据审核无误的记账凭证，序时登记银行存款日记账。同时，在记账凭证中“记账”栏画上记账符号“√”，并在记账凭证下方加盖记账人签章。

（2）银行承兑汇票的基本程序。银行承兑汇票的基本程序如图 4-17 所示。

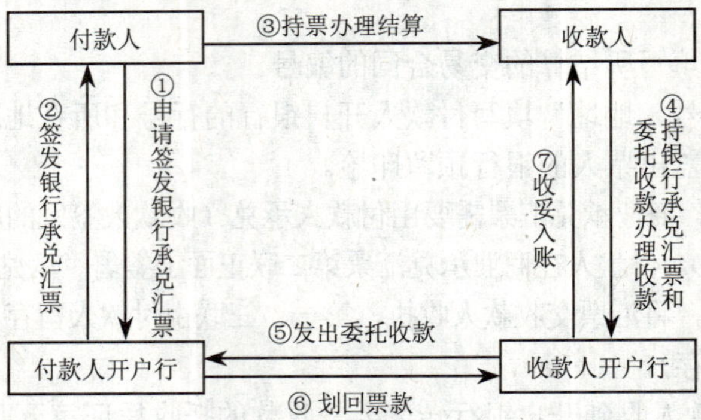


图 4-17 银行承兑汇票的基本程序

具体来讲，可分为银行承兑汇票结算付款业务流程和收款业务流程。

1）银行承兑汇票结算付款业务流程

① 签发银行承兑汇票，如图 4-18 所示。

**银行承兑汇票（卡片）** 1 汇票号码：098080

出票日期（大写）贰零壹零年零壹月零贰拾日①

| 出票人全称② | 杭州恒申有限责任公司 | 收款人 | 全　称③ | 大华机械有限责任公司 |
|---|---|---|---|---|
| 出票人账号② | 33011809032591 | | 账　号③ | 135652972038267 |
| 付款行全称⑦ | 工行杭州市羊坝头支行 | | 开户银行③ | 农行武汉市解放支行 |
| 出票金额 | 人民币④（大写）壹拾壹万柒仟元整④ | | 亿 千 百 十 万 千 百 十 元 角 分 | ¥ 1 1 7 0 0 0 0 0 |
| 汇票到期日（大写） | 贰零壹零年零伍月零贰拾日⑤ | 付款人开户行⑦ | 行号 | 230458 |
| 承兑协议编号 | 2008897⑥ | | 地址 | 杭州江干区庆春东路 83 号 |
| 本汇票你行承兑，此项汇票款我单位按承兑协议于到期日前足额交存你行，到期请予以支付<br>杭州恒申有限责任公司财务专用章　孙印丰<br>⑧ 出票人签章 | 备注： | | | 复核　记账 |

此联承兑行留存备查，到期支付票款时作借方凭证附件

图 4-18 银行承兑汇票

银行承兑汇票的填写方法如下：

"出票日期"与支票填写方法相同。

"出票人全称、账号"填写出票人名称的全称、开户银行的账号。

"收款人全称、账号、开户银行"填写收款单位名称的全称、开户银行的账号、开户银行的名称。

"出票金额"与支票金额填写方法相同。

"汇票到期日"填写银行承兑汇票到期的年、月、日，用大写填写，日期填写方法与出票日期要求相同。

"承兑协议编号"填写与银行订立的承兑协议的编号。

"付款行全称、付款人开户行行号、地址"填写付款方开户银行的名称、行号和所在地址。

"出票人签章"加盖出票人的银行预留印鉴。

② 承兑银行承兑汇票。承兑申请人持银行承兑汇票和购销合同向开户银行申请承兑，每张银行承兑汇票的承兑金额最高不超过 1 000 万元。银行审核无误后，与承兑申请人签订承兑协议，银行在承兑汇票上注明承兑协议的编号，加盖银行印鉴，压印汇票金额；同时承兑银行按票面金额的 0.05%向承兑申请人收取手续费。办完手续后，将第二联银行承兑汇票和第三联存根交给承兑申请人，由其转交收款方进行结算。

③ 到期付款。承兑申请人（付款人）应于银行承兑汇票到期前将票款足额交存银行，以备到期支付票款。银行承兑汇票到期，付款人无款支付或不足支付时，银行除凭票向收款人无条件支付款项外，将根据承兑协议对付款人执行扣款。对尚未收回的款项转入付款人的逾期贷款户，并按每日 0.05%计收罚息。

④ 编制记账凭证。出纳人员根据银行转来委托收款的托收凭证第五联编制记账凭证，并交会计审核。

⑤ 登记银行存款日记账。出纳人员根据审核无误后的记账凭证，序时登记银行存款日记账。同时，在记账凭证中"记账"栏画上记账符号"√"，并在记账凭证下方加盖记账人签章。

2）银行承兑汇票结算收款业务流程

① 审核银行承兑汇票。收款人收到经过承兑的银行承兑汇票时应注意审核：是否为中国人民银行统一印制的银行承兑汇票；汇票的签发和到期日期，收款单位名称、账号、开户银行等项目是否填写齐全；汇票上的印鉴是否齐全；汇票是否超过有效承兑期限；汇票上有无注明'不得转让'字样，经转让的汇票背书是否连续，签章是否正确。

② 填写委托收款的托收凭证。收款人根据审核无误的银行承兑汇票填写一式五联委托收款的托收凭证，并在第二联上加盖企业预留印鉴。

③ 银行受理委托收款的托收凭证。收款人开户银行审查受理后，将委托收款的托收凭证第一联"回单"加盖银行业务受理章后退回收款人。收款人开户行将有关单证交付款人开户银行，以通知付款人。

④ 收到开户行收账通知。收款人开户银行和付款人开户银行进行票据交换、审核、资金的划拨。款项到账后开户银行通知收款人办理收款。

⑤ 编制记账凭证。出纳人员根据开户银行转来委托收款的托收结算凭证第四联"收账通

知”编制记账凭证，并交会计审核。

⑥ 登记银行存款日记账。出纳人员根据审核无误的记账凭证，序时登记银行存款日记账。同时，在记账凭证中“记账”栏画上记账符号“√”，并在记账凭证下方加盖记账人签章。

## 三、银行支付结算方式

### （一）委托收款结算方式

#### 1．委托收款结算概述

（1）委托收款结算的概念。委托收款结算是指收款人委托银行向付款人收取款项的一种结算方式。

（2）委托收款适用范围。无论单位或个人均可凭已承兑商业汇票、债券等付款人债务证明，使用委托收款结算方式办理款项的结算。凡是在银行或其他金融机构开立账户的单位和个人的商品交易、公用事业单位向用户收取的公用事业费以及其他应收款项，无论同城还是异地均可使用委托收款结算方式。

（3）委托收款的种类

1）邮寄划款。它是指付款人开户银行通过邮寄向收款人开户银行转送委托收款凭证，提供收款依据的方式。

2）电报划款。它是指以电报方式由付款人开户银行向收款人开户银行转送收款凭证，提供收款依据的方式。

委托收款凭证为一式五联：第一联为“回单”，它是收款人开户行受理委托收款凭证后给收款人的回单；第二联为“贷方凭证”，它是收款人开户行将款项收入收款人账户后的收款凭证；第三联为“借方凭证”，它是付款人开户行转账支付的支付凭证；第四联为“收账通知”，它是收款单位开户银行在款项收妥后给收款人的收账通知；第五联为“付款通知”，它是付款人开户行给付款人按期付款的通知。

#### 2．委托收款结算的基本规定

（1）委托收款不受金额起点限制。

（2）委托收款的付款期为 3 天，从付款人开户银行发出付款通知的次日算起，付款期内遇节假日可以顺延。

（3）付款人审查有关债权证明后，对收款人委托收款的款项需要拒绝付款的，填制“拒付理由书”，交银行审查后，可以办理拒绝付款。

（4）在付款期满之后，付款人通知银行提前付款，银行应立即办理划款。如果付款人审查付款通知及有关单证，发现有明显的计算差错，应该多付款项时，可由出纳人员填制一式四联“多付款理由书”，于付款期满前交开户银行将多付款项一并划给收款单位。银行审查同意后，将多付款项连同委托收款金额划转给收款单位，同时将第一联多付款理由书加盖“转讫”章后作支款通知交给收款单位。

#### 3．委托收款结算的基本程序

委托收款结算的基本程序如图 4-19 所示。

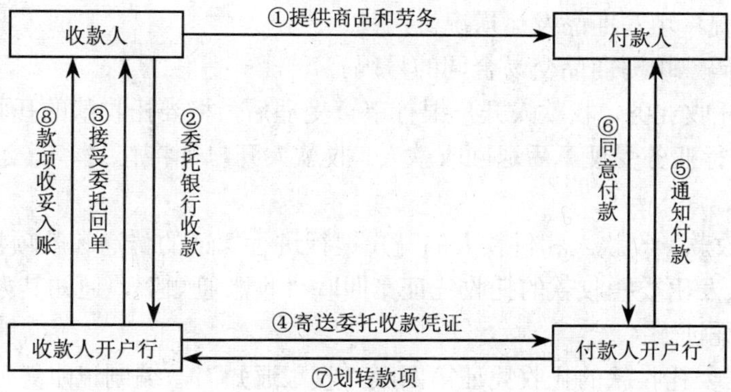


图 4-19　委托收款结算的基本程序

具体来讲，可分为委托收款结算收款业务流程和付款业务流程。

（1）委托收款结算收款业务流程

1）填写托收凭证。收款人办理委托收款时，应向银行填写委托收款的托收凭证，如图 4-20 所示。将托收凭证连同商业汇票、水电费结算单、话费单等债务证明一并交开户银行办理。

**中国工商银行托收凭证（受理回单）1**

No: 10080418C2　　　　受托日期：2010 年 4 月 18 日①

<table>
<tr><td colspan="2">业务类型</td><td colspan="4">委托收款（☑邮划、☐电划）</td><td colspan="13">托收承付（☐邮划、☐电划）②</td></tr>
<tr><td rowspan="3">付款人③</td><td>全称</td><td colspan="4">杭州机械厂</td><td rowspan="3">收款人③</td><td>全称</td><td colspan="11">杭州恒申有限责任公司</td></tr>
<tr><td>账号</td><td colspan="4">33011440723582</td><td>账号</td><td colspan="11">33011809032591</td></tr>
<tr><td>地址</td><td>浙江省杭州市（县）</td><td>开户行</td><td colspan="2">工行杭州市武林支行</td><td>地址</td><td colspan="3">浙江省杭州市（县）</td><td colspan="3">开户行</td><td colspan="5">工行杭州市羊坝头支行</td></tr>
<tr><td rowspan="2">金额</td><td colspan="5" rowspan="2">人民币（大写）贰拾叁万肆仟元整④</td><td>亿</td><td>千</td><td>百</td><td>十</td><td>万</td><td>千</td><td>百</td><td>十</td><td>元</td><td>角</td><td colspan="3">分</td></tr>
<tr><td></td><td></td><td>￥</td><td>2</td><td>3</td><td>4</td><td>0</td><td>0</td><td>0</td><td>0</td><td colspan="3">0</td></tr>
<tr><td colspan="2">款项内容</td><td>货款⑤</td><td colspan="2">托收凭证名称</td><td colspan="3">销售发票⑥</td><td colspan="4">附寄单证张数</td><td colspan="7">2⑦</td></tr>
<tr><td colspan="2">商品发运情况</td><td colspan="3">已发送⑧</td><td colspan="3">合同名称号码</td><td colspan="11">20103015⑨</td></tr>
<tr><td colspan="3">备注：<br>复核　　记账</td><td colspan="5">款项收妥日期<br>年　月　日</td><td colspan="11">收款人开户银行签章<br>年　月　日</td></tr>
</table>

此联作收款人开户银行给收款人的受理回单

图 4-20　托收凭证

托收凭证的填制方法如下：

“委托日期”填写办理托收当天的日期。

“业务类型”选择托收承付或委托收款，并在相应的邮划或电划前打“√”。

“付款人、收款人”信息按要求填写。

“金额”按结算金额分别填写大写金额和小写金额。

“款项内容”填写货款、水电费、电话费等。

“托收凭证名称”填写商业汇票、销售发票、费用结算单等。

“附寄单证张数”填写托收凭据的张数。

“商品发运情况”填写商品发运情况。

“合同名称号码”填写商品交易合同的号码。

2）银行受理托收业务。收款人开户银行审查受理后，将委托收款的托收凭证第一联“受理回单”上加盖银行业务受理章后退回收款人。收款人开户行将有关单证交付款人开户银行，以通知付款人。

3）银行通知收款。收款人和付款人的开户银行进行凭证的传递和款项划转后，由收款人开户银行向收款人发出委托收款的托收凭证第四联“收账通知”，通知其办理收款。

4）编制记账凭证

出纳人员根据委托收款的托收凭证第四联“收账通知”，编制记账凭证，交会计审核。

5）登记银行存款日记账。出纳人员根据审核无误的记账凭证，序时登记银行存款日记账。同时，在记账凭证中“记账”栏画上记账符号“√”，并在记账凭证下方加盖记账人签章。

（2）委托收款结算付款业务流程

1）审查委托收款凭证。付款人开户银行收到收款人开户银行的委托收款的托收凭证，经审核无误，应及时通知付款人。付款人应认真审核收到的付款通知和有关附件，审查的主要内容包括委托收款凭证是否应由本单位受理，凭证和所附的有关单证的内容是否齐全、正确，委托收款金额和实际应付金额是否一致，承付期限是否到期。

2）通知开户行付款。若付款人审核无误后，应在规定的付款期限内付款。委托收款的付款期为 3 天，从付款人开户银行发出付款通知的次日算起，付款人在付款期内未向银行提出异议，银行视同付款。付款人同意付款的，银行应在付款期期满的次日将款项划拨给收款人。如在付款期满前，付款人通知银行提前付款，银行应办理划款。若付款人在付款期满日，无足够资金支付全部款项的，付款企业应将有关单证及时退回银行；若单证已作账务处理的，付款人应填制“应付款项证明书”如图 4-21 所示，并将此证明书退回付款人开户银行。

**应付款项证明书**

2010 年 4 月 28 日①

| 收款人名称② | 杭州市水业集团有限公司营业分公司 | 付款人名称② | 杭州恒申有限责任公司 |
|---|---|---|---|
| 单证名称③ | 托收凭证第五联 | 单证编号④ | 3208041880 |
| 单证日期⑤ | 2010 年 4 月 25 日 | 单证内容⑥ | 水费缴款通知书 |
| 单证未退回原因：⑦<br>单证已经入账 | | 我单位应付款项：<br>人民币（大写）贰仟贰佰陆拾元整⑧<br>杭州恒申有限责任公司财务专用章　孙丰印 | |

图 4-21　应付款项证明书

在付款期限内，付款人若有理由认为应该全部或部分拒绝付款的，应填写“全部或部分拒绝付款理由书”，如图 4-22 所示，连同有关凭证一并交给开户银行。银行不负责审查拒付理由，将理由书和有关凭证单证交付收款人开户银行转交收款人。

托收承付　　　　全部
委托收款　结算　部分　拒绝付款理由书（回单或付款通知）1

拒付日期：2010 年 4 月 26 日①　　　原托收号码：3208041881②

| 付款人③ | 全　称 | 杭州恒申有限责任公司 | 收款人③ | 全　称 | 杭州市水业集团有限公司营业分公司 |
|---|---|---|---|---|---|
| | 账　号 | 33011809032591 | | 账　号 | 232901040024124 |
| | 开户银行 | 工行杭州羊坝头支行 | | 开户银行 | 工行杭州鼓楼支行 |

| 托收金额 | 拒付金额 | 部分付款金额⑥ | 亿 | 千 | 百 | 十 | 万 | 千 | 百 | 十 | 元 | 角 | 分 |
|---|---|---|---|---|---|---|---|---|---|---|---|---|---|
| 2 600.00④ | 340.00⑤ | | | | | | ¥ | 2 | 2 | 6 | 0 | 0 | 0 |

| 附寄单据 | 2 张⑦ | 部分付款的金额（大写） | 人民币贰仟陆佰元整 |
|---|---|---|---|
| 拒付理由：水费缴款书上缴费金额和托收凭证上的收款金额不等⑧　杭州恒申有限责任公司财务专用章　孙印丰　付款人签章 | | | |

它是指托收凭证（付款通知）和水费缴款通知书

此联银行给付款人的回单或付款通知

图 4-22　全部或部分拒绝付款理由书

3）编制记账凭证。出纳人员根据托收凭证单第五联付款通知，编制记账凭证，并交会计审核。

4）登记银行存款日记账。出纳人员根据审核无误的记账凭证，序时登记银行存款日记账。同时，在记账凭证中“记账”栏画上记账符号“√”，并在记账凭证下方加盖记账人签章。

### （二）托收承付结算方式

#### 1．托收承付结算概述

（1）托收承付结算的概念。托收承付结算是指收款人根据购销合同发货后，委托银行向异地付款人收取款项，由付款人向银行承认付款的一种结算方式。

（2）托收承付的适用范围。托收承付结算只适用于异地企业之间订有经济合同的商品交易以及因商品交易而产生的劳务供应款项的结算。代销、零售、赊销商品的款项不得办理托收承付结算。

（3）托收承付的种类：① 邮寄划款。② 电报划款。

托收承付凭证为一式五联：第一联为“回单”，它是收款人开户行受理托收承付凭证后给收款人的回单；第二联为“贷方凭证”，它是收款人开户行将款项收入收款人账户后的收款凭证；第三联为“借方凭证”，它是付款人开户行转账支付的支付凭证；第四联为“收账通知”，它是收款人开户银行的收账通知；第五联为“付款通知”，它是付款人开户行给付款人按期付款的通知。

#### 2．托收承付结算的基本规定

（1）托收承付结算每笔的金额起点为 1 万元，新华书店系统托收承付结算每笔的金额起点为 1000 元。

（2）采用托收承付结算的双方必须是国有企业、供销合作社以及经营管理较好，并经开户银行审查同意的城乡集体所有制工业企业。双方必须签订购销合同，并在合同上订明托收承付结算方式。

（3）收款人办理托收时，必须持有商品确已发运的证明。

（4）收款人对同一付款人发货托收累计 3 次收不回货款的，收款银行应暂停向付款人办理托收；付款人累计 3 次提出无理由拒付的，付款人开户银行应暂停其对外办理托收。

**3．托收承付结算的基本程序**

具体来讲，可分为托收承付结算收款业务流程和付款业务流程。

托收承付结算的基本程序如图 4-23 所示。

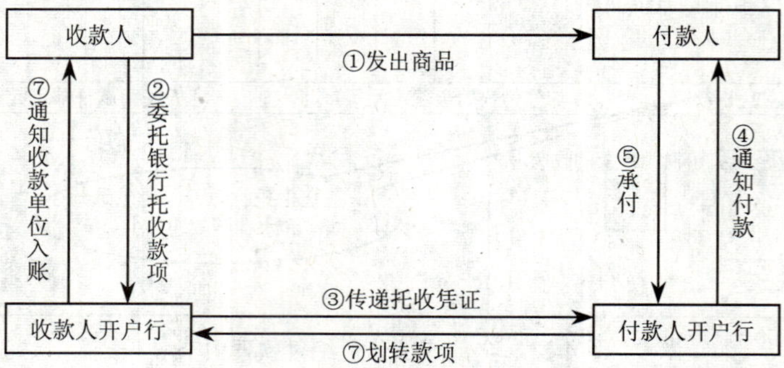


图 4-23　托收承付结算的基本程序

（1）托收承付结算收款业务流程

1）填写托收凭证。收款人根据购销合同、发票账单、发运证明等单据，向银行填写托收凭证，将托收凭证连同各种单证一并交开户银行办理。

托收凭证的填制方法与委托收款托收凭证的填制方法相同，这里不再重复阐述。

2）银行受理托收业务。收款人开户银行审查受理后，将托收凭证第一联回单加盖银行业务受理章后退回收款人。收款人开户行将有关单证交付款人开户银行，以通知付款人。

3）银行通知收款。收款人和付款人的开户银行进行凭证的传递和款项划转后，由收款人开户银行向收款人发送委托收款的托收凭证第四联收账通知，通知其办理收款。

4）编制记账凭证。出纳人员根据托收凭证第四联收账通知，编制记账凭证，交会计审核。

5）登记银行存款日记账。出纳人员根据审核无误的记账凭证，序时登记银行存款日记账。同时，在记账凭证中"记账"栏画上记账符号"√"，并在记账凭证下方加盖记账人签章。

（2）托收承付结算付款业务流程

1）承兑付款。付款人开户银行收到托收凭证和附件后，应及时通知付款人付款。付款人应在承付期内审查核对。承付货款分为验单付款和验货付款两种，由双方商量选用，并在合同中明确规定。验单付款承付期限为 3 天，从付款人开户银行发出承兑通知的次日算起；验货付款承付期限为 10 天，从运输部门向付款人发出提货通知的次日算起。

2）通知开户行付款。付款人在付款期内未向银行提出异议，银行视做同意付款，并在付款期满的次日上午银行开始营业时，将款项主动划给收款人。不论是验单付款还是验货付款，付款人都可以在承付期内提前向银行表示承付，并通知银行提前付款，银行应立即办理划款。付款人在承付期满日银行营业终了时，如无足额资金支付，其不足部分视为逾期未付款项。付款人开户银行应当根据逾期付款金额和逾期天数，按每天 0.05%计算逾期未付赔偿金。当付款人账户有款时，开户银行必须将逾期未付款项和应付的赔偿金及时扣划给收款人，不得拖延。

付款人如果在验单或验货时发现收款单位托收款项计算错误或所收货物的品种、质量、规格、数量等与合同不符，可以在承付期内提出全部或部分拒绝付款的意见，并填写“全部或部分拒绝付款理由书”，连同有关凭证一并交给开户银行。银行负责审查拒付理由，同意拒付的，在拒付理由书上签署意见，并将有关凭证单证交付收款人开户银行转交收款人。

3）编制记账凭证。出纳人员根据托收凭证单第五联付款通知，编制记账凭证，并交会计审核。

4）登记银行存款日记账。出纳人员根据审核无误的记账凭证，序时登记银行存款日记账。同时，在记账凭证中“记账”栏画上记账符号“ √”，并在记账凭证下方加盖记账人签章。

### （三）汇兑结算方式

#### 1. 汇兑结算概述

（1）汇兑结算的概念。汇兑结算是指汇款人委托银行将其款项支付给收款人的一种结算方式。

（2）汇兑的适用范围。汇兑结算适用于汇款人和异地的单位或个人之间的各种往来款项的结算，包括单位之间的各种款项划拨、个人退休费或劳务费等支付的结算。

（3）汇兑的种类

1）信汇。信汇是指汇款人委托银行通过邮寄方式将款项支付给收款人的结算方式。

2）电汇。电汇是指汇款人委托银行通过电报方式将款项划给收款人的结算方式。

#### 2. 汇兑结算的基本规定

（1）汇兑结算没有金额起点的限制，任何汇款金额均可以办理信汇或电汇结算。

（2）需要支取现金的，付款人在信汇或电汇凭证“汇款金额”大写金额栏中注明“现金”字样，收款人携带相关证实收款人身份的证明，到银行一次性办理现金支取手续。

（3）汇款人将款项汇往异地时需要派人领取的，在办理汇款时，应在签发的汇兑凭证各联的“收款人账号或地址栏”注明“留行待取”字样。

（4）收款人如需将汇款转到另一地点，应在汇入银行重新办理汇款手续，转汇时收款人和用途不得改变，汇入银行必须在信汇、电汇凭证上加盖“转汇”戳记。

（5）汇款人对汇出银行未汇出的款项可以申请撤销；对汇出银行已经汇出的款项可以申请退回。汇入银行对于收款人拒绝接受的汇款，应立即办理退汇。汇入银行对已向收款人发出收款通知 2 个月后仍无法交付的汇款，应主动办理退汇。

#### 3. 汇兑结算的基本程序

汇兑结算的基本程序如图 4-24 所示。

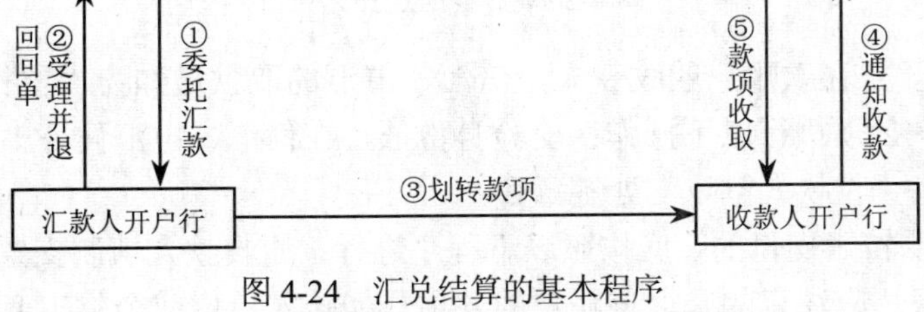


图 4-24　汇兑结算的基本程序

具体来讲，可分为汇兑结算付款业务流程和收款业务流程。

（1）汇兑结算付款业务流程

1）填写汇兑业务委托书。汇款人委托开户银行办理汇款，进行汇兑结算时，应填制一式三联“汇兑结算业务委托书”，并在第一联记账联上加盖银行预留印鉴，交给银行办理划款手续。

“汇兑结算业务委托书”中填写的相关内容与“银行本票业务委托书”相同，这里不再重复阐述。

2）银行受理。银行对汇款人交来的凭证审核无误后，将第三联回单联加盖业务章后，退回申请人。同时将第一联记账联留存付款人开户银行，据以记账；付款人开户银行和收款人开户银行之间进行凭证传递，将第二联发报或出票依据传递给收款银行，办理款项划拨。办理汇兑结算时，企业需要按照规定向银行缴纳有关费用。

3）编制记账凭证。出纳人员根据业务委托书回单联和收费凭证存根联编制记账凭证，并交会计审核。

4）登记银行存款日记账。出纳人员根据审核无误后的记账凭证，序时登记银行存款日记账。同时，在记账凭证中“记账”栏画上记账符号“√”，并在记账凭证下方加盖记账人签章。

（2）汇兑结算收款业务流程

1）开户行通知收款人收款或进账。收款人开户银行在办理资金划拨后，通知收款人汇款已到，收款人办理进账或取款。具体情况如下：

① 在银行开立存款账户的收款人，收到银行转来的“资金汇划补充凭证”，如图 4-25 所示，要认真核对以下内容：收款人是否为本企业，名称和账号是否与本单位一致，金额是否正确，汇款用途是否正确，汇入行是否加盖了银行业务印章。

中国工商银行　资金汇划补充凭证（贷方回单）

收报上期：2010-4-15

行名：工行杭州市羊坝头支行
业务种类：汇兑
收款人账号：33011809032591　　付款人账号：6987340152012235
收款人户名：杭州恒申有限责任公司
付款人户名：天成工业有限责任公司
大写金额：人民币贰拾叁万肆仟元整
小写金额：￥234 000
发报流水号：004030109　　收报流水号：005172669
发报行行号：25120038　　收报行行号：230458
发报行行名：建行苏州市劳动路支行
打印日期：2010-4-15
用途：购货款　　付款类型：非延期付款
客户留言：
银行附言：

中国工商银行杭州市
羊坝头支行
2010.04.15
业务受理章

图 4-25　资金汇划补充凭证

② 未在银行开立存款账户的收款人，信汇、电汇的取款通知为“留行待取”，在向汇入银行支取款项时，必须执行以下操作：交验身份证，在信汇、电汇凭证上注明证件名称、号码及发证机关，在“收款人签章”处签章。

③ 收款人需要转账支付的，应按照以下程序进行：原收款人填制支票凭证；向银行交验身份证，办理转账。应注意的是，该账户的款项只能转入单位或个体工商户的存款账户，严禁转入储蓄和信用卡账户。

④ 信汇、电汇凭证上如有按照规定填明的“现金”字样，收款人可以在汇入银行支取现金，程序如下：收款人向汇入银行递交“资金汇划补充凭证”和身份证等有效证明，汇入银行审核无误后，一次性办理现金支付手续；未填明“现金”字样，需要支取现金的，由汇入银行按照国家规定审查支付。

2）编制记账凭证。出纳人员根据开户行的“资金汇划补充凭证”编制记账凭证，并交会计审核。

3）登记银行存款日记账。出纳人员根据审核无误的记账凭证，序时登记银行存款日记账。同时，在记账凭证中“记账”栏画上记账符号“√”，并在记账凭证下方加盖记账人签章。

### （四）信用卡结算方式

#### 1．信用卡结算概述

（1）信用卡的概念。信用卡是指商业银行向个人和单位发行的，凭此向特约单位购物、消费和向银行存取现金，具有消费信用的特制载体卡片。

（2）信用卡的适用范围。信用卡适用于持卡人在同城及异地各大中城市提取、存入现金或在同城或者异地的特约单位进行购物和消费的款项结算。

（3）信用卡的种类。按信用卡的使用对象可分为以下几种：

1）单位卡。在中国境内金融机构开立基本存款户，有合法经营执照且执业时间为三年以上，经营管理效益好的企事业单位、国家机关、部队、行政团体申领的信用卡。

2）个人卡。具有完全民事行为能力的公民申领的信用卡。

信用卡按信用等级可分为以下几种：

1）金卡。持卡人的置信程度、年薪收入以及社会地位等比较高时可申领的一种信用卡。

2）普通卡。持卡人的收入程度达到发卡机构规定的最低标准时即可申领的一种信用卡。

#### 2．信用卡结算的基本规定

（1）信用卡的申领。单位和个人申领信用卡时应按规定填写申请表，连同有关资料一并送交发卡银行。发卡银行对申请表进行审查核实，符合条件的，向申请人发出信用卡通知书，通知申请人到发卡银行办理开户手续。申请人到银行开立信用卡存款账户后，发卡银行在规定时间内同意申请人凭回单和身份证领取信用卡。需注意的是，单位卡上的资金一律从其基本存款账户转账支出，不得交存或将销货收入的款项存入单位卡。

（2）信用卡的使用。信用卡仅限于合法持卡人本人使用，持卡人不得出租或转借信用卡。持卡人可持信用卡在特约单位购物、消费，但单位卡不得用于 10 万元以上的商品交易、劳务供应款项的结算，且一律不得提取现金。持卡人持卡在特约单位购物、消费时，应将信用卡和身份证一并交付特约单位并在签购单上签名确认。信用卡有效期为一年或两年，过期即失效并停止使用。

（3）信用卡的透支。信用卡在规定的限额和期限内允许善意透支。持卡人不得恶意透支。

（4）信用卡的销户。持卡人不需要继续使用信用卡，已还清透支本息且符合发卡银行办理销户条件的，可持信用卡到发卡银行办理销户。单位卡销户时，其信用卡账户余额转入单位的基本存款账户，不得提取现金；个人卡销户时，其信用卡账户余额可以转账结清，也可以提取现金。

（5）信用卡的挂失。信用卡遗失后，持卡人应立即持本人身份证或有效证件，并按规定提供有关情况，向发卡银行申请办理挂失手续。

**3. 信用卡结算的基本程序**

信用卡结算的基本程序如图 4-26 所示。

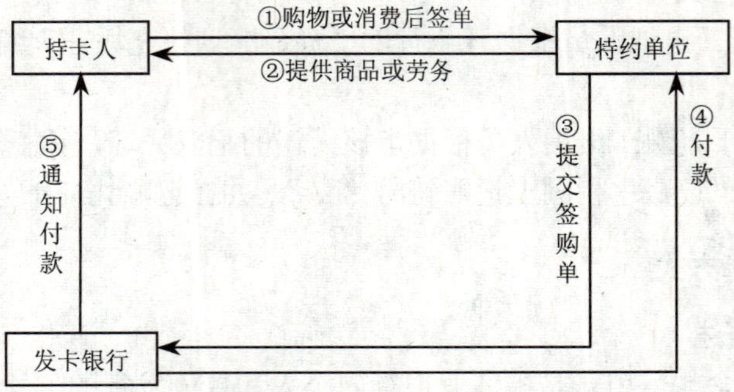


图 4-26　信用卡结算的基本程序

## 任务处理

（1）由于浙江晨锋科技有限公司与杭州恒生电子有限公司属于同城，因此可以选择的银行结算方式：转账支票、银行本票、商业汇票、委托收款和信用卡。

（2）若采用转账支票的方式进行结算，浙江晨锋科技有限公司对该项业务的处理流程如图 4-27 所示：

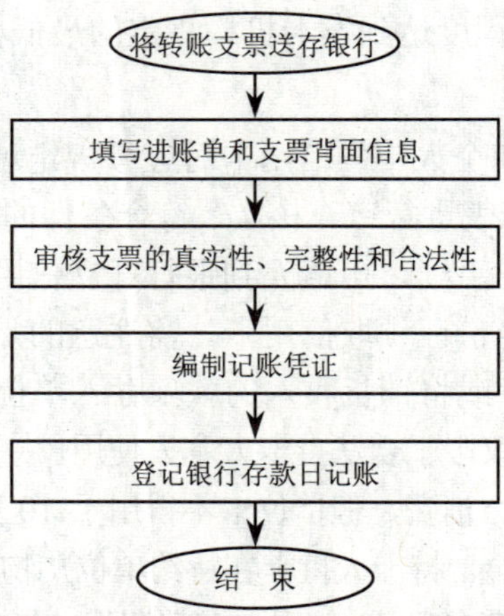


图 4-27　该项业务的处理流程

## 知识归纳

银行存款账户管理主要包括银行存款账户的种类和银行存款账户的开设、变更和撤销。

银行存款账户的种类包括基本存款账户、一般存款账户、临时存款账户和专用存款账户四种。这四种不同银行存款账户开设的资格、提交的资料和基本程序是不相同的。

银行结算方式包括银行汇票、商业汇票、银行本票、支票、汇兑、委托收款、托收承付、信用卡八种结算方式。这八种结算方式根据结算形式的不同，可以划分为票据结算（支票、银行本票、银行汇票和商业汇票）和支付结算（汇兑、委托收款、托收承付和信用卡）两大类；根据结算地点的不同，可以划分为同城结算方式（银行本票和支票）、异地结算方式（银行汇票、汇兑和托收承付）和通用结算方式（商业汇票、委托收款和信用卡）三大类。这八种不同的银行结算方式有各自的特点、适用范围和收款、付款业务的基本程序。

## 阅读材料

### 国 际 结 算

所谓国际结算，是指国际间的自然人、法人和政府机关以货币表现的债权、债务的清结，亦称国际清算。国际间的债权、债务是由于国与国之间政治、经济、文化的交流和联系而产生的，它包括贸易往来，资本和利润的转移，劳务的提供和偿付，国际交通、航运、保险费用的收支，侨汇、旅游、政府的对外事务活动等所引起的国际间货币收付行为。

国际结算起源于国际贸易。在漫长的历史时期中，国际结算的具体形式随着整个社会政治、经济以及科学技术的发展而发展，形成各种为世界各国都能接受的结算工具和方式。在前资本主义社会，当货币作为一般等价物的形式出现后，最初的国际结算形式是现金结算。从 15 世纪末一起，封建社会逐渐向资本主义社会过渡，在重商主义思想的影响下，各国都很重视发展出口贸易。由于在交易中现金的携带既不方便，又不安全，于是促使国际结算从现金结算方式逐步转变为非现金的票据结算方式。近代银行的产生和发展，使国际结算从商人间的直接结算逐渐转变为通过银行中介的间接结算，银行成为沟通国际结算的渠道。由于银行信用较商业信用有更多的优越性，因而银行发展成为国际间债权债务的清算中心。这是国际结算的一个进步。在资本主义社会化大生产的推动下，国与国之间的经济交往不断加强，国际贸易有了更大的发展。国际贸易中单据的“证券化”使得商品买卖可以通过单据买卖来实现，卖方提交单据即代表提交了货物，买方付款赎取单据即代表取得了货物。这种变化使得远隔重洋的国际贸易商人可以不必见面，而以邮件、电报等通信手段即可完成交易。国际间商品买卖的结算从“凭货付款”转变为“凭单付款”，这是国际结算的又一个进步。到了 19 世纪 70 年代，票据和单据在国际结算中已经完全结合起来，跟单汇票广泛地运用于国际间商品买卖的结算，并且形成了通过银行办理跟单托收和跟单信用证的结算方式。这使得贸易商不仅能依靠银行信用安全地收回货款，同时还能以单据作为抵押品向银行取得资金融通，使在途资金占用的时间日益缩短。至此，国际结算进入一个比较完善的阶段。第一次世界大战后，金本位制度逐步走向崩溃，特别是 1929～1933 年的经济危机给资本主义世界带来严重的打击，大批工厂、企业破产，拒付毁约的情况普遍发生。外汇管制以及各种排他性的结算方式在大多数国家广为流行，造成出口收汇落空的风险比过去大大增加了，从而迫使出口商不得不减少使用以商业信用为基础的跟单托收方式，更多地依靠以银行信用为基础的跟单信用证方式。随着现代通信手段和电子计算机技术的飞跃发展，最新的科技成果逐步运用在国际结算上。到 20 世纪 70 年代中期，国际结算已经广泛采用了综合电子技术，使国际结算工作电子化和网络化。

当前，国际结算的支付方式主要有以下几种：①汇款。它是指一国的付款人（一般是债务人），运用结算工具，委托银行将资金转移给另一国的收款人（一般是债权人）。②托收。它是指一国的债权人出具汇票或其他各种代表一定货币金额的债权凭证，委托银行向另一国的债务人收取款项。③信用证。它是指银行应开证申请人的要求和指示向受益人签发文件。银行在受益人严格遵守信用证条款规定的条件下办理付款或承兑。它是一种银行有条件的付款承诺。④保证书。进口保证书是指由买方委托银行开给卖方，保证卖方交来和贸易合同相等的单据后，买方即按合同规定付款的文件。如果买方不付，则由银行代付。出口保证书的种类较多，有保证卖方收到合同定金或预付货款后，如不履约交货，又不退还货款，就由银行代退的；也有保证参加工程项目的投标人得标后，必须签订有关合约，签约后必须履约的，否则由银行按保证书规定赔偿等。⑤信用卡。发行的银行（或公司）在审查申请人的资信可靠后，发给申请人（持卡人）的一种塑料卡片，凭此向约定的商店、旅馆等赊购和支付不超过一定金额的货物和劳务。有些信用卡还可以在约定的银行或其代兑点支取一定的现金。持卡人使用信用卡时可以先消费后付款，等于享受一个时期的免息贷款。接受信用卡的商店、旅馆等，收回货款和费用较付现略迟，还要付给发卡银行一定数额的佣金；但信用卡可以为其多招徕顾客，增强竞争能力。因此，近三十年来，信用卡业务发展很快。⑥立即付款。由卖方按交货共同条件和贸易合同发运货物，并向卖方银行提交全套单据，经银行审核与交货共同条件和贸易合同相符后立即付款给卖方，同时借记买方银行的贸易清算账户，并将单据和借记通告书寄买方银行。买方银行收到后，立即贷记卖方银行的贸易清算账户，同时将单据交给买方并收回货款。立即付款是指第二次世界大战后前苏联、东欧等国在政府协定项下办理贸易结算的一种方式。

## 小思考

浙江晨锋科技有限公司于2010年5月25日收到银行转来的委托收款的托收凭证的付款通知和电费缴款通知书，支付电费3 580元。请问：①若所有单证核对相符，付款人应当如何处理该项业务？②若发现电费缴款通知书上的缴费金额和托收凭证上的收款金额不符，付款人应当如何处理该项业务？③若所有单证核对相符，但付款人在付款期间无足够资金支付全部款项时，付款人应当如何处理该项业务？

**案例分析：**

业务处理流程如图4-28所示。

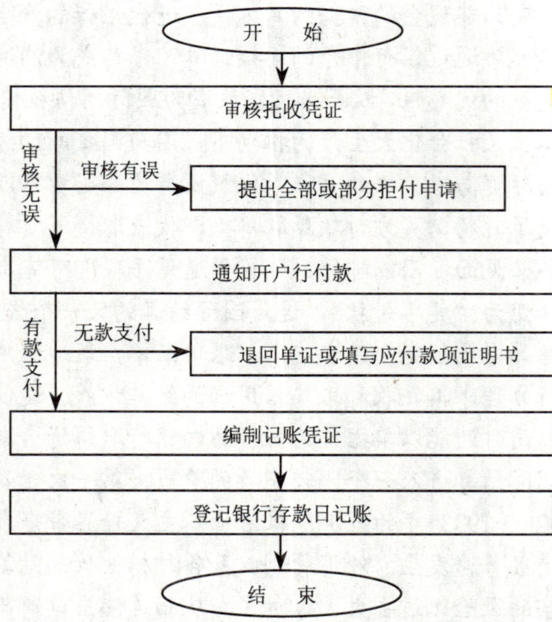


图4-28 业务处理流程

## 达标检测

### 一、单项选择题

1. 存款人在日常经营活动中发生的资金收付以及工资、奖金的支付，都应该通过（　　）办理。

A. 银行结算账户　　B. 基本存款账户
C. 一般存款账户　　D. 专用存款账户

2. 单位卡账户的资金一律从（　　）中转账存入，不得交存现金。

A. 基本存款账户　B. 一般存款账户　C. 临时存款账户　D. 专用存款账户

3. 出票银行签发的，由其在见票时按实际结算金额无条件支付给收款人或持票人的票据是（　　）。

A. 银行汇票　B. 银行本票　C. 银行支票　D. 商业汇票

4. 出票人签发空头支票时，持票人有权要求出票人按支票金额的一定比例支付赔偿金。该赔偿比例为（　　）。

A. 2%　B. 5%　C. 10%　D. 5%但不低于 1 000 元

5. A 公司向外省 B 公司销售货物，货款为 4 万元。A 公司如果想一手交钱一手交货，则适当的结算方式是（　　）。

A. 银行本票　B. 银行汇票　C. 汇兑　D. 托收承付

6. 以下说法中正确的是（　　）。

A. 支票的出票人是支票的付款人
B. 银行本票的出票人与付款人是同一人
C. 商业汇票的出票人就是商业汇票的付款人
D. 银行汇票的出票人不是银行汇票的付款人

### 二、多项选择题

1. 存款人有下列（　　）情形的，应向开户银行提出撤销银行结算账户的申请。

A. 被撤并、解散、宣告破产或关闭的
B. 注销、被吊销营业执照的
C. 因迁址需要变更开户银行的
D. 存款人尚未清偿开户银行债务的

2. 存款人开立（　　）时，需经中国人民银行分支机构核准。

A. 基本存款账户　　B. 一般存款账户
C. 预算单位专用存款账户　　D. 个人银行

3. 根据《人民币银行结算账户管理办法》，企事业单位的存款账户分为（　　）。

A. 基本存款账户　B. 一般存款账户　C. 临时存款账户　D. 专用存款账户

4. 只适用于同城结算的方式有（　　）。

A. 支票　B. 银行本票　C. 银行汇票　D. 商业汇票
E. 信用卡　F. 委托收款

5. 我国的票据包括（　　）。

A. 银行汇票　B. 商业汇票　C. 支票　D. 银行本票

E. 商业本票　F. 期票

## 三、简答题

1. 简述代理付款行受理银行本票时应审核的内容。

2. 简述委托收款和托收承付的异同点。

## 四、经济业务题

（一）对下列案例进行分析，将正确的答案选入括号中（不定项）。

浙江的甲化工公司（以下简称甲公司）和湖南的乙食品加工公司（以下简称乙公司）都是国有企业，甲公司长期供应乙公司原料，双方在经济交往中发生了以下支付结算关系。请问：

1. 甲公司和乙公司之间的货款支付，双方可以采取下列结算方式中的（　　）方式。

A. 银行本票结算　B. 汇兑结算　C. 委托收款结算　D. 支票结算

2. 如果双方申请开户银行采取托收承付结算方式，还需符合下列（　　）条件。

A. 结算的款项必须是商品交易以及因商品交易产生的劳务供应款项

B. 必须签有购销合同

C. 合同中约定使用托收承付结算方式

D. 每笔结算金额的起点为 5 000 元

3. 甲公司收到乙公司因支付货款交来的 120 万元的银行汇票一份，出票日为 2 个月前，当日即向其开户银行提示付款并办理转账存款。甲公司开户银行应当（　　）。

A. 予以受理

B. 经向乙公司查询同意后受理

C. 经本行会计主管人员审查同意后受理

D. 不予受理

4. 甲公司在其银行账户中发现一笔 3 万元的收入款项，经查询属于乙公司错汇。对此（　　）。

A. 应由乙公司向其开户银行申请撤销

B. 应由乙公司向其开户银行申请退汇

C. 应由乙公司向甲公司开户银行申请撤销

D. 应由乙公司向甲公司自行联系退汇

5. 乙公司向其开户银行提交银行汇票申请书，申请出票金额为 50 万元，汇付给甲公司。开户银行在受理时，发现其账户实际存款只有 45 万元，对此开户银行应当（　　）。

A. 给予 50 元罚款　B. 按 5 万元的规定比例罚款

C. 按 50 万元的规定比例罚款　D. 不予罚款

（二）对下列案例进行分析，并回答问题。

1. 某机械厂采购员持由该厂开户银行签发的银行本票，前往某钢铁公司购置一批价值为 20 万元的材料，在途中由于其保管不慎，该银行本票被盗。随后，该机械厂根据该名采购员的报告，通知银行本票的付款银行并要求挂失止付，但银行对上述情况进行审查后拒绝办理挂失止付。请分析该银行拒绝挂失止付的行为是否正确，为什么？

2. 丙企业向乙企业购买原材料，开具了一张 20 万元的银行汇票，该汇票的收款人是乙企业，以丙银行为付款人。由于市场发生变化，实际结算金额为 22 万元，丙企业在该汇票上签了章，并写明了出票日期。乙企业接受了这张汇票，然后到丙银行提示承兑。丙银行拒绝承兑。请分析丙银行的做法是否正确，为什么？

3. 甲企业与乙企业签订了一项价值为 120 万元的货物购销合同，双方商定：以托收承付的方式结算货款，甲企业应将货物运至乙企业所在地。但受到当地汛期等诸多自然因素的影响，甲企业将货物送至距离乙企业 100km 处的某地交货，并请乙企业到该地验收。乙企业考虑到此货物是本单位的急需原材料，不运回可能影响产品质量，遂派人将货物运回本单位，但对甲企业的行为提出异议，并在承付期内付款时向银行提出部分拒绝付款。请回答乙企业的做法是否符合《银行支付结算办法》的规定，为什么？

4. 某公司于 8 月 15 日开出两张票据：一张面额为 10 000 元的支票，用于向甲宾馆支付会议费；另一张为面额 200 000 元的银行承兑汇票，到期日为 9 月 5 日，用于向乙公司支付材料款，该份汇票已经过银行承兑。8 月 20 日，甲宾馆向银行提示付款时，银行发现该张支票为空头支票，遂予以退票，并对某公司处以 1 000 元的罚款。甲宾馆要求某公司除支付其 10 000 元会议费外，还另需支付其 2 000 元赔偿金。9 月 5 日，乙公司向银行提示付款时，得知某公司的账户余额不足 200 000 元。

请根据有关规定，回答下列问题：

（1）银行对该公司签发空头支票处以 1 000 元罚款的做法是否符合规定？甲宾馆能否以该公司签发空头支票为由，要求其支付 2 000 元赔偿金？

（2）银行能否以该公司账户余额不足 200 000 元为由，拒绝向乙公司付款？

# 项目五
# 出纳凭证、账簿与报表

## 学习目标

（1）能够填制与审核原始凭证和记账凭证。
（2）能够登记现金日记账和银行存款日记账。
（3）能够结账、对账和更正错账。
（4）能够填制出纳报告表和备查簿。

## 任务一 出纳凭证

### 任务案例

#### 任务要求

分析企业收付业务，填制和审核相关的原始凭证，掌握不同经济业务中记账凭证的编制。

#### 任务资料

企业的基本情况如下：
企业名称：兰亭进出口公司
企业地址：绍兴市中山路35号
企业电话：88752369
企业性质：全民所有制企业
企业类型：中型企业
开户银行：中国工商银行绍兴城南支行
账　　号：6000886745
主要产品：甲产品、乙产品
记账方法：借贷记账法
材料计价方法：按计划成本计价
该企业为增值税一般纳税人，增值税税率为17%，所得税税率为25%
厂长：陈小明　　　　会计主管：叶秋燕　　　　出纳员：李华

兰亭进出口公司 2010 年 11 月 30 日的现金日记账余额为 2 968.54 元，银行存款日记账余额为 289 583.58 元，12 月份发生现金、银行存款收付业务如下：

**业务 1**：12 月 1 日，浙江顺风公司到该公司购买 3tA 材料，价款为 1 890 元，增值税税额为 321.30 元，收到一张转账支票，出纳人员当即交存银行。

**业务 2**：12 月 2 日，出纳人员签发一张现金支票，到银行提取现金 2 000 元，备付差旅费。

**业务 3**：12 月 3 日，厂部办公室王良到南京开会预借差旅费 2 000 元，持经领导批准的借款申请单到财务科领取差旅费，出纳人员以现金支付。

**业务 4**：12 月 5 日，供应科吴君持经领导批准的采购资金借款单到财务科委托出纳人员办理银行汇票 5 000 元，准备去上海工具厂购买工具。

**业务 5**：12 月 8 日，出纳人员自银行取得苏州新华工厂的一张信汇凭证 4 680 元，系 11 月购买乙产品的贷款。

**业务 6**：12 月 10 日，职工邵明持经领导签字的费用报销单到财务科报销独生子女幼托费 300 元，出纳人员以现金支付。

**业务 7**：12 月 13 日，王良从南京出差回来，填制差旅费用报销单并经领导签字后到财务科报销差旅费 1 530 元，并退回多余款 470 元。

**业务 8**：12 月 15 日，供应科朱春化到江苏省常州市大华工厂购买 D 材料，价款为 1 800 元，增值税税额为 306 元，款项尚未支付，材料已验收入库。回厂后朱春化填制费用报销单，经领导签字后到财务科办理付款转账结算手续。

**业务 9**：12 月 18 日，出纳人员自银行取得税收电子缴款凭证，上缴上月欠缴的增值税 2 838.57 元。

**业务 10**：12 月 20 日，供应科吴成持经批准的空白支票领用单到财务科领取一张空白转账支票，支付火车站铁路运费（代垫武汉动力机厂产品运费，预计金额为 2 500 元）。

**业务 11**：12 月 20 日，供应科吴成带回代垫武汉动力机厂的产品运费结算单及转账支票存根，共计支付运费 2 500 元。吴成填制费用报销单，经领导签字后到财务科办理报销手续。

**业务 12**：12 月 21 日，出纳人员到银行办理武汉动力机厂购买该公司乙产品的货款、增值税及运费的委托收款邮划手续（产品运费结算单、增值税专用发票抵扣联和发票联随附对方），货款为 35 000 元，增值税税额为 5 950 元。

**业务 13**：12 月 23 日，出纳人员自银行取得委托收款凭证（收款通知）第四联，系武汉动力机厂委托收款收妥入账，货款、增值税及运费共计 43 450 元。

**业务 14**：12 月 25 日，出纳人员签发现金支票，到银行提取现金 110 000 元，备发工资。

**业务 15**：12 月 25 日，出纳人员发放全厂职工工资 110 000 元。

**业务 16**：12 月 30 日，出纳人员自银行取得中国工商银行已入账利息传票，系银行划入本公司第四季度的存款利息收入 1 450 元。

**业务 17**：12 月 30 日，出纳人员到银行购买一本空白转账支票工本费、手续费为 20 元，以现金支付。

## 理论知识

### 一、原始凭证概述

会计凭证简称凭证，是记录经济业务，明确经济责任，据以登记账簿的依据。它们具有专门的格式、详细的内容和严格的填制要求。

会计凭证按其填制的程序和作用，可以分为原始凭证和记账凭证两大类。原始凭证随着经济业务的不同而有不同的内容和格式，记账凭证则是用一定的格式来记录不同经济业务的凭据。

**（一）原始凭证的基本内容**

原始凭证又称原始单据，是指在经济业务发生或完成时取得或者填制的，用以记录、证明经济业务已经发生或完成，进行会计核算的原始资料。因为原始凭证上记载着大量的经济信息，它又是证明经济业务发生的初始文件，与记账凭证相比较，具有较强的法律效力，所以它是一种很重要的凭证。虽然不同的原始凭证反映不同的经济业务内容，有不同的格式，但都包含以下几个要素：

（1）原始凭证的名称。

（2）原始凭证的编号。

（3）填制原始凭证的日期。

（4）填制和接受原始凭证的单位名称。

（5）有关的经济业务内容。

（6）经济业务所涉及的数量、计量单位、单价和金额总量。

（7）有关部门与人员的签名或盖章。

（8）凭证附件。

**（二）原始凭证的种类**

**1．按照来源的不同分类**

（1）外来原始凭证。它是指在同外单位发生经济往来事项时，从外单位取得的凭证。如发票、飞机和火车的票据、银行收付款通知单以及企业购买商品、材料时从供货单位取得的发货票等。

（2）自制原始凭证。它是指在经济业务事项发生或完成时，由本单位内部经办部门或人员填制的凭证。如收料单、领料单、开工单、成本计算单、出库单等。

**2．按照填制手续的不同分类**

（1）一次凭证。一次凭证是指反映一项经济业务或同时记录若干项同类性质经济业务的原始凭证，其填制手续是一次完成的。各种外来原始凭证都是一次凭证，大部分自制凭证也都是一次凭证。

（2）累计凭证。累计凭证是指在一定时期内（一般以一个月为限）连续发生的同类经济业务的自制原始凭证，其填制手续是随着经济业务事项的发生而分次进行的。如限额领料单是一种累计凭证。

（3）汇总原始凭证。汇总原始凭证是指根据一定时期内反映相同经济业务的多张原始凭证，经汇总编制而成的自制原始凭证，用以集中反映某项经济业务总括发生情况。汇总原始凭证既可以简化会计核算工作，又便于进行经济业务的分析和比较，如工资汇总表、现金收入汇总表、发料汇总表等都是汇总原始凭证。

**3．按照格式的不同分类**

（1）通用凭证。它是指由有关部门统一印制，在一定范围内使用的具有统一格式和使用方法的原始凭证。如全国通用的增值税发票、银行转账结算凭证等。

（2）专用凭证。它是指由单位自行印制，仅在本单位内部使用的原始凭证。如前面提到的收料单、领料单、工资费用分配单、折旧计算表等。

### （三）原始凭证的填制要求

原始凭证是具有法律效力的证明文件，是进行会计核算的重要原始依据。原始凭证的填制必须符合下列基本要求：

**1．记录要真实**

原始凭证必须如实反映所填写的经济业务，原始凭证上填制的日期、业务内容、数量、金额等必须与实际情况完全符合，确保凭证内容真实、可靠。

**2．内容要完整**

原始凭证必须按规定的格式和内容逐项填写齐全，同时必须由经办业务的部门和人员签名或盖章，对凭证的真实性和正确性负完全的责任。

**3．填制要及时**

各种原始凭证一定要及时填写，并按规定的程序及时送交会计机构、会计人员进行审核。

**4．手续要完备**

原始凭证上要有经办人员或部门的签章。单位自制的原始凭证上必须有经办业务的部门和人员的签名或盖章，对外开出的原始凭证上必须加盖本单位公章，从外部取得的原始凭证上必须盖有填制单位的公章，从个人处取得的原始凭证上必须有填制人员的签名或盖章。

**5．书写要清晰、规范**

填制原始凭证时对用笔有一定的要求：对需要套写的原始凭证用圆珠笔书写，对一般单联的原始凭证用钢笔填写，对重要的原始凭证须用碳素墨水钢笔书写（如支票等），有些原始凭证是由计算机制作打印的（如增值税专用发票）。大小写金额数字要符合规定，正确填写。小写金额用阿拉伯数字逐个书写，不得写连笔字；在金额前要填写人民币符号“￥”，人民币符号“￥”与阿拉伯数字之间不得留有空白；金额数字一律填写到角分，无角分的，写“00”或“－”。大写金额一律用正楷或行书字书写；大写金额前未印有“人民币”字样的，应加写“人民币”三个字，“人民币”字样和大写金额之间不得留有空白；大写金额到元或角为止的，后面要写“整”或“正”字，有分的，不写“整”或“正”字。

**6．编号要连续**

各种凭证要连续编号，以便查考。如果凭证已预先印定编号，如发票、支票等重要凭证，在写作废时，应加盖“作废”章，妥善保存，不得撕毁。

**7．不得涂改、刮擦、挖补**

原始凭证有错误的，应当由出具单位重开或更正，更正处应当加盖出具单位印章。原始金额有错误的，应当由出具单位重开，不得在原始凭证上更正。一般凭证如果发现错误，应当按规定方法更正。而有关现金、银行存款收支业务的凭证，如果填写错误，不能在凭证上更正，应加盖“作废”戳记，重新填写，以免错收或错付。

### （四）出纳常用原始凭证的具体填制

出纳常用的原始凭证有现金支票、转账支票、收据、现金解款单、进账单、费用报销单、托收承付结算凭证、委托收款结算凭证、汇兑结算凭证、银行汇票委托书等。

现以兰亭进出口公司（以下简称兰亭公司）为例说明各种出纳常用原始凭证的填制方法。

**【例 5-1】**现金支票的填制。

2010 年 3 月 15 日，兰亭公司因库存现金不足，准备到银行提取备用金 5 000 元。

兰亭公司到银行提取现金时应先填制现金支票。现金支票分为支票正本和存根两部分，支票正本部分是提取现金的凭证，支票存根部分是企业入账的依据。

支票正本部分的填制：出票日期（大写）→付款行名称和出票人账号→收款人（本单位）→人民币大写、小写→用途→加盖单位财务专用章和法人代表章。

支票存根部分的填制：出票日期（小写）→收款人→金额（小写）→用途（见图 5-1）。

中国工商银行
现金支票存根（浙）
VI 00236875
附加信息
出票日期 2010年 3月 15日
收款人：
金额：¥5000.00
用途：备用
单位主管 会计

中国工商银行 现金支票 （浙） VI：00236875
出票日期（大写）贰零壹零年零叁月壹拾伍日 付款行名称：工行城南支行
收款人：兰亭进出口公司 出票人账号：600[illegible]

| 人民币（大写） | 百 | 十 | 万 | 千 | 百 | 十 | 元 | 角 | 分 |
|---|---|---|---|---|---|---|---|---|---|
| 伍千元整 | | | ¥ | 5 | 0 | 0 | 0 | 0 | 0 |

用途：备用
上列款项请从
我账户内支付
出票人签章 兰亭进出口公司财务专用章 陈明小印 复核 记账

图 5-1 现金支票

转账支票的填制方法与现金支票的填制方法基本相同，这里不再赘述。

**【例 5-2】**收据的填制。

2010 年 3 月 16 日，出纳人员收到业务员张明交来的多余备用金 150 元。

收到非销售业务的现金时，出纳人员应开具收据。收据一般为一式三联：第一联为收据存根，第二联为代收款凭证，第三联交给付款单位。

收据的填制：时间→交款单位→收款方式→人民币大写、小写→收款事由→经办、出纳人员签名→在第三联上加盖财务专用章并交给付款单位（见图 5-2）。

**收款凭据** No. 000875

2010年 3月 16日

| 交款单位 业务员张明 | 收款方式 现金 |
|---|---|
| 人民币（大写）壹佰伍拾元整 | ¥150.00 |
| 收款事由 收回多余备用金 | |

三 交给付款单位

单位盖章： 开票人： 收款人：李华

图 5-2 收款凭据

【例 5-3】进账单的填制。

2010 年 3 月 17 日，兰亭公司向南方公司销售一批甲产品，价值为 22 340 元，收到南方公司签发的一张转账支票。

兰亭公司销售产品并收到购货单位的转账支票时应先填制进账单，然后连同转账支票到开户银行办理进账手续。

进账单为一式三联：第一联为回单（收款人开户银行交给持票人的回单），第二联为贷方凭证（收款人开户银行作贷方凭证），第三联为收账通知（收款人开户银行交给收款人的收账通知）。

进账单的填制：时间→出票人全称、账号、开户银行→收款人全称、账号、开户银行→人民币大写、小写→票据种类、张数（见图 5-3）。

工商银行进账单（回单）　1

2010年 3月 17日

<table>
<tr><td rowspan="3">出票人</td><td>全　称</td><td colspan="2">南方公司</td><td rowspan="3">收款人</td><td colspan="3">全　称</td><td colspan="6">兰亭进出口公司</td></tr>
<tr><td>账　号</td><td colspan="2">600123</td><td colspan="3">账　号</td><td colspan="6">6000886745</td></tr>
<tr><td>开户银行</td><td colspan="2">工商银行城东支行</td><td colspan="3">开户银行</td><td colspan="6">工商银行城南支行</td></tr>
<tr><td colspan="2" rowspan="2">人民币（大写）</td><td colspan="2" rowspan="2">贰万贰仟叁佰肆拾元整</td><td>千</td><td>百</td><td>十</td><td>万</td><td>千</td><td>百</td><td>十</td><td>元</td><td>角</td><td>分</td></tr>
<tr><td></td><td></td><td>¥</td><td>2</td><td>2</td><td>3</td><td>4</td><td>0</td><td>0</td><td>0</td></tr>
<tr><td colspan="2">票据种类</td><td colspan="2">转账支票</td><td colspan="10" rowspan="3">开户银行签章</td></tr>
<tr><td colspan="2">票据张数</td><td colspan="2">1张</td></tr>
<tr><td>单位主管</td><td>会计</td><td>复核</td><td>记账</td></tr>
</table>

图 5-3　进账单

【例 5-4】费用报销单的填制。

费用报销单通常有差旅费报销单和一般费用报销单。

差旅费报销单的填制：出差事由→填报日期→往返时间、地点及交通工具→金额，同时要让报销人和相关领导签名或盖章（见图 5-4）。

兰亭进出口公司　差旅费报销单

<table>
<tr><td colspan="3">出差事由</td><td colspan="5">杭州出差</td><td colspan="7">填报日期：2010 年 11 月 12 日</td></tr>
<tr><td rowspan="2">月/日</td><td rowspan="2">起止时间</td><td rowspan="2">起讫地点</td><td colspan="2">车船费</td><td>途中补贴</td><td colspan="2">住勤补贴</td><td colspan="3">误餐补贴</td><td rowspan="2">旅馆费</td><td rowspan="2">市内交通费</td><td rowspan="2">行李搬运费</td><td rowspan="2">其他</td></tr>
<tr><td>车次</td><td>金额</td><td>金额</td><td>天数</td><td>金额</td><td>中</td><td>晚</td><td>金额</td></tr>
<tr><td rowspan="2">12/5</td><td>午时分</td><td rowspan="2">绍兴至杭州</td><td rowspan="2"></td><td rowspan="2">80</td><td rowspan="2"></td><td rowspan="2"></td><td rowspan="2"></td><td rowspan="2"></td><td rowspan="2"></td><td rowspan="2"></td><td rowspan="2">1050</td><td rowspan="2"></td><td rowspan="2"></td><td rowspan="2"></td></tr>
<tr><td>午时分</td></tr>
<tr><td rowspan="2">12/12</td><td>午时分</td><td rowspan="2">杭州至绍兴</td><td rowspan="2"></td><td rowspan="2">90</td><td rowspan="2"></td><td rowspan="2">7</td><td rowspan="2">140</td><td rowspan="2"></td><td rowspan="2"></td><td rowspan="2"></td><td rowspan="2"></td><td rowspan="2">90</td><td rowspan="2"></td><td rowspan="2"></td></tr>
<tr><td>午时分</td></tr>
<tr><td colspan="4">支出小计</td><td>170</td><td></td><td></td><td>140</td><td></td><td></td><td></td><td>1050</td><td>90</td><td></td><td></td></tr>
<tr><td>预支金额</td><td>1500</td><td colspan="2">应付（退）金额</td><td>100</td><td colspan="3">支出金额（大写）</td><td colspan="7">壹仟肆佰元整</td></tr>
<tr><td>领导审核</td><td colspan="3">陈小明</td><td>报销人签章</td><td colspan="3">张平</td><td colspan="3">说明</td><td colspan="4"></td></tr>
</table>

图 5-4　差旅费报销单

一般费用报销单的填制：购物（或业务往来）日期→附原始凭证张数→内容→发票号→单价→数量→金额→报销日期，同时要让报销人和相关领导签名或盖章（见图5-5）。

兰亭进出口公司　费用报销单

| 购物（或业务往来）日期：2010年3月9日 | | | | | | 背面附原始凭证1张 | |
|---|---|---|---|---|---|---|---|
| | 内　容 | | 发票号 | 单　价 | | 数　量 | 金　额 |
| 1 | 上缴上月欠缴的所得税 | | 0006 | | | | 7750.98 |
| 2 | | | | | | | |
| 备注： | | | | | | | |
| 实报金额人民币（大写）柒仟柒佰伍拾元零玖角捌分 | | | ¥ 7750.98 | | | | |
| 审批 | 陈小明 | 稽核 | 胡芳 | 验收 | | 经手人 | 陆红 |

报销日期：2008年3月9日

图5-5　一般费用报销单

【例5-5】委托收款凭证的填制。

2010年11月6日，销售部门业务员送来杭州动力机厂的增值税专用发票的抵扣联和发票联、运费结算单，要求出纳人员按照合同约定采用委托收款方式办理结算。

委托收款凭证的填制方法：委托日期→付款人全称、账号、开户银行→收款人全称、账号、开户银行→金额大小写→款项内容→委托收款凭证名称→附件（见图5-6）。

委托收款　凭证（回单）　1　　委托号码：

委电　　委托日期2010年11月6日

| 付款人 | 全　称 | 兰亭进出口公司 | 收款人 | 全　称 | 杭州动力机厂 |
|---|---|---|---|---|---|
| | 账号或地址 | 6000886745 | | 账　号 | 360540 |
| | 开户银行 | 工商银行绍兴分行 | | 开户银行 | 工商银行城南支行 |

| 委托金额 | 人民币（大写） | 肆万叁仟肆佰伍拾元整 | 千 | 百 | 十 | 万 | 千 | 百 | 十 | 元 | 角 | 分 |
|---|---|---|---|---|---|---|---|---|---|---|---|---|
| | | | | | ¥ | 4 | 3 | 4 | 5 | 0 | 0 | 0 |

| 款项内容 | 货款及运费 | 委托收款凭证名称 | 增值税专用发票抵扣联和发票联、运费结算单 | 附寄单证张数 | 3 |
|---|---|---|---|---|---|
| 备注： | | 款项收妥日期　年　月　日 | | 收款人开户银行盖章　月　日 | |

图5-6　委托收款凭证

托收承付结算凭证的格式和内容与委托收款结算凭证大致相同，汇兑结算凭证和银行汇票委托书也与之类似，不再赘述。

## 二、原始凭证的审核

### 1．审核原始凭证的合法性和合理性

（1）会计人员要审核原始凭证的经济内容是否符合政策、制度和计划的规定，有无违反

财经制度的规定而乱支乱用的情况。

（2）会计人员要审查是否严格执行规定的计划、预算和合同，有无任意扩大费用开支标准的情况。

（3）会计人员要审查经济业务是否符合节约原则，有无不讲效率、铺张浪费，甚至贪污、舞弊、盗窃单位资产的不法行为。

（4）会计人员对违反规定的支付，有权拒绝报销，对违法乱纪、营私舞弊等犯罪行为要及时报告领导或上级部门，严肃处理。

**2．审核原始凭证的完整性和正确性**

（1）会计人员要审核原始凭证的格式、内容和填制手续是否符合规定的要求，各项目是否填写齐全，有关单位和人员是否已签字或盖章。

（2）会计人员要审核凭证上填写的数量、单价、金额、小计、合计是否正确，有无刮擦、挖补、涂改和伪造的情况。

（3）在审核过程中，会计人员发现内容不全、手续不全、数字差错以及不符合实际情况的原始凭证时，应该退回有关部门或人员，请其补办手续或进行更正。

【例 5-6】兰亭公司销售一批乙产品，销售部门会计开出增值税发票。请你审核该增值税专用发票（如图 5-7 所示），你能发现有什么问题吗？

0[illegible]0012546　　浙江省增值税专用发票　　No. 10991860

抵　扣　联　　开票日期：2010 年月 2 月 20 日

| 购货单位 | 名　　称：德胜有限责任公司<br>纳税人识别号：370305987654321<br>地址、电话：临海市工业路 3 号，2828888<br>开户行及账户：临海市商业银行，14000009 | 密码区 | |
|---|---|---|---|

| 货物或应税劳务名称 | 规格型号 | 单位 | 数量 | 单价 | 金额 | 税率 | 税额 |
|---|---|---|---|---|---|---|---|
| 乙产品 | | 台 | 50 | 700.00 | 35000.00 | 17% | 5950.00 |
| 合　计 | | | | | ¥35000.00 | | ¥5950.00 |
| 价税合计（大写） | 叁万伍仟元整 | | （小写）35000.00 | | | | |

| 销货单位 | 名　　称：兰亭进出口公司<br>纳税人识别号：330602737743500<br>地址、电话：绍兴市中山路 35 号　88752369<br>开户行及账户：中国工商银行　6000886745 | 备注 | 兰亭进出口公司<br>发票专用章 |
|---|---|---|---|

收款人：　　复核人：　　开票人：李华　　销货单位：（章）

第一联：抵扣联　购货方扣税凭证

图 5-7　增值税专用发票

**问题：**该发票大小写金额均错误，未加增值税金额。

## 三、记账凭证的填制

### （一）记账凭证的种类

记账凭证是指会计人员根据审核无误的原始凭证，按照经济业务的内容进行归类，编制会计分录的凭证，也是登记账簿的依据。记账凭证可进行如下分类：

**1．按记账凭证的用途分类**

（1）专用凭证。专用凭证按其所反映的经济业务内容可分为收款凭证、付款凭证和转账凭证。

1）收款凭证。它是指用以反映银行存款和现金收入业务的记账凭证，是根据有关的银行存款和现金收入业务的原始凭证填制的。收款凭证不仅是登记现金日记账、银行存款日记账以及有关明细分类账和总分类账账簿的依据，也是出纳人员收款的依据。其格式如表 5-1 所示。

**表 5-1　收款凭证**

**收款凭证**

借方科目：　　　　　　年　月　日　　　　　　收字　　第　号

| 摘　要 | 贷方科目 | | 金额 | | | | | | | | | | 记账符号 |
|---|---|---|---|---|---|---|---|---|---|---|---|---|---|
| | 总账科目 | 明细科目 | 千 | 百 | 十 | 万 | 千 | 百 | 十 | 元 | 角 | 分 | |
| | | | | | | | | | | | | | |
| | | | | | | | | | | | | | |
| | | | | | | | | | | | | | |
| 合　计 | | | | | | | | | | | | | |

附件　张

会计主管：　　记账：　　复核：　　出纳：　　制证：

2）付款凭证。它是指用以反映银行存款和现金付出业务的记账凭证，是根据有关银行存款和现金付出业务的原始凭证填制的。但是对于现金和银行存款之间的存款、取款业务，银行存款之间的相互划转，按现行会计制度规定，为了避免重复，只编制付款凭证，不编制收款凭证。其格式如表 5-2 所示。

**表 5-2　付款凭证**

**付款凭证**

贷方科目：　　　　　　年　月　日　　　　　　付字　　第　号

| 摘　要 | 借方科目 | | 金额 | | | | | | | | | | 记账符号 |
|---|---|---|---|---|---|---|---|---|---|---|---|---|---|
| | 总账科目 | 明细科目 | 千 | 百 | 十 | 万 | 千 | 百 | 十 | 元 | 角 | 分 | |
| | | | | | | | | | | | | | |
| | | | | | | | | | | | | | |
| | | | | | | | | | | | | | |
| 合　计 | | | | | | | | | | | | | |

附件　张

会计主管：　　记账：　　复核：　　出纳：　　制证：

3）转账凭证。它是指用以反映不涉及现金或银行存款收付业务的记账凭证，是根据现金或银行存款收付以外的其他原始凭证填制的。但是，有的转账凭证没有或不必要填制原始凭证时，也可直接根据有关账簿资料填制，但需在转账凭证上注明出处。其格式如表 5-3 所示。

表 5-3　转账凭证

**转 账 凭 证**

年　月　日　　　　　　　　　　转字　　　第　号

| 摘要 | 会计科目 | | 借方金额 | | | | | | | | | | 贷方金额 | | | | | | | | | | 记账符号 |
|---|---|---|---|---|---|---|---|---|---|---|---|---|---|---|---|---|---|---|---|---|---|---|---|
| | 总账科目 | 明细科目 | 千 | 百 | 十 | 万 | 千 | 百 | 十 | 元 | 角 | 分 | 千 | 百 | 十 | 万 | 千 | 百 | 十 | 元 | 角 | 分 | |
| | | | | | | | | | | | | | | | | | | | | | | | |
| | | | | | | | | | | | | | | | | | | | | | | | |
| | | | | | | | | | | | | | | | | | | | | | | | |
| 合　计 | | | | | | | | | | | | | | | | | | | | | | | |

附件　张

会计主管：　　记账：　　复核：　　出纳：　　制证：

（2）通用记账凭证。有些小型企业会计人员较少，业务较为简单，为了简化凭证编制，只使用一种记账凭证即通用记账凭证，记录发生的各种经济业务。其格式如表 5-4 所示。

表 5-4　通用记账凭证

**通用记账凭证**

年　月　日　　　　　　　　　　第　号

| 摘要 | 会计科目 | | 借方金额 | | | | | | | | | | 贷方金额 | | | | | | | | | | 记账符号 |
|---|---|---|---|---|---|---|---|---|---|---|---|---|---|---|---|---|---|---|---|---|---|---|---|
| | 总账科目 | 明细科目 | 千 | 百 | 十 | 万 | 千 | 百 | 十 | 元 | 角 | 分 | 千 | 百 | 十 | 万 | 千 | 百 | 十 | 元 | 角 | 分 | |
| | | | | | | | | | | | | | | | | | | | | | | | |
| | | | | | | | | | | | | | | | | | | | | | | | |
| | | | | | | | | | | | | | | | | | | | | | | | |
| 合　计 | | | | | | | | | | | | | | | | | | | | | | | |

附件　张

会计主管：　　记账：　　复核：　　出纳：　　制证：

**2．按记账凭证对经济业务反映方式的不同分类**

（1）单式记账凭证。单式记账凭证也称单项记账凭证，简称单式凭证。它将一项经济业务涉及的各个会计科目分别填制凭证，即一张凭证中只填列一个会计科目，用分数编号将其联系在一起。填列借方科目的记账凭证称为借项记账凭证，填列贷方科目的记账凭证称为贷项记账凭证。

（2）复式记账凭证。复式记账凭证简称复式凭证，是指将一项经济业务所涉及的应借、应贷的各个会计科目，都集中填列在一张凭证中的记账凭证。复式记账凭证可以在一张凭证上集中反映一项经济业务会计科目的对应关系。这种填制方式便于了解有关经济业务会计科目的对应关系和了解有关经济业务的全貌，同时也便于检查会计分录的正确性，但不便于汇总计算每一会计科目的发生额。前述的收款凭证、付款凭证和转账凭证都是复式记账凭证。

### （二）记账凭证的基本内容

记账凭证上要记录下列内容：

（1）记账凭证的名称，如收款凭证、付款凭证、转账凭证等。

（2）填制凭证的日期。

（3）经济业务的内容摘要。

（4）会计分录，包括账户（含一级、二级或明细账户）名称、记账方向和金额。

（5）记账凭证的编号。

（6）所附原始凭证的张数和其他有关资料。

（7）填制人员、复核人员、记账人员、会计主管或其他人员的审核签章，收款凭证和付款凭证上还要有出纳人员的签名或盖章。

### （三）记账凭证的填制要求

真实、完整、准确的记账凭证是保证会计信息质量的根本，因此记账凭证的填制除了严格遵守填制原始凭证的基本要求外，还需要注意以下几点：

#### 1．凭证应该按照顺序编号

记账凭证必须按月份连续编号，以便分清会计事项处理的先后顺序和日后与账簿记录核对，确保记账凭证完整无缺。记账凭证编号的方法有多种："统一编号法"是将全部记账凭证按时间顺序统一编号，编为××号；"字号编号法"是按记账凭证类别顺序编号，分别编为现收字第××号、现付字第××号、银收字第××号、银付字第××号、转字第××号；"双重编号法"是按总字顺序编号与按类别编号相结合，如某现金收款凭证为总字第××号，现收字××号。

#### 2．凭证的摘要应当明确

摘要应当简洁明了，不能有重大遗漏或故意隐瞒，不得有误导性陈述，尽量避免繁琐。

#### 3．会计分录的编制应当正确

应填列会计科目名称或者科目名称和编号，不能只填列编号不写科目名称。需要登记明细账的还应注明二级科目和明细科目的名称，据以登账。出纳一般只涉及收付款凭证，不涉及转账凭证。对于收款凭证，其借方科目为"库存现金"或"银行存款"；对于付款凭证，其贷方科目为"库存现金"或"银行存款"。

#### 4．凭证的金额必须准确

记账凭证金额填完后应加计金额合计数。记账凭证上无论是一个会计科目或若干个会计科目，或一个会计科目下有若干个明细账，都应将一方的金额加计合计数填写在相应的"合计"栏内。合计金额前应该加注币值符号。

#### 5．所附原始凭证应当齐全

记账凭证上所记录的经济业务必须以能证明该项经济业务的原始凭证作为附件。凡是能证明经济业务内容的各种原始凭证，应该全部按规定贴在该张记账凭证的后面。计算原始凭证张数的原则：没有经过汇总的原始凭证，按自然张数计算；经过汇总的原始凭证，每一张汇总单或汇总表算一张。

#### 6．错误凭证的更正

如果在填制记账凭证时发生错误，则应当重新填制。已经登记入账的记账凭证如果在当年内发现错误，可以用相应的方法更正，具体见任务三；如果发现以前年度的记账凭证有错误，则应该填制一张更正的记账凭证。

7．凭证的签章

记账凭证填制完毕后，应由相关部门和人员签名或盖章。

## 四、记账凭证的审核

记账凭证审核的主要内容如下：

（1）审核是否按已审核无误的原始凭证填制记账凭证，记账凭证上记录的内容与所附原始凭证是否一致，金额是否相等，所附原始凭证的张数是否与记账凭证上所列附件张数相符。

（2）审核记账凭证上所列会计科目（包括一级科目、明细科目），应借、应贷方向和金额是否正确，借贷双方的金额是否平衡，明细科目金额之和与相应的总账科目的金额是否相等。

（3）审核记账凭证的摘要是否填写清楚，日期、凭证编号、附件张数以及有关人员签章等各个项目填写是否齐全。若发现记账凭证的填制有差错或者填列不完整，签章不齐全时，应查明原因，责令更正、补充或重填。

经审核发现记账凭证的填列有错误或者不符合要求时，则需重新填制，或按规定的方法进行改正。只有经过审核无误的记账凭证，才能据以登记账簿。

下面的付款凭证（见表 5-5）及其一张附件（见表 5-6），你能通过审核发现问题吗？

表 5-5　付款凭证

付款凭证

贷方科目：库存现金　　2010 年 6 月 5 日　　现付字　字第 11 号

| 摘要 | 借方科目 | | 金额 | | | | | | | | | | 记账符号 |
|---|---|---|---|---|---|---|---|---|---|---|---|---|---|
| | 总账科目 | 明细科目 | 千 | 百 | 十 | 万 | 千 | 百 | 十 | 元 | 角 | 分 | |
| 支付差旅费 | 应收账款 | | | | | | 3 | 0 | 0 | 0 | 0 | 0 | |
| | | | | | | | | | | | | | |
| | | | | | | | | | | | | | |
| 合　计 | | | | | | ¥ | 3 | 0 | 0 | 0 | 0 | 0 | |

附件 3 张

会计主管：　记账：　复核：　出纳：　制单：

表 5-6　借款单

借款单

2010 年 6 月 5 日

| 交款单位 | 业务员张明 | | |
|---|---|---|---|
| 用途 | 出差预借差旅费 | | |
| 金额（大写）人民币叁仟元整 | ¥3 000.00 | | |
| 还款计划 | 2010年 6月 25日 | | |
| 领导批准 | 陈小明 | 借款人签字（盖章） | 张明 |

经审核，该张记账凭证存在的问题：①会计科目错误，借出的差旅费应记入“其他应收款”科目。②未反映明细科目，应在明细科目中注明“备用金（张明）”。③制单人员、出纳人员未签名（其他签名尚未到传递步骤）。

## 任务处理

**业务1处理：**

（1）填制进账单（一式三联）连同转账支票正本，到银行办理进账并带回加盖银行印章的进账单回单第一联。

（2）在审核无误的增值税专用发票记账联和进账单回单第一联上加盖“银行收讫”印章。

（3）根据增值税专用发票记账联和进账单回单第一联编制银行收款凭证（附件2张：增值税专用发票记账联、进账单回单第一联）。

**业务2处理：**

（1）签发现金支票，审核无误后将现金支票存根剪下留存，将其正本到银行提取现金。

（2）在审核无误的现金支票存根上加盖“银行付讫”印章。

（3）根据现金支票存根编制银行付款凭证（附件1张：现金支票存根）。

**业务3处理：**

（1）审核借款申请单。

（2）审核无误后取出现金2 000元，点数复合后交付王良。

（3）在审核无误的借款申请单上加盖“现金付讫”印章。

（4）根据借款申请单编制现金付款凭证（附件1张：借款申请单）。

**业务4处理：**

（1）审核采购资金借款单。

（2）填制汇票委托书（一式三联），到银行办理银行汇票并取回加盖银行印章的汇票委托书存根第一联及银行汇票第二联和第三联。

（3）在审核无误的汇票委托书存根第一联和采购资金借款单上加盖“银行付讫”印章。

（4）将银行汇票第二联和第三联交付供应科吴君。

（5）根据汇票委托书存根第一联和采购资金借款单编制银行付款凭证（附件2张：汇票委托书存根第一联、采购资金借款单）。

**业务5处理：**

（1）审核信汇凭证收账通知联。

（2）在审核无误的信汇凭证收账通知上加盖“银行收讫”印章。

（3）根据信汇凭证收账通知联编制银行收款凭证（附件1张：信汇凭证收账通知联）。

**业务6处理：**

（1）审核费用报销单及所附的学杂费收据。

（2）审核无误后取出现金300元，点数复核后交付邵明。

（3）在审核无误的费用报销单和学杂费收据上加盖“现金付讫”印章。

（4）根据费用报销单和学杂费收据编制现金付款凭证（附件2张：费用报销单、学杂费收据）。

**业务7处理：**

（1）审核王良填写的差旅费报销单及所附的原始凭证。

（2）在审核无误的差旅费报销单及所附的原始凭证上加盖“转账讫”印章。

（3）根据差旅费报销单及所附的原始凭证编制转账凭证（附件 4 张：差旅费报销单及所附的 3 张原始凭证）。

（4）收到王良退回的余款 470 元，开具收款收据（一式三联），将收据联交付王良。

（5）在审核无误的收款收据的入账联上加盖“现金收讫”印章。

（6）根据收款收据的入账联编制现金收款凭证（附件 1 张：收款收据的入账联）。

**业务 8 处理：**

（1）审核费用报销单及所附的增值税专用发票的发票联和收料单。

（2）根据审核无误的增值税专用发票的发票联和收料单，当即签发转账支票，签好后核对无误，然后将转账支票存根剪下留存。

（3）填制进账单随同转账支票正本到银行委托办理支付江苏省常州市大华工厂的款项，并取回进账单回单联。

（4）在审核无误的费用报销单、增值税专用发票的发票联、进账单回单联、转账支票存根和收料单上加盖“银行付讫”印章。

（5）根据费用报销单、增值税专用发票的发票联、进账单回单联、转账支票存根和收料单编制银行付款凭证（附件 5 张：费用报销单、增值税专用发票的发票联、进账单回单联、转账支票存根和收料单），材料验收入库的转账凭证。

**业务 9 处理：**

（1）审核税收电子缴款凭证以及费用报销单。

（2）在审核无误的费用报销单和税收电子缴款凭证上加盖“银行付讫”印章。

（3）根据费用报销单和税收电子缴款凭证编制银行付款凭证（附件 2 张：费用报销单、税收电子缴款凭证）。

**业务 10 处理：**

（1）审核空白支票领用单。

（2）将空白转账支票交付吴成。

**业务 11 处理：**

（1）审核费用报销单及所附的产品发运清单和转账支票存根（注：产品发运清单是根据产品运费结算单填制的；产品运费结算单要邮寄武汉动力机厂，作为收款依据）。

（2）在审核无误的产品发运清单和转账支票存根上加盖“银行付讫”印章。

（3）根据产品发运清单和转账支票存根联编制银行付款凭证（附件 2 张：产品发运清单、转账支票存根）。

**业务 12 处理：**

（1）根据审核无误的增值税专用发票填制委托收款（委邮）凭证（一式四联），并随同产品运费结算单及增值税专用发票的抵扣联和发票联一起，到银行办理委托收款邮划手续，同时带回银行加盖印章的委托收款凭证回单第一联，另行存放在文件夹中。

（2）在审核无误的增值税专用发票记账联上加盖“转账讫”印章。

（3）根据增值税专用发票记账联编制转账凭证（附件 1 张：增值税专用发票记账联）。

**业务 13 处理：**

（1）审核委托收款凭证收款通知第四联。

（2）在审核无误的委托收款凭证回单第一联和委托收款凭证收款通知第四联上加盖“银

行收讫”印章。

（3）根据审核无误的委托收款凭证回单第一联和委托收款凭证收款通知第四联编制银行收款凭证（附件 2 张：委托收款凭证回单第一联和委托收款凭证收款通知第四联）。

**业务 14 处理：**

（1）签发现金支票，审核无误后将现金支票的存根剪下留存，将其正本到银行提取现金。

（2）在审核无误的现金支票存根上加盖“银行付讫”印章。

（3）根据现金支票存根编制银行付款凭证（附件 1 张：现金支票存根）。

**业务 15 处理：**

（1）审核工资结算汇总表以及费用报销单。

（2）在审核无误的费用报销单、工资结算汇总表上加盖“现金付讫”印章。

（3）根据费用报销单、工资结算汇总表编制现金付款凭证（附件 2 张：费用报销单、工资结算汇总表）。

**业务 16 处理：**

（1）审核中国工商银行已入账利息传票。

（2）在审核无误的中国工商银行已入账利息传票上加盖“银行收讫”印章。

（3）根据中国工商银行已入账利息传票编制银行收款凭证（附件 1 张：中国工商银行已入账利息传票）。

**业务 17 处理：**

（1）审核工本费、手续费收费凭证支付通知以及费用报销单。

（2）在审核无误的费用报销单和工本费、手续费收费凭证支付通知上加盖“现金付讫”印章。

（3）根据费用报销单和工本费、手续费收费凭证支付通知编制现金付款凭证（附件 2 张：费用报销单，工本费、手续费收费凭证支付通知）。

# 任务二　出纳日记账

## 任务案例

### ➡ 任务要求

分析企业收付业务，设置并登记现金日记账和银行存款日记账。

### ➡ 任务资料

见本项目任务一中的任务资料。

## 理论知识

### 一、现金日记账的启用

现金日记账是指由出纳人员根据现金收款凭证、现金付款凭证和从银行提取现金编制的银行付款凭证，按时间先后顺序逐日逐笔登记的账簿。

现金日记账是各单位重要的经济档案之一。为保证账簿使用的合法性，明确经济责任，防止舞弊行为，保证账簿资料的完整和便于查找，各单位在启用现金日记账时，首先要按规定内容逐项填写“账簿启用表及经管本账簿人员一览表”，应写明单位名称、账簿名称、账簿编号和启用日期，在经管人员一栏中写明经管人员姓名、职别、接管或移交日期，由会计主管人员签名或盖章，并加盖单位公章。该表格式见表5-7。

**表5-7　账簿启用表及经管本账簿人员一览表**

**账簿启用表及经管本账簿人员一览表**

| 单位名称 | | | | | | 单位盖章 | | | |
|---|---|---|---|---|---|---|---|---|---|
| 账簿名称 | 现金日记账 | | | | | | | | |
| 账簿编号 | 总　册第　册 | | | | | | | | |
| 账簿页数 | 本册账簿自第1页起至第100页止　共100页 | | | | | | | | |
| 启用日期 | 年　月　日 | | | | | | | | |
| 主办会计 | | | | | | | | | |
| 职　务 | 姓　名 | 接　管 | | | | 移　交 | | | |
| | | 年 | 月 | 日 | 盖章 | 年 | 月 | 日 | 盖章 |
| | | | | | | | | | |
| | | | | | | | | | |
| | | | | | | | | | |
| | | | | | | | | | |

现金日记账必须采用订本式账簿，账页格式一般有“三栏式”、“多栏式”和“收付分页式”三种。在实际工作中大多采用的是“三栏式”账页格式（见表5-8），“三栏式”即“收入（借方）金额”、“付出（贷方）金额”和“余额”三栏。

**表5-8　现金日记账**

**现金日记账**

| 年 | | 凭　证 | | 摘　要 | 对方科目 | 收入（借方）金额 | 付出（贷方）金额 | 余　额 |
|---|---|---|---|---|---|---|---|---|
| 月 | 日 | 字 | 号 | | | | | |
| | | | | | | | | |
| | | | | | | | | |
| | | | | | | | | |
| | | | | | | | | |
| | | | | | | | | |
| | | | | | | | | |
| | | | | | | | | |
| | | | | | | | | |
| | | | | | | | | |

## 二、现金日记账的登记

现金日记账通常由出纳人员根据审核后的现金收、付款凭证，逐日逐笔顺序登记。登记现金日记账是出纳工作的一项重要基础工作和中心环节。其具体要求如下：

（1）根据审核无误的收、付款记账凭证记账。现金出纳人员在办理收、付款时，应当对收款凭证和付款凭证进行仔细的审核，并以经过审核无误的收、付款记账凭证和其所附原始凭证作为登记现金日记账的依据。

（2）所记载的内容必须同会计凭证相一致，不得随便增减。每一笔账都要记明记账凭证的日期、编号、摘要、金额和对应科目等。经济业务的摘要不能过于简略，应以能够清楚地表述业务内容为度，便于事后查对。现金日记账应逐笔分行记录，不得将收款凭证和付款凭证合并登记，也不得将收款、付款相抵后以差额登记。登记完毕后应当逐项复核，复核无误后在记账凭证上的“账页”一栏内做出“过账”符号“√”，表示已经登记入账。

（3）必须连续登记，不得跳行、隔页，不得随便更换账页和撕去账页。现金日记账采用订本式账簿，其账页不得以任何理由撕去，作废的账页也应保留在账簿中。在一个会计年度内，账簿尚未用完时，不得以任何借口更换账簿或重抄账页。记账时必须按页次、行次、位次顺序登记，不得跳行或隔页登记，如不慎发生跳行、隔页时，应在空页或空行中间画对角斜线加以注销，或注明“此行空白”、“此页空白”字样，并由记账人员盖章，以示负责。

（4）文字和数字必须整洁清晰，准确无误。在登记书写时，不要滥造简化字，不得使用同音异义字，不得写怪字体；摘要文字紧靠左线；数字要写在金额栏内，不得越格错位、参差不齐；文字、数字字体大小适中，紧靠下线书写，上面要留有适当空距，一般应占格宽的 1/2，以备按规定的方法改错。记录金额时，如为没有角分的整数，应分别在角分栏内写上“0”，不得省略不写，或以“–”号代替。阿拉伯数字一般可自左向右适当倾斜，以使账簿记录整齐、清晰。

（5）使用钢笔，以蓝、黑色墨水书写，不得使用圆珠笔（银行复写账簿除外）或铅笔书写。但按照红字冲账凭证冲销错误记录及会计制度中规定用红字登记的业务可以用红色墨水记账。

（6）每一账页记完后，必须按规定转页。为便于计算了解现金日记账中连续记录的累计数额，并使前后账页的合计数据相互衔接，在每一账页登记完毕结转下页时，应结出本页发生额合计数及余额，写在本页最后一行和下页第一行的有关栏内，并在摘要栏注明“过次页”和“承前页”字样。也可以在本页最后一行用铅笔字结出发生额合计数和余额，核对无误后，用蓝、黑色墨水在下页第一行写出上页的发生额合计数及余额，在摘要栏内写上“承前页”字样，不再在本页最后一行写“过次页”的发生额和余额。

（7）现金日记账必须逐日结出余额，每月月末必须按规定结账。现金日记账不得出现贷方余额（或红字余额）。

（8）记录发生错误时，必须按规定方法更正。为了提供在法律上有证明效力的核算资料，保证现金日记账的合法性，账簿记录不得随意涂改，严禁刮、擦、挖、补或使用化学药物清除字迹。发现差错时必须根据差错的具体情况采用画线更正、红字更正、补充登记等方法更正。

## 三、银行存款日记账的启用

银行存款日记账是指用来反映银行存款增加、减少和结存情况的账簿。企业应按币种设置银行存款日记账进行明细分类核算。银行存款日记账必须采用订本式账簿，其格式一般为三栏式账面格式，格式同现金日记账格式，也有“多栏式”和“收付分页式”。

银行存款日记账也是各单位重要的经济档案之一。在启用账簿时，首先要按规定内容逐项填写“账簿启用表及经管本账簿人员一览表”，应写明单位名称、账簿名称、账簿编号和启用日期，在经管人员一栏中写明经管人员姓名、职别、接管或移交日期，由会计主管人员签名或盖章，并加盖单位公章。

## 四、银行存款日记账的登记

银行存款日记账通常也是由出纳人员根据审核后的有关银行存款收、付款凭证，逐日逐笔顺序登记的。登记银行存款日记账的总的要求：银行存款日记账由出纳人员专门负责登记，登记时必须做到反映经济业务的内容完整，登记账目及时，凭证齐全，账证相符，数字真实、准确，书写工整，摘要清楚明了，便于查阅，不重记，不漏记，不错记，按期结算，不拖延积压，按规定方法更正错账，从而使账目既能明确经济责任，又清晰美观。具体要求如下：

（1）根据审核无误的银行存款收、付款记账凭证登记账簿。

（2）所记载的经济业务内容必须同记账凭证相一致，不得随便增减。

（3）要按经济业务发生的顺序逐笔登记账簿。

（4）在记账凭证上注明已经登账的符号（如“√”），并在该张记账凭证上签名或者盖章，表示已经记账。

（5）必须连续登记，不得跳行、隔页，不得随便更换账页和撕扯账页。

（6）文字和数字必须整洁清晰，准确无误。

（7）使用钢笔，以蓝、黑色墨水书写，不得使用圆珠笔（银行复写账簿除外）或铅笔书写。

（8）每一账页记完后，必须按规定转页。方法同现金日记账。

（9）每月月末必须按规定结账。

## 任务处理

兰亭公司12月份的现金日记账和银行存款日记账如表5-9和表5-10所示：

**表5-9　现金日记账**

**现金日记账**

| 2010年 | | 凭证 | | 摘要 | 对方科目 | 收入（借方）金额 | 付出（贷方）金额 | 余额 |
|---|---|---|---|---|---|---|---|---|
| 月 | 日 | 字 | 号 | | | | | |
| 12 | 1 | | | 期初余额 | | | | 2 968.54 |
| 12 | 2 | 银付 | 1 | 提现备用 | 银行存款 | 2 000.00 | | 4 968.54 |
| 12 | 3 | 现付 | 1 | 王良预借差旅费 | 其他应收款 | | 2 000.00 | 2 968.54 |
| 12 | 10 | 现付 | 2 | 报销学杂费 | 管理费用 | | 300.00 | 2 668.54 |
| 12 | 13 | 现收 | 1 | 王良退回余款 | 其他应收款 | 470.00 | | 3 138.54 |
| 12 | 25 | 银付 | 6 | 提现备发工资 | 银行存款 | 11 000.00 | | 14 138.54 |
| 12 | 25 | 现付 | 3 | 发工资 | 应付职工薪酬 | | 11 000.00 | 3 138.54 |
| 12 | 30 | 现付 | 4 | 购买支票一本 | 管理费用 | | 20.00 | 3 118.54 |
| | | | | 本月合计 | | 13 470.00 | 13 320.00 | 3 118.54 |
| | | | | 本季合计 | | — | — | — |
| | | | | 本年累计 | | — | — | — |
| | | | | | | | | |

**表 5-10　银行存款日记账**

## 银行存款日记账

| 2010年 | | 凭证 | | 摘要 | 对方科目 | 收入（借方）金额 | 付出（贷方）金额 | 余额 |
|---|---|---|---|---|---|---|---|---|
| 月 | 日 | 字 | 号 | | | | | |
| 12 | 1 | | | 期初余额 | | | | 289 583.58 |
| 12 | 1 | 银收 | 1 | 顺风公司货款 | 主营业务收入 | 1 890.00 | | 291 473.58 |
| | | | | | 应交税费 | 321.30 | | 291 794.88 |
| 12 | 2 | 银付 | 1 | 提现备用 | 库存现金 | | 2 000.00 | 289 794.88 |
| 12 | 5 | 银付 | 2 | 办理银行汇票 | 其他货币资金 | | 5 000.00 | 284 794.88 |
| 12 | 8 | 银收 | 2 | 苏州新华货款 | 应收账款 | 4 680.00 | | 289 474.88 |
| 12 | 15 | 银付 | 3 | 购买D材料 | 物资采购 | | 1 800.00 | 287 674.88 |
| | | | | | 应交税费 | | 306.00 | 287 368.88 |
| 12 | 18 | 银付 | 4 | 上缴上月增值税 | 应交税费 | | 2 838.57 | 284 530.31 |
| 12 | 20 | 银付 | 5 | 代垫产品运费 | 应收账款 | | 2 500.00 | 282 030.31 |
| 12 | 23 | 银收 | 3 | 乙产品款和运费 | 应收账款 | 43 450.00 | | 325 480.31 |
| 12 | 25 | 银付 | 6 | 提现备发工资 | 库存现金 | | 11 000.00 | 314 480.31 |
| 12 | 30 | 银收 | 4 | 四季度存款利息 | 财务费用 | 1 450.00 | | 315 930.31 |
| | | | | 本月合计 | | 51 791.30 | 25 444.57 | 315 930.31 |
| | | | | 本季合计 | | — | — | — |
| | | | | 本年累计 | | — | — | — |
| | | | | | | | | |

# 任务三　结账、对账与错账更正

## 任务案例

### ➡ 任务要求

根据企业业务情况，编制银行存款余额调节表。

### ➡ 任务资料

见本项目任务二的任务处理银行存款日记账（见表5-10）和12月份银行存款对账单（见表5-11）。

表 5-11　银行存款对账单

## 银行存款对账单

| 20 0年 | | 摘　要 | 借　方 | 贷　方 | 借或贷 | 结余金额 |
|---|---|---|---|---|---|---|
| 月 | 日 | | | | | |
| 12 | 1 | 期初余额 | | | | 289 583.58 |
| 12 | 1 | 收到销售材料款 | | 2 211.30 | 贷 | 291 794.88 |
| 12 | 2 | 提取现金 | 2 000.00 | | 贷 | 289 794.88 |
| 12 | 5 | 办理银行汇票 | 5 000.00 | | 贷 | 284 794.88 |
| 12 | 8 | 销售产品款 | | 4 680.00 | 贷 | 289 474.88 |
| 12 | 15 | 购买 D 材料 | 2 106.00 | | 贷 | 287 368.88 |
| 12 | 18 | 上缴增值税 | 2 838.57 | | 贷 | 284 530.31 |
| 12 | 20 | 代垫产品运费 | 2 500.00 | | 贷 | 282 030.31 |
| 12 | 23 | 产品款和运费 | | 43 450.00 | 贷 | 325 480.31 |
| 12 | 25 | 提取现金 | 11 000.00 | | 贷 | 314 480.31 |
| 12 | 28 | 支付水费 | 3 520.00 | | 贷 | 310 960.31 |

## 理论知识

### 一、结账

结账是指把一定时期内应记入账簿的经济业务全部登记入账后，计算记录本期发生额及期末余额，并将余额结转下期或新的账簿。

出纳人员应按照规定，对现金日记账、银行存款日记账按日结账，对其他账户按月、季、年结账。在结账时应注意以下事项：

(1) 日结或月结时，应在该日、该月最后一笔经济业务下面画一条通栏单红线，在红线下“摘要”栏内注明“本日合计”或“本月合计”、“本月发生额及余额”字样，在“借方”栏、“贷方”栏或“余额”栏分别填入本日、本月合计数和月末余额，同时在“借或贷”栏内注明借、贷方向。然后，在这一行下面再画一条通栏红线，以便与下日、下月发生额分清。

(2) 季结时，通常在每季度的最后一个月月结的下一行，在“摘要”栏内注明“本季合计”或“本季度发生额及余额”，同时结出借、贷方发生总额及季末余额。然后，在这一行下面画一条通栏单红线，表示季结的结束。

(3) 年结时，在第四季度季结的下一行，在“摘要”栏注明“本年合计”或“本年发生额及余额”，同时结出借、贷方发生额及期末余额。然后，在这一行下面画上通栏双红线，以示封账。

(4) 年度结账后，日记账应当更换新账。年终时，要把各账户的余额结转到下一会计年度，只在摘要栏注明“结转下年”字样，结转金额不再抄写。如果账页的“结转下年”行以下还有空行，应当自余额栏的右上角至日期栏的左下角用红笔画对角斜线注销。在下一会计年度新建有关会计账簿的第一行余额栏内填写上年结转的余额，并在摘要栏注明“上年结转”字样。

(5) 编制会计报表前，必须把日记账登记齐全，试算平衡，不准先出报表，后补记账簿和办理结账。

（6）凡涉及债权债务及待处理事项的账户，填写“上年结转”时，还应在“摘要”栏填写组成金额的发生日期及主要经济业务内容说明，“摘要”栏一行写不完的，可以在“摘要”栏次行继续填写，最后一行的余额栏填写上年度余额。

## 二、对账

对账就是核对账目，是指在会计核算中，为保证账簿记录正确、可靠，对账簿中的有关数据进行检查和核对。应当定期将会计账簿记录的有关数字与库存实物、货币资金、有价证券往来单位或个人等进行相互核对，保证账证相符、账账相符、账实相符。

出纳人员的对账工作主要是核对现金日记账、银行存款日记账以及往来款项账。

### （一）核对现金日记账

为了使现金日记账的账面记录完整与准确，使其与有关的账目、款项相符，出纳人员在收、付现金以后，要及时记账，并且要按照一定的程序进行对账。现金日记账的账证核对，主要是指现金日记账的记录与有关的收、付款凭证进行核对；其账账核对，则是指现金日记账与现金总分类账的期末余额进行核对；其账实核对，则是指现金日记账的余额与实际库存数额的核对。

具体操作方法如下：

#### 1．现金日记账与现金收、付款凭证的核对

收、付款凭证是登记现金日记账的依据，账目和凭证应该是完全一致的。但是，在记账过程中，由于工作粗心等原因，往往会发生重记、漏记、记错方向或记错数字等情况。账证核对要按照业务发生的先后顺序一笔一笔地进行。检查的项目主要是：核对凭证编号；复查记账凭证与原始凭证，看两者是否完全相符；查对账证金额与方向的一致性；检查时如发现差错，要立即按规定方法更正，确保账证完全一致。

#### 2．现金日记账与现金总分类账的核对

现金日记账是根据收、付款凭证逐笔登记的，现金总分类账是根据收、付款凭证汇总登记的，记账的依据是相同的，记录的结果应该完全一致。但是，由于两种账簿是由不同人员分别记账的，而且总账一般是汇总登记的，在汇总和登记过程中，都有可能发生差错，因此，一定要将总分类账中现金本月借方发生额、贷方发生额以及月末余额分别同现金日记账的本月收入（借方）合计数、本月支出（贷方）合计数和余额相互核对，查看账账之间是否完全相符。如果不符，先应查出差错出在哪一方，如果借方发生额出现差错，应查找现金收款凭证、银行存款付款凭证（提取现金业务）和现金收入一方的账目；反之则应查找现金付款凭证和现金付出一方的账目。找出错误后应立即按规定的方法加以更正，做到账账相符。

#### 3．现金日记账与库存现金的核对

出纳人员在每天业务终了以后，应自行清查账款是否相符。首先结出当天现金日记账的账面余额，再盘点库存现金的实有数，看两者是否完全相符。在实际工作中，凡是有当天来不及登记的现金收、付款凭证的，均应按“库存现金实有数+未记账的付款凭证金额−未记账的收款凭证金额=现金日记账账存余额”的公式进行核对。反复核对仍不相符的，即说明当日记账或实际现金收、付有误。在这种情况下，出纳人员一方面应向会计负责人报告，另一方面应对当天办理的收、付款业务逐笔回忆，争取尽快找出差错的原因。

### （二）核对银行存款日记账

银行存款日记账与现金日记账的核对方法有一定的区别。现金日记账的账实核对是通过库存现金实地盘点查对的，而银行存款日记账的账实核对无法进行银行存款的实地盘点查对，它要通过与银行送来的对账单进行核对。所以银行存款日记账的核对主要包括以下三项内容：

**1．银行存款日记账与银行存款收、付款凭证互相核对**

银行存款收、付款凭证是登记银行存款日记账的依据，账目和凭证应该是完全一致的，但是在记账过程中，由于各种原因，往往会发生重记、漏记，记错方向或记错数字等情况。账证核对主要按照业务发生后顺序一笔一笔进行，检查项目如下：

（1）核对凭证的编号。

（2）检查记账凭证与原始凭证两者是否完全相符。

（3）查对账证金额与方向的一致性。

在检查中发现差错时，要立即按照规定方法更正，以确保账证完全一致。

**2．银行存款日记账与银行存款总账互相核对**

银行存款日记账是根据银行存款收、付款凭证逐项登记的，银行存款总账是根据银行存款收、付款凭证汇总登记的，记账依据是相同的，记录结果应一致，但由于两种账簿是不同人员分别记账的，而且总账一般是汇总登记的，在汇总和登记过程中，都有可能发生差错。日记账是一笔一笔地记，记录次数多，难免发生差错。平时应该经常核对两账的余额，每月终了结账后，总账各科目的借方发生额、贷方发生额以及月末余额都已试算平衡，一定还要将其分别同银行存款日记账中的本月收入合计数、支出合计数和余额相互核对。有差错时，应立即加以更正，做到账账相符。

**3．银行存款日记账与银行开出的银行存款对账单互相核对**

因为单位在银行中的存款实际数是通过银行存款对账单来反映的，所以账实核对是指银行存款日记账定期与银行存款对账单核对，至少每月一次，这是出纳人员的一项重要日常工作。

理论上讲，银行存款日记账的记录与银行开出的银行存款对账单，无论是发生额还是期末余额都应是完全一致的，因为它是同一账号存款的记录。如果通过核对，发现双方的账目出现不一致的情况时，原因有两个：①双方账目可能发生记录或计算上的错误，这种错误应由双方及时查明原因，予以更正。②存在未达账项。未达账项是指由于期末银行估算凭证传递时间的差异，而造成的银行与开户单位之间一方入账，另一方尚未入账的账项。无论是记录有误还是有未达账项，都要通过单位银行存款日记账的记录与银行开出的银行存款对账单进行逐笔核对才能发现。

具体做法是出纳人员根据银行提供的银行存款对账单同自己的银行存款日记账进行核对。凡是对账单与银行存款日记账记录内容相同的，可用“√”在对账单和日记账上分别标示，以表明该笔业务核对一致；若有“未达账项”，应编制银行存款余额调节表进行调节，使双方余额相等。

在月末对账时，常常会由于未达账项的存在，而造成本单位银行存款日记账的余额与银行存款对账单的余额不一致的情况。发生未达账项时有以下四种情况：

（1）银行已经收款入账，而单位尚未登记入账，这时会出现银行对账单上的结存额大于银行存款日记账结存额的情况。如委托银行收取货款。

（2）银行已经付款入账，而单位尚未登记入账，这时会出现银行对账单上的结存额小于银行存款日记账结存额的情况。如扣借款利息，应付购货款的托收无承付等。

（3）本单位已经收款入账，而银行尚未登记入账，这时会出现银行存款日记账结存额大于银行对账单结存额的情况。如企业收到外单位的转账支票，填好进账单，并经银行受理盖章即可记账；而银行则要办妥转账手续才能入账。

（4）本单位已经付款入账，而银行尚未登记入账，这时会出现银行存款日记账结存额小于银行对账单结存额的情况。如企业已开出转账支票，而持票人尚未去银行提现或转账。

出纳人员在确定了未达账项的具体类型后，即可按余额调节公式进行试算平衡，编制银行存款余额调节表。银行存款余额调节表是指在银行对账单余额与企业账面余额的基础上，各自加上对方已收、本单位未收账项数额，减去对方已付、本单位未付账项数额，以调整双方余额使其一致的一种调节方法。其公式为：单位银行存款日记账的月末余额+银行已收单位未收的款项–银行已付单位未付的款项=银行对账单的月末余额+单位已收银行未收的款项–单位已付银行未付的款项。

下面举例说明银行存款余额调节表的编制。

**【例 5-7】**某单位 2010 年 6 月 30 日的银行存款日记账的余额为 85 000 元，银行对账单的余额为 115 000 元，经过逐笔核对有如下未达账项：

（1）企业收到销货款 3 400 元已登账，银行尚未入账。

（2）企业支付购料款 26 000 元已登账，银行尚未入账。

（3）银行收到购货方汇来货款 17 000 元已登账，企业尚未入账。

（4）银行代企业支付购料款 9 600 元已登账，企业尚未入账。

根据上述未达账项编制“银行存款余额调节表”，如表 5-12 所示。

**表 5-12　银行存款余额调节表**

**银行存款余额调节表**

编制单位：某单位　　　　2010 年 6 月 30 日　　　　单位：元

| 项　　目 | 金　额 | 项　　目 | 金　额 |
|---|---|---|---|
| 银行存款日记账月末余额 | 85 000 | 银行对账单月末余额 | 115 000 |
| 加：银行已收单位未收的款项 | 17 000 | 加：单位已收银行未收的款项 | 3 400 |
| 减：银行已付单位未付的款项 | 9 600 | 减：单位已付银行未付的款项 | 26 000 |
| 调整后日记账余额 | 92 400 | 调节后银行对账单余额 | 92 400 |

复核：汪风　　　　制表人：张丹

采用这种方法进行调整，如双方调节后的余额相等，则说明双方记账一般没有错误；否则说明记账有错误，应查明原因并给予更正。所得到调节后的余额，是企业当时实际可以使用的款项。

需要指出的是，银行存款余额调节表只起对账作用，调节账面余额不是更改账簿记录，银行存款日记账的登记，还是应等收到有关原始凭证后再进行。

### （三）核对往来款项账

核对往来款项账是指核对本单位与其他单位之间各种往来款项的账簿记录。如银行存款日记账的结余额与开户银行账簿记录的相互核对，应收、应付明细账的结存余额与有关债务、债权单位账簿记录的相互核对。通过核对要使往来账簿记录相符。

通过上述对账工作，做到账证相符、账账相符和账实相符，使会计核算资料真实、正确、可靠。

## 三、错账的更正

如果发现账簿记录有错误，应按规定的方法进行更正，不得涂改、挖补或用化学试剂消除字迹。错账的更正方法有如下三种：

### 1. 画线更正法

画线更正法又称红线更正法。如果发现账簿记录有错误，而其所依据的记账凭证没有错误时，即纯属记账时文字或数字的笔误，应采用画线更正的方法进行更正。更正的方法如下：

(1) 将错误的文字或数字（全部）画一条红色横线注销，但必须使原有字迹仍可辨认，以备查找。

(2) 在画线的上方用蓝字或黑字将正确的文字或者数字填写在同一行的上方位置，并由更正人员在更正处盖章，以明确责任。

### 2. 红字更正法

红字更正法又称红字冲销法。在会计上，以红字记录表明对原记录的冲减。红字更正法适用于以下两种情况：

(1) 根据记账凭证所记录的内容记账以后，发现记账凭证中的应借、应贷会计科目或借、贷记账方向有错误，且记账凭证同账簿记录的金额相吻合时，应采用红字更正法。更正的方法如下：

1) 先用红字金额填制一张与原错误记账凭证内容完全相同的记账凭证，并据以用红字登记入账，冲销原有错误的账簿记录。

2) 再用蓝字或黑字填制一张正确的记账凭证，并据以用蓝字或黑字登记入账。

【例5-8】以现金支付银行利息500元，在填制记账凭证时误记入“银行存款”科目，并据以登记入账。其错误记账凭证所反映的会计分录如下：

借：应付利息 500

　　贷：银行存款 500

该项分录应贷记“库存现金”科目。在更正时，应用红字金额编制如下记账凭证进行更正。

借：应付利息 [500]

　　贷：银行存款 [500]

错误的记账凭证以红字记账更正后，表明已全部冲销原有错误记录，然后用蓝字或黑字填制如下正确分录，并据以登记入账：

借：应付利息 500

　　贷：库存现金 500

(2) 根据记账凭证所记录的内容记账以后，发现记账凭证中应借、应贷的会计科目和记账方向都没有错误，记账凭证和账簿记录的金额也吻合，只是所记金额大于应记的正确金额时，应采用红字更正法。更正的方法是将多记的金额用红字填制一张与原错误记账凭证所记载的借、贷方向或应借、应贷会计科目相同的记账凭证，并据以登记入账，以冲销多记金额，求得正确金额。

【例 5-9】用银行存款 2 000 元购买办公用品。在填制记账凭证时，误记金额为 20 000 元，但会计科目，借、贷方向均无错误。其错误记账凭证所反映的会计分录如下：

借：管理费用　　20 000

　　贷：银行存款　　20 000

在更正时，应用红字金额 18 000 元编制如下记账凭证进行更正。

借：管理费用　　18 000

　　贷：银行存款　　18 000

错误的记账凭证以红字记账更正后，即可反映其正确金额为 2 000 元。

如果记账凭证中所记录的文字、金额与账簿中记录的文字、金额不符时，应首先采用画线法更正，然后再用红字更正法更正。

**3．补充登记法**

补充登记法又称蓝字补记法。根据记账凭证所记录的内容记账以后，发现记账凭证中应借、应贷的会计科目和记账方向都没有错误，记账凭证和账簿记录的金额也吻合，只是所记金额小于应记的正确金额时，应采用补充登记法。更正的方法是将少记的金额用蓝字或黑字填制一张与原错误记账凭证所记载的借、贷方向或应借、应贷会计科目相同的记账凭证，并据以登记入账，以补记少记金额，求得正确金额。

【例 5-10】用银行存款 30 000 元购买原材料。在填制记账凭证时，误记金额为 3 000 元，但会计科目，借、贷方向均无错误，其错误记账凭证所反映的会计分录如下：

借：原材料　　3 000

　　贷：银行存款　　3 000

在更正时，应用蓝字或黑字编制如下记账凭证进行更正：

借：原材料　　27 000

　　贷：银行存款　　27 000

错误的记账凭证以蓝字或黑字记账更正后，即可反映其正确的金额为 30 000 元。

如果记账凭证中所记录的文字、金额与账簿中记录的文字、金额不符时，应首先采用画线法更正，然后用补充登记法更正。

## 任务处理

编制“银行存款余额调节表”（见表 5-13）。

**表 5-13　银行存款余额调节表**

**银行存款余额调节表**

编制单位：兰亭进出口公司　　2010 年 12 月 30 日　　单位：元

| 项　目 | 金　额 | 项　目 | 金　额 |
|---|---|---|---|
| 银行存款日记账月末余额 | 315 930.31 | 银行对账单月末余额 | 310 960.31 |
| 加：银行已收单位未收的款项 | | 加：单位已收银行未收的款项 | 1 450.00 |
| 减：银行已付单位未付的款项 | 3 520.00 | 减：单位已付银行未付的款项 | |
| 调整后日记账余额 | 312 410.31 | 调节后银行对账单余额 | 312 410.31 |

复核：叶秋燕　　制表人：李华

# 任务四　出纳报告单和备查账簿

## 任务案例

### ➡ 任务要求

根据企业业务情况，编制出纳报告单并登记备查账簿。

### ➡ 任务资料

见本项目任务一的任务资料。

## 理论知识

## 一、出纳报告单的编制

出纳人员在记账后，应根据现金日记账、银行存款日记账、有价证券明细账、银行对账单等核算资料，定期编制出纳报告单，报告本单位一定时期内库存现金，银行存款，有价证券的收、支、存情况，并与总账会计核对期末余额。

### 1. 出纳报告单的基本格式

出纳报告单属于企业内部报告，在形式上具有较大的灵活性，但基本内容应当包括“上期结存”、“本期收入”、“本期支出”和“期末结存”等基本项目。其常用格式如表 5-14 所示。

**表 5-14　出纳报告单**

**出纳报告单**

单位名称：　　　　　　年　　月　　日～　　月　　日　　　　　　　　编号：

| 项目 | | 上期结存 | 本期收入 | 本期支出 | 期末结存 | 备注 |
|---|---|---|---|---|---|---|
| 库存现金 | 人民币 | | | | | |
| | 美元 | | | | | |
| | 其他外币 | | | | | |
| 银行存款 | 人民币 | | | | | |
| | 美元 | | | | | |
| | 其他外币 | | | | | |
| 其他货币资金 | 银行本票 | | | | | |
| | 银行汇票 | | | | | |
| | 外埠存款 | | | | | |
| | 其他 | | | | | |
| 有价证券 | 股票 | | | | | |
| | 债券 | | | | | |
| | 其他 | | | | | |
| 合计 | | | | | | |

主管：　　　　　　　　　记账：　　　　　　　　　复核：　　　　　　　　　出纳：

### 2．出纳报告单的填制

（1）出纳报告单的报告期可与本单位总账汇总记账的周期相一致。如果本单位的总账为10天汇总一次，则出纳报告单为10天编制一次。

（2）上期结存数是指报告期前一期期末结存数，即本期报告期前一天的账面结存金额，也是上一期出纳报告单的“本期结存”数。

（3）本期收入按账面本期合计借方数字填列。

（4）合计是上期结存与本期收入的合计数字。

（5）本期支出按账面本期合计贷方数字填列。

（6）本期结存是指本期期末账面结存数字。它等于“合计”数字减去“本期支出”数字。本期结存必须与账面实际结存数一致。

## 二、备查账簿的设置和登记

备查账簿（也称备查簿或辅助账簿）是指对在某些日记账和分类账中都不能登记或者登记不够详细的经济业务事项进行补充登记时使用的账簿。出纳人员应记录的备查账簿：空白转账支票登记簿，应收票据备查簿，应付票据备查簿，托收承付、委托收款登记簿等。备查账簿的格式一般由各单位根据需要自行确定。

### 1．空白转账支票登记簿

该备查账簿是指用以记录和反映空白转账支票领用和报销情况的一种账簿。签发空白转账支票，在原则上不予办理。在特殊情况下，确须签发不填写金额的转账支票时，必须经用款单位领导同意，方可签发。

必须在事先不能确定采购商品的数量、金额或劳务费用的条件下才能签发空白转账支票。签发前，首先由用款人填写“支票领用单”，并经用款单位领导批准，然后由出纳人员根据领导批准的“支票领用单”签发空白转账支票。签发时，除大小写金额和日期空置外，必须填写收款单位名称、账号、开户银行和用途，加盖银行预留印鉴，并向领用空白转账支票的人员规定限额和报销日期。为了加强对空白转账支票的管理，明确经济责任，防止意外，应建立“空白转账支票登记簿”，见表5-15。

表5-15　空白转账支票登记簿

空白转账支票登记簿

| 签发日期 | | | 支票号码 | 收款单位 | 预计金额 | 领用人 | 用途 | 支票实际金额/元 | 报销日期 | |
|---|---|---|---|---|---|---|---|---|---|---|
| 年 | 月 | 日 | | | | | | | 月 | 日 |
| | | | | | | | | | | |
| | | | | | | | | | | |

### 2．应收票据备查登记簿

该备查账簿是指用以记录和反映在采用商业汇票的结算方式下，销货单位收到购货单位承兑的商业汇票和在汇票到期日收回货款或退回承兑商业汇票以及将票据贴现、转让等情况的一种账簿。

应收票据备查登记簿的登记方法：应收票据备查登记簿的“购货单位”、“合同号码”、“商业汇票记录”栏，根据收到的商业承兑汇票填列；“产品发出记录”栏，根据发货时间、发票填列；“收款、贴现、转让记录”栏，分别根据银行转来的委托收款凭证收款通知联、贴现凭证收款通知联和票据转让的时间、金额填列。该备查账簿格式见表 5-16。

**表 5-16　应收票据备查登记簿**

**应收票据备查登记簿**

年

| 购货单位 | 合同号码 | 商业汇票记录 | | | | | 产品发出记录 | | | | | 收款、贴现、转让记录 | | | | | | |
|---|---|---|---|---|---|---|---|---|---|---|---|---|---|---|---|---|---|---|
| | | | | | | | | | | | | 已收款 | | 已贴现 | | 已转让 | | |
| | | 票据种类 | 签发日期 | 汇票号码 | 承兑日期 | 货款金额 | 发货日期 | 发票号码 | 产品名称 | 数量 | 货款金额 | 日期 | 金额 | 日期 | 金额 | 日期 | 被背书单位 | 余额 |
| | | | | | | | | | | | | | | | | | | |
| | | | | | | | | | | | | | | | | | | |

### 3．应付票据备查登记簿

该备查账簿是指用以记录和反映在采用商业汇票的结算方式下，购货单位承兑的商业汇票和在到期日支付款项等情况的一种账簿。

应付票据备查登记簿的登记方法：应付票据备查登记簿的“收款单位”、“合同号码”、“商业汇票记录”栏，根据承兑的商业承兑汇票填列；“摘要”栏，根据经济业务的内容填列；“付款记录”栏，根据银行转来的委托收款凭证付款通知联填列。该备查账簿格式见表 5-17。

**表 5-17　应付票据备查登记簿**

**应付票据备查登记簿**

年

| 收款单位 | 合同号码 | 摘要 | 商业汇票记录 | | | | | | | | | 付款记录 | | | | | |
|---|---|---|---|---|---|---|---|---|---|---|---|---|---|---|---|---|---|
| | | | | | | 第一次 | | 第二次 | | 第三次 | | 第一次 | | 第二次 | | 第三次 | |
| | | | 票据种类 | 签发日期 | 汇票号码 | 承兑日期 | 金额 | 承兑日期 | 金额 | 承兑日期 | 金额 | 日期 | 金额 | 日期 | 金额 | 日期 | 金额 |
| | | | | | | | | | | | | | | | | | |
| | | | | | | | | | | | | | | | | | |

### 4．托收承付、委托收款登记簿

该备查账簿是指用以记录和反映在采用托收承付、委托收款的结算方式下，销货单位办妥托收手续和收到货款等情况的一种账簿。

托收承付、委托收款登记簿的登记方法：托收承付、委托收款登记簿的“购货单位”、“发货日期”、“发票号码”、“代垫运费单号”、“发出商品及材料”、“托收承付、委托收款记录”栏，根据发货时间、发票、运单和托收承付、委托收款结算凭证回单联填列；“收款记录”栏根据银行转来的托收承付、委托收款凭证收账通知联填列。该备查账簿格式见表 5-18。

**表 5-18 托收承付、委托收款登记簿**

<table>
<tr><th colspan="17">托收承付、委托收款登记簿<br>年</th></tr>
<tr><th rowspan="3">购货单位</th><th rowspan="3">发货日期</th><th rowspan="3">发票号码</th><th rowspan="3">代垫运费单号</th><th colspan="3">发出商品及材料</th><th colspan="5">托收承付、委托收款记录</th><th colspan="6">收款记录</th></tr>
<tr><th rowspan="2">名称</th><th rowspan="2">数量</th><th rowspan="2">实际成本/元</th><th rowspan="2">委托日期</th><th rowspan="2">凭证号码</th><th rowspan="2">货款金额/元</th><th rowspan="2">运费金额/元</th><th rowspan="2">小计/元</th><th colspan="3">已收</th><th colspan="3">拒付</th></tr>
<tr><th>日期</th><th>货款金额/元</th><th>运费金额/元</th><th>日期</th><th>金额/元</th><th>理由</th></tr>
<tr><td></td><td></td><td></td><td></td><td></td><td></td><td></td><td></td><td></td><td></td><td></td><td></td><td></td><td></td><td></td><td></td><td></td><td></td></tr>
<tr><td></td><td></td><td></td><td></td><td></td><td></td><td></td><td></td><td></td><td></td><td></td><td></td><td></td><td></td><td></td><td></td><td></td><td></td></tr>
</table>

## 任务处理

根据本项目任务一的任务资料，需要编制出纳报告单、空白转账支票登记簿和托收承付、委托收款登记簿（见表 5-19、表 5-20 和表 5-21）。

**表 5-19 出纳报告单**

### 出纳报告单

单位名称：兰亭进出口公司　　2010 年 12 月 1 日～12 月 30 日　　编号：12

| 项目 | | 上期结存 | 本期收入 | 本期支出 | 期末结存 | 备注 |
|---|---|---|---|---|---|---|
| 库存现金 | 人民币 | 2 968.54 | 13 470.00 | 13 320.00 | 3 118.54 | |
| | 美元 | | | | | |
| | 其他外币 | | | | | |
| 银行存款 | 人民币 | 289 583.58 | 51 791.30 | 25 444.57 | 315 930.31 | |
| | 美元 | | | | | |
| | 其他外币 | | | | | |
| 其他货币资金 | 银行本票 | | | | | |
| | 银行汇票 | 0.00 | 5 000.00 | 0.00 | 5 000.00 | |
| | 外埠存款 | | | | | |
| | 其他 | | | | | |
| 有价证券 | 股票 | | | | | |
| | 债券 | | | | | |
| | 其他 | | | | | |
| 合计 | | 292 552.12 | 70 261.30 | 42 284.57 | 320 528.85 | |

主管：叶秋燕　　记账：　　复核：　　出纳：李华

表 5-20　空白转账支票登记簿

## 空白转账支票登记簿

| 签发日期 | | | 支票号码 | 收款单位 | 预计金额/元 | 领用人 | 用途 | 支票实际金额/元 | 报销日期 | |
|---|---|---|---|---|---|---|---|---|---|---|
| 2010年 | 月 | 日 | | | | | | | 月 | 日 |
| | 12 | 20 | 05678 | 武昌火车站 | 2 500.00 | 吴成 | 运费 | 2 500.00 | 12 | 20 |
| | | | | | | | | | | |

表 5-21　托收承付、委托收款登记簿

## 托收承付、委托收款登记簿

2010 年

| 购货单位 | 发货日期 | 发票号码 | 代垫运费单号 | 发出商品及材料 | | | 托收承付、委托收款记录 | | | | | 收款记录 | | | | | |
|---|---|---|---|---|---|---|---|---|---|---|---|---|---|---|---|---|---|
| | | | | | | | | | | | | 已收 | | | 拒付 | | |
| | | | | 名称 | 数量/台 | 实际成本/元 | 委托日期 | 凭证号码 | 货款金额/元 | 运费金额/元 | 小计/元 | 日期 | 货款金额/元 | 运费金额/元 | 日期 | 金额/元 | 理由 |
| 武汉动力机厂 | 12.2[illegible] | 10591860 | 12684 | 乙产品 | 50 | 30 000 | 12.21 | 20 | 40 950 | 2 500 | 43 450 | 12.23 | 40 950 | 2 500 | | | |
| | | | | | | | | | | | | | | | | | |

## 知识归纳

出纳人员在核算企业发生的经济业务时，须按照业务的发生情况取得有关凭证，依据原始凭证编制记账凭证，在记账凭证的基础上，登记账簿，编报出纳报告。

原始凭证是进行会计核算的原始资料。在会计实务中，由于各种经济业务的内容和经济管理的要求不同，原始凭证的名称、格式和内容多种多样，其填制与审核的具体内容也会因此而多种多样。但是，原始凭证作为反映经济业务已经发生或已经完成的原始证据，必须反映经济业务发生或完成的情况，并明确有关经济人的责任。

记账凭证上记载的是会计信息，从原始凭证到记账凭证是经济信息转换成会计信息的过程，是一种质的飞跃。记账凭证和原始凭证同属于会计凭证，但两者存在着以下差别：①原始凭证是由经办人员填制的，而记账凭证一律由会计人员填制。②原始凭证是根据发生或完成的经济业务填制的，而记账凭证是根据审核后的原始凭证填制的。③原始凭证仅已记录，证明经济业务已经发生或完成，而记账凭证则要依据会计科目对已经发生或完成的经济业务进行归类和整理。④原始凭证是填制记账凭证的依据，而记账凭证则是登记账簿的依据。

出纳人员主要登记订本式的“现金日记账”、“银行存款日记账”和有关有价证券方面的一些明细分类账簿。现金日记账是指按照现金收、付业务或完成时间的先后顺序，逐笔登记，用来反映现金的增减变动与结存情况的账簿。银行存款日记账是指记录和反映本单位在经济业务中由于使用银行转账结算而使银行存款发生增减变动及其结存情况的账簿。现金日记账和银行存款日记账的格式一般为三栏式，即在同一张账页上设置“收入（借方）金额”、“付出（贷方）金额”、“余额”三栏，分别反映现金或银行存款的收入、付出和结存情况。

结账是指在会计期末计算出各账户的本期发生额和期末余额的一项会计工作。出纳人员将本期内所发生的所有资金收付业务全部登记入账并核对无误后，为了了解本单位在本期内货币资金的全部收付情况和期末结存情况，为编制会计报表提供依据，应通过结账的方式，计算出本期内库存现金和银行存款的收入总额、付出总额和期末余额。

对账是指通过会计账簿记录的有关数字与库存实物、货币资金、往来单位或者个人等进行相互核对，保证账证相符、账账相符、账实相符的一项会计工作。

出纳人员记账后，应根据现金日记账、银行存款日记账等核算资料，定期编制出纳报告单，报告本单位本期现金和银行存款等的收支和结存情况，并将某些日记账和分类账中都不能登记或者登记不够详细的经济业务事项登记到备查账簿。

## 阅读材料

### 形形色色“新”会计

终日待在一间不见阳光的小隔间里写写算算，把没完没了，让人头脑麻木的数字制成表格——在常人的理解中，会计师和审计师的形象大体如此。

但是，仅仅具备扎实的数学能力是无法成为一位出色的会计师的。现如今，会计集洞察、分析并解决问题于一体。胜任这份工作不仅需要和数字打交道的能力，更需要能和客户进行有效沟通的能力。因此，会计已经远比人们想象的要多样化。而且，据预计2006～2016年间对会计师和审计师的需求将增加18%。根据美国劳工统计局（Bureau of Labor Statistics，BLS）的数据显示，这一比例远超各职业的平均需求增幅。

您考虑过从事会计或者审计行业吗？下面是对会计师在美国的有关情况的介绍，通过阅读本文，您或许能对这个行业以及如何入行有更多的了解。

#### 日常工作

会计师和审计师服务于公司、个人客户以及政府，他们的职责在于确保公司有效运转、保持精确的记录以及按时缴税。此外，会计师还可以承担分析预算，提供财务规划，信息技术咨询以及适当的法律服务的职能。

会计和审计可细分为四个主要的工作领域，正是这些领域在某种程度上决定了会计和审计工作内容的多样性：

（1）管理会计师。作为公司管理团队的一部分，管理会计师的职责在于提供公司决策所需的信息和分析。这些信息还可以被决策层用来编制报送给股东、债权人、市场监管部门以及美国国税局（Intenal Revenue Service，IRS）的财务报告。

（2）政府会计师/审计师。美国联邦政府、州政府和地方政府会出于各种原因而雇用会计师。他们为政府机构记账，并审计那些需要服从政府管理和缴税的企业以及个人。为美国联邦政府工作的会计师可能受雇于IRS，他们会负责审计政府机构以确保其财务规范。

（3）公共会计师。这是会计行业中最广泛的领域之一，公共会计师提供会计、税务、审计和咨询服务，客户涵盖政府、公司、非盈利组织和个人。许多公共会计师都是美国注册会计师（Certified Public Accountant，CPA），不过他们可能仅专注于提供某些服务，如纳税申报或者审计财务报告。

（4）内部审计师。他们就像企业内部的侦探，核查内部控制，试图发觉并阻止错误、失职和欺诈。

会计属于典型的朝九晚五的工作，虽然在纳税申报等旺季加班是“家常便饭”。根据BLS2006 年的统计，21%的会计师为会计、税务、簿记和薪酬服务提供商工作，10%的会计师独立执业，其余的则服务于私人行业和政府。

**独特的职业路径**

如果您对上述常规领域不满足，还在寻求更为独特的职业生涯，那就看看美国注册会计师协会（American Institute of Certified Public Accountants，AICPA）提供的建议吧。

（1）法务会计。他们的职责就是揭露财务舞弊，并把相关责任人绳之以法。每年，因为财务舞弊造成的损失高达数十亿美元，所以法务会计队伍的壮大最为可观。

（2）环境会计。随着绿色环保运动的兴起，环境会计开始大展宏图。他们计算防治污染的成本，并将其和环境污染造成的税收抵免损失、罚款和紧张的社区关系相比较，权衡利弊。

（3）娱乐会计。如果幸运的话，您还可以为电影公司、艺人和技师提供财务服务。虽然还是从事传统的税务、审计和财务分析行当，但是在好莱坞工作可以增加一点点刺激。

（4）破产管理人。在破产清算案件的法庭审理程序中，美国司法部会指定破产管理人。在所有根据美国破产法第 7 章、12 章和 13 章提起的破产案件中都可以见到其活跃的身影。他们代表未担保债权人（如公司股东）的利益，以便确保其能从剩余财产中分得“一杯羹”。

## 小思考

王梅在 2009 年 7 月份刚大学毕业，应聘到浙江三顺公司做会计。

一天，公司采购人员张某送来增值税专用发票（发票联和抵扣联），小王发现发票上的金额不对。这笔采购甲材料的业务，双方在价格上曾经有过争议，后经商议，对方同意由原来 20 000 元/t 的价格下调为 19 500 元/t，实际成交价按 19 500 元/t 的价格。但是对方会计仍按 20 000 元/t 的单价开具了增值税专用发票。

于是，小王打电话告诉对方会计票据开错了，要求重新开具。但是对方会计却说重新开具太麻烦了，让小王自己修改过来。小王照做了。

公司业务少，小王觉得没有必要天天登记账簿，就把几天的记账凭证累积起来再登记账簿。因为几张凭证顺序的不一致，导致现金日记账和银行存款日记账中出现贷方余额，但最后余额是借方。12 月底，小王发现 2009 年的现金日记账和银行存款日记账业务不多，账簿记录不到一半，于是她没有更换账簿，接着填制 2010 年的现金日记账和银行存款日记账。2010 年年底，上级部门开始进行财务监督检查，发现该公司的账簿存在很多问题。你能指出有哪些问题吗？

**案例分析：**

（1）王梅应该把增值税专用发票（发票联和抵扣联）退还给对方单位。因为原始凭证金额有错误的，应当由出具单位重开，不得在原始凭证上更正。

（2）王梅在登记账簿时存在的问题如下：

1）尽管业务少，但在每个会计年度开始时，都要启用新账簿。

更换新账的方法是：在年终结账时，将需要更换账的各账户的年末余额直接过入新启用的有关账户中去，不需要编制记账凭证，也不必将余额再记入本年账户的借方或贷方，使本年有余额的账户的余额变为零。因为既然年末是有余额的账户，其余额应当如实地在账户中加以反映，否则容易混淆有余额的账户和没有余额的账户之间的区别。

2）登记日记账时必须按业务发生的时间顺序逐笔登记，日记账余额不会也不可能在贷方。

## 达标检测

### 一、单项选择题

1. 属于外来原始凭证的是（　　）。

A. 入库单　　B. 产品出库单
C. 银行收款通知单　　D. 工资汇总表

2. 原始凭证的基本内容中，不包括（　　）。

A. 经济业务发生日期　　B. 经济业务内容摘要
C. 实物数量及金额　　D. 会计科目名称

3. 企业将现金存入银行时应编制（　　）。

A. 银行存款收款凭证　　B. 银行存款付款凭证
C. 现金收款凭证　　D. 现金付款凭证

4. 将会计凭证划分为原始凭证和记账凭证的依据是（　　）。

A. 填制时间　　B. 取得凭证的来源
C. 填制的程序和用途　　D. 反映的经济内容

5. 记账凭证上记账栏中的“√”记号表示（　　）。

A. 此凭证编制正确　　B. 已经登记入账
C. 此凭证作废　　D. 不需登记入账

6. 银行存款日记账的借方除了根据银行存款收款凭证登记外，有时还要根据（　　）登记。

A. 银行存款付款凭证　　B. 现金收款凭证
C. 现金付款凭证　　D. 转账凭证

7. 期末根据账簿记录计算出各账户的本期发生额和期末余额，在会计上称为（　　）。

A. 对账　　B. 结账
C. 调账　　D. 查账

8. 对于涉及现金、银行存款收付的原始凭证来说，若在填写中出现错误时，应采用（　　）。

A. 画线更正法　　B. 作废重填
C. 补充登记法　　D. 红字更正法

### 二、多项选择题

1. 常见的自制原始凭证有（　　）。

A. 领料单　　B. 购货发票　　C. 入库单　　D. 限额领料单

2. 下列各项中属于记账凭证必须具备的内容有（　　）。

A. 填制记账凭证的日期　　B. 记账凭证的编号

C. 应借、应贷会计科目的名称　　D. 应借、应贷会计科目的金额

3. 下列科目中，可能是收款凭证贷方科目的有（　　）。

A. 应收账款　　B. 主营业务收入

C. 制造费用　　D. 应付账款

4. 对账的内容包括（　　）。

A. 账证核对　　B. 账账核对

C. 账实核对　　D. 账表核对

5. 结账的内容包括（　　）。

A. 核对有关账目

B. 将本期发生的经济业务全部登记入账

C. 按权责发生制原则调整和结转有关账项

D. 计算与记录各账户本期发生额和期末余额

**三　经济业务题**

（一）**目的**：练习收款凭证、付款凭证的填制。

（二）**资料**

建华公司 2009 年 7 月底的现金日记账余额为 12 560.08 元，银行存款日记账余额为 506 820.62 元，2009 年 8 月共发生下列货币资金收付业务：

1. 8 月 2 日，接到银行收款通知，收到新华公司投入的资金 120 000 元，已存入企业银行账户。

2. 8 月 4 日，开出转账支票 5 000 元，支付前欠前进公司货款。

3. 8 月 5 日，从银行提现 500 元备用。

4. 8 月 8 日，接到银行通知，阳光公司归还前欠货款 10 000 元，已存入企业银行账户。

5. 8 月 10 日，销售产品时取得收入 80 000 元，已存入企业银行账户（不考虑增值税，下同）。

6. 8 月 12 日，接到银行付款通知，支付本月水费 5 000 元，电费 1 500 元。

7. 8 月 13 日，以银行存款 6 000 元支付广告费。

8. 8 月 14 日，以现金 470 元支付罚款。

9. 8 月 20 日，向银行申请并取得长期借款 50 000 元，已存入企业银行账户。

10. 8 月 22 日，行政管理部门购买办公用品 200 元，以现金支付。

11. 8 月 25 日，将现金 5 000 元存入银行。

（三）**要求**：根据以上经济业务填制收款凭证、付款凭证，并登记现金日记账和银行存款日记账。

# 项目六

# 出纳资料的整理、保管与交接

## 学习目标

（1）能够正确地进行各种出纳资料的整理。
（2）能够正确地进行资料归档及保管。
（3）能够正确地完成出纳工作的交接。

## 任务一　出纳资料的整理及保管

### 任务案例

**➡ 任务要求**

分析企业情况，完成出纳资料的整理、保管及归档工作。

**➡ 任务资料**

王涛为即将毕业的大学生，毕业实习期间来到浙江绿城环保有限公司实习，单位安排他跟刘师傅学习出纳工作。实习第一天，刘师傅就叫他将上一年度的出纳资料进行整理、装订和归档，但王涛感觉无从下手。

### 理论知识

#### 一、出纳归档资料的整理

1．出纳归档资料的范围

出纳档案是会计档案的重要组成部分，是记录出纳业务内容，明确相关经济责任的书面证明或其他资料，一旦遗失或因保管不善而毁坏，将给出纳人员本人和单位带来严重的影响。因此，出纳人员必须按规定对有关的会计资料进行妥善的保管，保证会计档案记录的真实性、完整性、连续性和准确性。

出纳档案是指会计凭证、会计账簿和财务会计报告等会计核算专业材料，同时也包括相关的重要单、证等。具体应保管的资料包括：

（1）会计凭证类。它是反映资金收付业务的原始单证、记账凭证、汇总凭证及其他出纳凭证。

（2）会计账簿类。它包括现金日记账、银行存款日记账、其他货币资金明细账、辅助账簿及其他备查账簿。

（3）财务会计报告类。它包括月度、季度、年度的出纳报告、附注及文字说明，银行存款对账单及银行存款余额调节表，其他出纳报告。

（4）档案管理类。它包括出纳档案移交清册、出纳档案保管清册、出纳档案销毁清册。

（5）印章印鉴类。它包括财务专用章、银行预留印鉴（印章和印鉴卡片）以及“现金收讫”、“现金付讫”、“银行收讫”、“银行付讫”等业务印鉴。

（6）会计软件类。实行会计电算化的单位，还应包括下列内容：会计软件及与会计软件有关的密码或口令，存储会计数据的介质（磁带、磁盘、光盘、微缩胶片等），有关电算化的其他资料、实物等。

（7）其他类。它是指作为收付依据的合同、协议及其他文件；按规定应单独存放保管的重要票证单据，如作废的支票、发票存根联及作废发票、收据存根联及作废收据；出纳盘点表和出纳考核报告等。

**2．出纳归档资料的整理程序**

出纳资料归档的原则是“有用、真实、有效”，因此出纳人员应先按照有关的规定和本单位的管理要求对出纳资料进行挑选整理，做到定期归集、分类整理、按序排放。出纳人员对档案进行整理时，一般分为分类、装订和成册三个步骤：

（1）分类：出纳档案应按经济业务的性质和本单位的财务管理要求进行分类，一般应与本单位的会计档案分类相一致，并兼顾档案装订和使用的需要。在对档案进行分类时，应当对一些无效或不需用的单据进行剔除。

（2）装订：由于原始单、证大多零落散乱，容易遗失，所以出纳人员在对档案归类后应加以装订，以保证出纳资料不易散落遗失。在装订时，应当注意档案厚度，应以便于使用为宜；对不宜装订的应当连号存放防止散落；对于采用财务软件记账的单位，其打印出的纸质出纳档案必须装订编号；对于具备采用磁带、磁盘、光盘、微缩胶片等磁性介质保存出纳档案条件的，由国务院业务主管部门统一规定，并报财政部、国家档案局备案，保管时采用连号编排，保存在特定的档案盒。

（3）成册：对于装订完毕的出纳资料，应当立卷成册，启用封面或扉页，用以记录每册的编号、所属单位、所届时期、其计号数及页数、经办人员等详细内容，并加盖单位公章和经办人员私章；在保管上有特殊要求的，可以加盖骑缝章或加贴封条。

## 二、出纳归档资料的保管

### （一）出纳归档资料的保管责任

（1）按照《会计档案管理办法》第四条的规定，各单位每年形成的会计档案，应当由会计机构按照归档要求负责整理成卷，装订成册，并编制会计档案保管清册。

（2）在当年或本会计期间内形成的会计档案，在会计年度终了后，可暂由会计机构保管一年，期满之后，应当由会计机构编制移交清册，移交本单位档案机构统一保管；未设立档案机构的，应当在会计机构内部指定专人负责保管，出纳人员不得兼管会计档案。

（3）移交本单位档案机构保管的会计档案，原则上应当保持原卷册的封装。个别需要拆封重新整理的，档案机构应当会同会计机构和经办人员拆封整理，以分清责任。

（4）各单位保存的会计档案不得借出。如有特殊需要，经本单位负责人批准，可以提供查阅或者复制，并办理登记手续。查阅或者复制会计档案的人员，严禁在会计档案上涂画、拆封和抽换。

（5）单位之间交接会计档案的，交接双方应当办理会计档案交接手续。移交会计档案的单位，应当编制会计档案移交清册，列明应当移交的会计档案名称、卷号、册数、起止年度和档案编号、应保管期限、已保管期限等内容。交接会计档案时，交接双方应当按照会计档案移交清册所列内容逐项交接，并请交接双方的单位负责人负责监交。交接完毕后，交接双方经办人和监交人应当在会计档案移交清册上签名或盖章。

### （二）出纳归档资料的保存要求

出纳档案的保存是一个长期过程，为了保证档案在保存期限内的安全和有效，各单位必须加强档案的保管工作，出纳档案保管的具体要求如下：

#### 1. 严格执行安全和保密制度

所谓安全，是指保证会计档案完好无缺，不丢失，不破损，不被虫蛀等。所谓保密，是指会计档案的信息传递不能超过规定的范围。

#### 2. 严格执行检查、保管制度

要有专人负责保管会计档案，有关单位、人员要定期、不定期地检查会计档案的保存情况，要严格按规定的程序、技术方法处理档案保存中的问题。

采用电子计算机进行会计核算的单位，应当保存打印出的纸质会计档案，其保存期与手工记账方式相同，具备采用磁带、磁盘、光盘、微缩胶片等磁性介质保存会计档案条件的，由国务院业务主管部门统一规定，并报财政部、国家档案局备案。

#### 3. 严格执行移交手续制度

（1）单位因撤销、解散、破产或者其他原因而终止的，在终止和办理注销登记手续之前形成的会计档案，应当由终止单位的业务主管部门或财产所有者代管。

（2）单位分立后原单位继续存在的，其会计档案应当由分立后的存续方统一保管，其他方可以查阅、复制与其业务相关的会计档案。

（3）单位合并后原各单位解散或一方存续、其他方解散的，原各单位的会计档案应当由合并后的单位统一保管；单位合并后原各单位仍存续的，其会计档案仍应由原各单位保管。

（4）单位之间交接会计档案的，交接双方应当办理会计档案交接手续。

### （三）出纳归档资料的保管期限

出纳档案的保管期限分别为永久、定期两类，定期保管期限可分为 3 年、5 年、10 年、15 年、25 年五类。出纳档案的保管期限从会计年度终了后的第一天算起，《会计档案管理办法》作了明确的规定。现对该文件中的“会计档案保管期限表”（见表 6-1）加以说明。

表 6-1　会计档案保管期限表

| 序　号 | 档案名称 | 保管期限 | 备　注 |
|---|---|---|---|
| 一 | 会计凭证类 | | |
| 1 | 原始凭证 | 15 年 | |
| 2 | 记账凭证 | 15 年 | |
| 3 | 汇总凭证 | 15 年 | |
| 二 | 会计账簿类 | | |
| 4 | 总账 | 15 年 | 包括日记总账 |
| 5 | 明细账 | 15 年 | |
| 6 | 日记账 | 15 年 | 现金和银行存款日记账保管 25 年 |
| 7 | 固定资产卡片 | | 固定资产报废清理后保管 5 年 |
| 8 | 辅助账簿 | 15 年 | |
| 三 | 财务报告类 | | 包括各级主管部门汇总财务报告 |
| 9 | 月、季度财务报告 | 3 年 | 包括文字分析 |
| 10 | 年度财务报告（决算） | 永久 | 包括文字分析 |
| 四 | 其他类 | | |
| 11 | 会计移交清册 | 15 年 | |
| 12 | 会计档案保管清册 | 永久 | |
| 13 | 会计档案销毁清册 | 永久 | |
| 14 | 银行存款余额调节表 | 5 年 | |
| 15 | 银行对账单 | 5 年 | |

### （四）出纳归档资料的保管方法

各企业、单位出纳人员对以上各种归档资料必须进行科学的管理，必须做到妥善保管、存放有序、查找方便；要严格执行安全和保密制度，不能任意堆放，以免毁损、流失和泄密。

#### 1．出纳凭证的保管

出纳凭证主要包括现金收付款原始凭证、各种银行结算凭证和各种票据等原始凭证以及现金、银行存款收付款记账凭证，是会计凭证的组成部分。在一般情况下，出纳人员在记账完毕后，要将凭证传递给记账会计，继续记账过程，期末会计人员要将所有的会计凭证进行整理和装订，指定专人负责保管，因此出纳凭证整理保管方法与其他的会计档案是一致的。出纳人员应做好原始凭证的整理及所有会计凭证在出纳业务处理阶段的保管工作。对于如支票申请单之类的原始凭证，为了保管与查对的便利，平时也可由出纳人员单独保管并整理成册，年末统一归档。

#### 2　出纳账簿的保管

出纳账簿在换成新账后，出纳人员应将旧账归入会计档案。移交归档前出纳人员应对旧账进行整理。对编号、首页内容、目录等项目填写不全的，应根据有关要求填写齐全；使用活页式（如用电子计算机记账的单位，应将账簿资料打印、裁剪成类似的活页账）或卡片式辅助账的单位，对于活页式或卡片式账，在归档时应加以装订，编齐页码，并像订本账一样加上扉页，注明单位名称、所属时期、共计页数和记账人员签章等，并且加盖公章。

**3．空白单据和印章的保管**

各单位为了办理支付结算，一般都从银行领购并保留一定数量的支票和其他银行结算凭证。支票是一种支付凭证，一旦填写了有关的内容并加盖了预留银行的印鉴，即可直接从银行提取现金或与其他单位结算。因此各单位必须严格管理空白支票，设置空白支票登记簿，明确指定专人负责妥善保管、认真办理支票的领用和注销手续；同时贯彻票、印分管原则，空白支票和印章必须由专人负责保管，以明确责任，形成制约机制，防止舞弊行为的发生。

出纳人员经常使用的各种财务印章包括“现金收讫”、“现金付讫”、“银行收讫”、“银行付讫”章等，出纳人员应妥善保管，严格按照有关规定使用。各种印章的保管应与现金的保管相同，不得随意存放或带出工作单位；对于签发支票的各种预留银行的单位财务专用章和其他印鉴，实行印鉴分管的原则，由会计主管人员和其他指定专人保管，不能由出纳人员独自保管。

**4．有价证券的保管**

有价证券是指具有一定的票面价格，能够给持有者带来定期收益的所有权或债权凭证。它包括股票、债券等。有价证券是企业资产的一部分，具有与现金相同的性质和价值。

有价证券是性质较为特殊的资产，容易成为被偷盗、套取、挪用的对象，是管理的重点和难点。有价证券的保管与现金的保管基本一致，但有价证券的保管中要对各种票面金额和号码保密。为了掌握有价证券购入和到期的情况，需要设置有价证券登记簿，其格式如表6-2所示。对有价证券的保管要实行“账证分管”，会计人员管账，出纳人员管证，相互牵制、相互核对。会计人员对有价证券进行账务处理；出纳人员入库保管，并按证券种类、券别分户记入有价证券登记簿，同时将各种证券分类整齐地排放在专设的保管柜内，并随时或定期对有价证券进行抽查盘点，建立账实核对制度，保证有价证券的安全、完整。

**表6-2 有价证券登记簿**

单位：元

| 名 称 | 购入日期 | 数 量 | 金 额 | 备 注 |
|---|---|---|---|---|
| 债券 | | | | |
| 股票 | | | | |
| 票据 | | | | |
| 基金 | | | | |
| …… | | | | |
| | | | | |

单位负责人：　　　　财务经理：　　　　登记人：

**5．其他出纳归档资料的保管**

出纳账、证以外的其他出纳归档资料，主要是指各种报表和文件，比如各项经费开支计划表、决算表，出纳报告单，银行对账单，资金分析报告表，作为收、付款依据的各种经济合同文件和其他财务管理方面的重要凭据，如支票申请单与支票领用登记簿等。这些资料应该分类整理并妥善保管，年终集中归入会计档案。

## 三、出纳归档资料的调阅与销毁

### 1．出纳归档资料的调阅

出纳部门形成的归档资料是会计档案的重要部分，应由财务部门统一安排。根据归档的要求整理立卷或装订成册。《会计档案管理办法》规定：“当年会计档案，在会计年度终了后，可暂由本单位财务会计部门保管一年。期满之后，原则上应由财务会计部门编造清册移交本单位的档案部门保管。”会计年度终了后再由财务会计部门保管一年，主要是由于新旧年度之间的许多会计业务是有关联的，上年度的核算资料放在财务会计部门，方便财会人员查找；同样因为这种原因，在这一年内出纳归档资料的保管通常仍应由出纳部门负责。

出纳人员保存的核算资料，应积极为本单位提供利用，不得外借。若遇特殊需要，必须报经上级主管批准，限期归还，而且不得拆散原卷册。

### 2．出纳归档资料的销毁

出纳档案在保管期满后，对确无保留必要的资料，经本单位主要领导审查并报经上级主管部门批准后，方可办理销毁手续；保管期满但未结算的债权债务原始凭证和涉及其他未了事项的原始凭证，不得销毁，应当单独抽出立卷，保管到未定事项完结为止，单独抽出立卷的会计档案，应当在会计档案销毁清册和会计档案保管清册中列明；正在项目建设期间的建设单位，其保管期满的会计档案不得销毁；在销毁档案资料时，应由档案部门和财务部门共同派人监销，如有特殊要求的，应由本单位主要领导或上级主管部门派人监销；监销时监销人应对档案逐一清点核对，确认其确实无保留必要；销毁后，监销人员应在销毁清册上签名或盖章，并将销毁情况报告本单位领导，其销毁清册由档案部门另行保管。

## 任务处理

王涛接到任务后，可按以下四步完成该项工作：

第一步，出纳资料整理。王涛应该先将所有出纳资料进行分类，按凭证、账簿、印章、报告、软件资料和其他资料进行分类整理。

第二步，出纳资料的装订。按前面的分类，进行不同方法的装订和归置。凭证、账簿、报告类资料要分别进行装订，电算化资料还要进行刻盘存档。

第三步，编册。对于装订完毕的出纳资料，应当立卷成册，启用封面或扉页，用以记录每册的编号、所属单位、所属时期、其计号数及页数、经办人员等详细内容，并加盖单位公章和经办人员私章；在保管上有特殊要求的，可以加盖骑缝章或加贴封条。

第四步，送存。将全部资料编册完成后，按册送存档案室进行保管。

# 任务二　出纳资料的交接

## 任务案例

### ➡ 任务要求

分析企业情况，完成出纳资料的交接工作。

**➡ 任务资料**

王涛毕业后，因其在实习期间工作出色，浙江绿城环保有限公司决定录用其为本单位出纳人员。上班第一天，刘师傅就叫王涛接手原来的出纳人员吴师傅的工作，可王涛不知该如何交接。

## 理论知识

### 一、出纳交接的概念

出纳交接是指出纳人员在调动或离职时，由离任的出纳人员将有关的工作和资料、票证移交给继任出纳人员的工作过程。出纳人员凡因故调动、调职、请假前，均应向接替人员办理相关的交接手续；没有办理交接手续的，不得调动或离职。

### 二、出纳移交的内容

出纳交接的具体内容根据各单位的具体情况而定，情况不一样，移交的内容也不一样。但总体来看，出纳的交接工作主要包括以下基本内容：

**1. 财产与物资**

（1）会计凭证（原始凭证、记账凭证）。

（2）会计账簿（现金日记账、银行存款日记账等）。

（3）相关报表（出纳报告等）

（4）现金、银行存款、金银珠宝、有价证券和其他一切公有物品。

（5）用于银行结算的各种票据、票证、支票簿等。

（6）各种发票、收款收据，包括空白、已用及作废的发票或收据的存根联等。

（7）印章（包括财务专用章、银行预留印鉴）。

（8）各种文件资料和其他业务资料，如银行对账单、合同、协议等。

**2. 电算化资料**

实行会计电算化的单位，交接时还应包括以下交接内容：

（1）会计软件。

（2）密码、磁盘、磁带等有关电算化的资料、实物。

**3. 业务介绍**

（1）原出纳人员工作职责和工作范围的介绍。

（2）每期固定办理的业务的介绍，如按期交纳电费、水费、电话费的时间等。

（3）历史遗留问题的说明及其他需要说明的业务事项。

### 三、出纳工作交接的作用

会计人员调动工作或者离职，必须与接管人员办理交接手续。一般会计人员办理交接手续，由会计机构负责人、会计主管人员监交。出纳交接要按照会计人员交接的要求进行。出纳人员必须按有关规定和要求办理好工作的交接手续，做好工作的移交。出纳工作交接的作用主要有如下几个方面：

（1）可以明确工作责任。

（2）便于接手的出纳人员熟悉工作。

（3）有利于发现和处理出纳工作和资金管理工作中存在的问题。

（4）预防经济责任事故与经济犯罪的发生。

## 四、出纳工作的交接方法

出纳工作交接要做到两点：①移交人员与接管人员要办清手续。②在交接过程中要有专人负责监交。交接要求进行财产清理，做账账核对、账款核对，交接清理后要填写移交表，将所有移交的票、款、物编制详细的移交清册，按册由监交人员点清，然后由交、接、监三人签字或盖章。移交表应存入会计档案。

### 1. 移交前的准备工作

为了使出纳工作移交清楚，防止遗漏，保证出纳交接工作顺利进行，出纳人员在办理交接手续前，必须做好以下准备工作：

（1）将出纳账登记完毕，并在最后一笔余额后加盖印章。

（2）在出纳账启用表上填写移交日期，并加盖印章。

（3）整理应该移交的各项资料，对未了事项写出书面材料。

（4）出纳日记账与现金、银行存款总账核对相符，现金账面余额与实际库存现金核对一致。银行存款账面余额与银行对账单核对无误。如有不符，要找出原因，弄清问题所在，并加以解决，务必在移交前做到相符。

（5）编制移交清册。列明应当移交的会计凭证、账簿、报表、印章、现金、发票、文件、其他会计资料和物品，会计软件及密码、会计软件数据磁盘（磁带等）及有关资料、实物等内容。

### 2. 交接阶段

出纳人员的离职交接，必须在规定的期限内，向接交人员移交清楚。监交和接收人员应认真按移交清册当面点收。

（1）现金、有价证券要根据出纳账和备查账簿余额进行点收。接交人员发现不一致时，移交人员要负责查清。

（2）出纳账和其他会计资料必须完整无缺，不得遗漏。如有短缺，由移交人员查明原因，在移交清册中注明并负责处理。

（3）接交人员应核对出纳账与总账、出纳账与库存现金和银行对账单的余额是否相符。如有不符，应由移交人员查明原因，在移交清册中注明并负责处理。

（4）接交人员按移交清册点收公章（主要包括财务专用章、支票专用章和单位领导名章）和其他实物。

（5）实行电算化的单位，必须将账页打印出来，装订成册，书面移交。

（6）接交人员办理接收后，应在出纳账启用页上填写接收时间并签名或盖章。

### 3. 交接结束

交接完毕后，交接双方和监交人要在移交清册上签名或盖章。移交清册必须具备：单位名称、交接日期、交接双方和监交人的职务及姓名，以及移交清册页数、份数和其他需要说明的问题和意见。移交清册一般一式三份，交接双方各执一份，一份存档。

**4．移交表**

移交表主要包括库存现金移交表（见表6-3）、银行存款移交表（见表6-4）、出纳资料移交表（见表6-5）和物品移交表（见表6-6），以及出纳人员工作交接书等。

**表6-3　库存现金移交表**

币种：　　　　　　　　移交日期：　　年　月　日　　　　　　单位：元

| 币　别 | 数　量 | 移交金额 | 接受金额 | 备　注 |
|---|---|---|---|---|
| 100元 | | | | |
| 50元 | | | | |
| 20元 | | | | |
| 10元 | | | | |
| 5元 | | | | |
| 2元 | | | | |
| 1元 | | | | |
| 合　计 | | | | |

移交人：　　　　　　监交人：　　　　　　接管人：

**表6-4　银行存款移交表**

移交日期：　　年　月　日　　　　　　单位：元

| 开户银行 | 币　种 | 账面金额 | 实际金额 | 备　注 |
|---|---|---|---|---|
| | | | | |
| | | | | |
| | | | | |
| | | | | |
| | | | | |
| | | | | |
| | | | | |
| 合　计 | | | | |

移交人：　　　　　　监交人：　　　　　　接管人：

**表6-5　出纳资料移交表**

移交日期：　　年　月　日

| 名　称 | 年　度 | 数　量 | 起止号码 | 备　注 |
|---|---|---|---|---|
| 现金日记账 | | | | |
| 银行存款日记账 | | | | |
| 收据领用登记簿 | | | | |
| 支票领用登记簿 | | | | |
| 收据 | | | | |
| 现金支票 | | | | |
| 转账支票 | | | | |
| …… | | | | |

移交人：　　　　　　监交人：　　　　　　接管人：

**表 6-6　物品移交表**

移交日期：　　年　月　日

| 币　　别 | 数　　量 | 编　　号 | 型　　号 | 备　　注 |
|---|---|---|---|---|
| 打印机 | | | | |
| 文件柜 | | | | |
| 装订机 | | | | |
| 保险柜 | | | | |
| 财务印章 | | | | |
| …… | | | | |

移交人：　　　　　　监交人：　　　　　　接管人：

**出纳人员工作交接书**

原出纳人员朱××，因工作调动，财务处已决定将出纳工作移交给金××接管。现办理如下交接：

**一、交接日期**

20××年×月×日。

**二、具体业务的移交**

（1）库存现金：×月×日账面余额××元，实存相符，月记账余额与总账相符。

（2）库存国库券：×××元，经核对无误。

（3）银行存款余额×××万元，经编制“银行存款余额调节表”核对相符。

**三、移交的会计凭证、账簿、文件**

（1）本年度现金日记账 1 本。

（2）本年度银行存款日记账 2 本。

（3）空白现金支票××张（××～××号）。

（4）空白转账支票××张（××～××号）。

（5）托收承付登记簿 1 本。

（6）付款委托书 1 本。

（7）信汇登记簿 1 本。

（8）金库暂存物品明细表 1 份，与实物核对相符。

（9）银行对账单 1～10 月份 10 本；10 月份未达账项说明 1 份。

（10）……

**四、印鉴**

（1）××公司财务处“转讫”印章 1 枚。

（2）××公司财务处“现金收讫”印章 1 枚。

（3）××公司财务处“现金付讫”印章 1 枚。

**五、交接前后工作责任的划分**

20××年×月×日前的出纳责任事项由朱××负责，20××年×月×日起的出纳工作由金××负责。以上移交事项均经交接双方认定无误。

**六、本交接书一式3份，双方各执1份，存档1份**

移交人：朱××（签名或盖章）

接管人：金××（签名或盖章）

监交人：迟××（签名或盖章）

××公司财务处（公章）

20××年×月×日

## 五、出纳交接后的责任界定

移交人员对移交的会计凭证、会计账簿、会计报表和其他会计资料的合法性、真实性承担法律责任。这是对会计工作交接后，交接双方责任的具体确定。移交人员所移交的会计资料是在其经办会计工作期间内所发生的，移交人员应当对这些会计资料的合法性、真实性负责，即便接替人员在交接时因疏忽没有发现所接会计资料在合法性、真实性方面的问题，如事后发现，仍应由原移交人员负责，原移交人员不应以会计资料已移交而推脱责任。

## 任务处理

吴师傅和王涛在公司财务经理邓经理的监督下，进行了出纳工作的交接：

（1）吴师傅将其手头的所有资料、物品进行了清点造册。

（2）吴师傅当着邓经理和王涛的面，按交接清册的内容，一项项将实物移交清点给王涛，王涛进行了逐一核对。

（3）三个人在“出纳人员工作交接书”上签字，交接工作完成。

**出纳人员工作交接书**

原出纳人员吴××，因工作调动，财务处已决定将出纳工作移交给王涛接管。现办理如下交接：

一、交接日期

2010年6月30日。

二、具体业务的移交

（1）库存现金：6月30日账面余额为57 400元，与实存相符。现金日记账余额与总账相符。

（2）库存国库券：350 000元，经核对无误。

（3）银行存款余额103 708万元，经编制“银行存款余额调节表”核对相符。

三、移交的会计凭证、账簿、文件

（1）本年度现金日记账1本。

（2）本年度银行存款日记账2本。

（3）空白现金支票12张（08373609～08373620号）。

（4）空白转账支票8张（02537503～02537510号）。

（5）托收承付登记簿1本。

（6）付款委托书1本。

（7）支票领用登记簿1本。

（8）金库暂存物品明细表1份，与实物核对相符。

（9）银行对账单1～5月份5本，6月份未达账项说明1份。

（10）未到期银行承兑汇票3张，总金额289 700元。

四、印鉴

（1）“转讫”印章1枚。

（2）“现金收讫”印章1枚。

（3）“现金付讫”印章1枚。

五、交接前后工作责任的划分

2010年6月30日前的出纳责任事项由吴××负责，2010年7月1日起的出纳工作由王涛负责。以上移交事项均经交接双方认定无误。

六、本交接书一式3份，双方各执1份，存档1份

移交人：吴××（签名或盖章）

接管人：王涛（签名或盖章）

监交人：邓××（签名或盖章）

浙江绿城环保有限公司财务处（公章）

2010年6月30日

## 知识归纳

本项目详细介绍了出纳归档资料的整理、保管和移交。

出纳档案是指会计凭证、会计账簿和财务报告等会计核算专业资料，同时也包括相关的重要单、证等，具体应保管的资料包括会计凭证类资料、会计账簿类资料、财务报告类资料、印章印鉴类资料、会计软件类资料、档案管理类资料和其他类资料。出纳档案必须经过分类、装订后成册，严格按照国家规定的原则进行保管、送存、调用和移交。

会计人员调动工作或者离职时，必须与接管人员办理交接手续。一般会计人员办理交接手续，由会计机构负责人、会计主管人员监交，并严格按照程序进行移交。

## 阅读材料

### 会计档案管理办法

财会字[1998]32号文件

第一条　为了加强会计档案管理，统一会计档案管理制度，更好地为发展社会主义市场经济服务，根据《中华人民共和国会计法》和《中华人民共和国档案法》的规定，制定本办法。

第二条　国家机关、社会团体、企业、事业单位、按规定应当建账的个体工商户和其他组织（以下简称各单位），应当依照本办法管理会计档案。

第三条　各级人民政府财政部门和档案行政管理部门共同负责会计档案工作的指导、监督和检查。

第四条　各单位必须加强对会计档案管理工作的领导，建立会计档案的立卷、归档、保管、查阅和销毁等管理制度，保证会计档案妥善保管、有序存放、方便查阅，严防毁损、散失和泄密。

第五条　会计档案是指会计凭证、会计账簿和财务报告等会计核算专业资料，是记录和反映单位经济业务的重要史料和证据。具体包括：

（一）会计凭证类：原始凭证，记账凭证，汇总凭证，其他会计凭证。

（二）会计账簿类：总账，明细账，日记账，固定资产卡片，辅助账簿，其他会计账簿。

（三）财务报告类：月度、季度、年度财务报告，包括会计报表、附表、附注及文字说明，其他财务报告。

（四）其他类：银行存款余额调节表，银行对账单，其他应当保存的会计核算专业资料，会计档案移交清册，会计档案保管清册，会计档案销毁清册。

第六条　各单位每年形成的会计档案，应当由会计机构按照归档要求，负责整理立卷，装订成册，编制会计档案保管清册。

当年形成的会计档案，在会计年度终了后，可暂由会计机构保管一年，期满之后，应当由会计机构编制移交清册，移交本单位档案机构统一保管；未设立档案机构的，应当在会计机构内部指定专人保管。出纳人员不得兼管会计档案。

移交本单位档案机构保管的会计档案，原则上应当保持原卷册的封装。个别需要拆封重新整理的，档案机构应当会同会计机构和经办人员共同拆封整理，以分清责任。

第七条　各单位保存的会计档案不得借出。如有特殊需要，经本单位负责人批准，可以提供查阅或者复制，并办理登记手续。查阅或者复制会计档案的人员，严禁在会计档案上涂画、拆封和抽换。

各单位应当建立健全会计档案查阅、复制登记制度。

第八条　会计档案的保管期限分为永久、定期两类。定期保管期限分为 3 年、5 年、10 年、15 年、25 年五类。

会计档案的保管期限，从会计年度终了后的第一天算起。

第九条　本办法规定的会计档案保管期限为最低保管期限，各类会计档案的保管原则上应当按照本办法附表所列期限执行。

各单位会计档案的具体名称如有同本办法附表所列档案名称不相符的，可以比照类似档案的保管期限办理。

第十条　保管期满的会计档案，除本办法第十一条规定的情形外，可以按照以下程序销毁：

（一）由本单位档案机构会同会计机构提出销毁意见，编制会计档案销毁清册，列明销毁会计档案的名称、卷号、册数、起止年度和档案编号、应保管期限、已保管期限、销毁时间等内容。

（二）单位负责人在会计档案销毁清册上签署意见。

（三）销毁会计档案时，应当由档案机构和会计机构共同派员监销。国家机关销毁会计档案时，应当由同级财政部门、审计部门派员参加监销。财政部门销毁会计档案时，应当由同级审计部门派员参加监销。

（四）监销人在销毁会计档案前，应当按照会计档案销毁清册所列内容清点核对所要销毁的会计档案；销毁后，应当在会计档案销毁清册上签名盖章，并将监销情况报告本单位负责人。

第十一条 保管期满但未结清的债权债务原始凭证和涉及其他未了事项的原始凭证，不得销毁，应当单独抽出立卷，保管到未了事项完结时为止。单独抽出立卷的会计档案，应当在会计档案销毁清册和会计档案保管清册中列明。

正在项目建设期间的建设单位，其保管期满的会计档案不得销毁。

第十二条 采用电子计算机进行会计核算的单位，应当保存打印出的纸质会计档案。

具备采用磁带、磁盘、光盘、微缩胶片等磁性介质保存会计档案条件的，由国务院业务主管部门统一规定，并报财政部、国家档案局备案。

第十三条 单位因撤销、解散、破产或者其他原因而终止的，在终止和办理注销登记手续之前形成的会计档案，应当由终止单位的业务主管部门或财产所有者代管或移交有关档案馆代管。法律、行政法规另有规定的，从其规定。

第十四条 单位分立后原单位存续的，其会计档案应当由分立后的存续方统一保管，其他方可查阅、复制与其业务相关的会计档案；单位分立后原单位解散的，其会计档案应当经各方协商后由其中一方代管或移交档案馆代管，各方可查阅、复制与其业务相关的会计档案。单位分立中未结清的会计事项所涉及的原始凭证，应当单独抽出由业务相关方保存，并按规定办理交接手续。

单位因业务移交其他单位办理所涉及的会计档案，应当由原单位保管，承接业务单位可查阅、复制与其业务相关的会计档案，对其中未结清的会计事项所涉及的原始凭证，应当单独抽出由业务承接单位保存，并按规定办理交接手续。

第十五条 单位合并后原各单位解散或一方存续其他方解散的，原各单位的会计档案应当由合并后的单位统一保管；单位合并后原各单位仍存续的，其会计档案仍应由原各单位保管。

第十六条 建设单位在项目建设期间形成的会计档案，应当在办理竣工决算后移交给建设项目的接受单位，并按规定办理交接手续。

第十七条 单位之间交接会计档案的，交接双方应当办理会计档案交接手续。

移交会计档案的单位，应当编制会计档案移交清册，列明应当移交的会计档案名称、卷号、册数、起止年度和档案编号、应保管期限、已保管期限等内容。

交接会计档案时，交接双方应当按照会计档案移交清册所列内容逐项交接，并由交接双方的单位负责人负责监交。交接完毕后，交接双方经办人和监交人应当在会计档案移交清册上签名或者盖章。

第十八条 我国境内所有单位的会计档案不得携带出境。驻外机构和境内单位在境外设立的企业（简称境外单位）的会计档案，应当按照本办法和国家有关规定进行管理。

第十九条 预算、计划、制度等文件材料，应当执行文书档案管理规定，不适用本办法。

第二十条 各省、自治区、直辖市人民政府财政部门、档案管理部门，国务院各业务主管部门，中国人民解放军总后勤部，可以根据本办法的规定，结合本地区、本部门的具体情况，制定实施办法，报财政部和国家档案局备案。

第二十一条 本办法由财政部负责解释，自 1999 年 1 月 1 日起执行。1984 年 6 月 1 日财政部、国家档案局发布的《会计档案管理办法》自本办法执行之日起废止。

## 小思考

汇森公司财务部因工作需要进行内部岗位轮换，由李强代替赵辉负责出纳工作，财务部经理要求赵辉先做好交接准备工作，把本人负责的所有资料整理核对无误后，编制移交清册，一星期后办理交接手续。李强和赵辉是相互信任的好朋友，认为经理的要求有点过分，太麻烦，过于繁琐，赵辉就私下把余下的现金、金库钥匙、相关账簿等出纳资料直接交给了李强，还有部分出纳账没有来得及登记就交由李强代为登记。

财务部经理的要求过分吗？李强和赵辉在交接时哪些地方不规范？为什么？

**案例分析**：本案中，财务部经理的要求并不过分，李强和赵辉在交接时存在一些问题。

赵辉在没有财务部经理的监督之下，私自把余下的现金、金库钥匙、相关账簿等出纳资料直接交给了李强，这是不正确的：一方面这样操作不便于接班的李强熟悉出纳工作，不了解出纳工作应掌管的资料；另一方面，也不便于发现和处理在出纳工作和资金管理工作中存在的问题。如果赵辉在出纳工作过程中出现了问题，由于交接工作的不规范，而李强又是新接手出纳工作的，不熟悉业务，因此，李强往往不容易发现前任在工作中存在的错误，从而不利于明确责任。财务部经理的要求是正确的，必须先进行资料整理和清点，编制移交清册，最后在财务部经理的监督下进行面对面的移交清点，并最后签名确认。

## 达标检测

**一、单项选择题**

1. 下列不属于出纳归档资料的是（　　）。

A. 现金日记账簿　B. 现收凭证　C. 出纳报告　D. 营业执照

2. 出纳归档资料的整理不需要（　　）。

A. 分类　B. 装订　C. 成册　D. 报批

3. 出纳归档资料可在会计机构保管的最长时间为（　　）。

A. 一年　B. 半年　C. 三个月　D. 一个月

4. 下列会计档案中不是保存15年的是（　　）。

A. 记账凭证　B. 总账　C. 现金日记账　D. 原始凭证

5. 出纳交接时不需要交接的是（　　）。

A. 财务专用章　B. 支票专用章　C. 单位领导章　D. 出纳个人章

**二、多项选择题**

1. 出纳档案的保管必须严格执行（　　）。

A. 安全制度　B. 保密制度　C. 检查制度　D. 移交制度

E. 停业、复业登记

2. 会计档案移交清册必须列明（　　）。

A. 档案名称　B. 起止日期　C. 移交册数　D. 保管年限

3. 下列属于出纳移交的资料有（　　　）。
   A. 出纳日记账　B. 保险箱　C. 印章　D. 银行对账单
4. 出纳交接有利于（　　　）。
   A. 查清责任　B. 熟悉出纳工作
   C. 发现前任出纳的问题　D. 增加出纳的工作威信
5. 出纳移交前必须做好（　　　）的准备工作。
   A. 结账　B. 未了事项写出书面说明
   C. 对账　D. 清点财物

三、判断题

1. 出纳资料在出纳人员保管期间，可以随意外借。（　　）
2. 账簿、记账凭证、报表、凭证、发票以及其他出纳资料应当保存15年。（　　）
3. 出纳在保管期满后，对无保留必要的资料，经财务经理批准后，可以销毁。（　　）
4. 会计软件的密码属于出纳移交的资料之一。（　　）
5. 出纳交接结束后，需要由移交人、监交人、接交人在移交清册上签名。（　　）

# 项目七 出纳模拟综合实训

通过本章的出纳模拟综合实训，学习目标进一步了解出纳实务工作的基本流程、处理原则和方法，理解和巩固前面所学出纳的理论知识和基本方法，特别是出纳实务中所需要的各项原始凭证的填写和使用，培养良好的专业技能。

要求通过本次实训：

（1）熟悉会计凭证的种类、格式、内容、填制方法和业务流程。

（2）熟练掌握各类原始凭证的填制，审核并根据审核无误的原始凭证登记收、付、转凭证。

（3）掌握现金以及银行存款日记账的设置和登记。

（4）熟悉出纳日常管理工作，如出纳报告书的编制和票据备查簿的登记。

出纳岗位核算流程如图 7-1 所示。

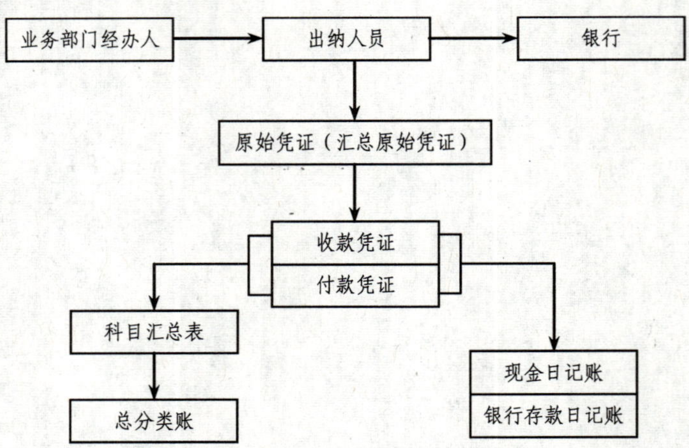


图 7-1 出纳岗位核算流程图

## 任务一 实训指导

### 一、出纳模拟实训程序

实训以浙江晨锋机电有限责任公司为主体，根据公司的出纳业务，结合在专业理论课中所学的知识，按照相关的规定对企业的日常出纳业务进行相应的处理，以实现模拟实际操作的目标，真正体现出纳的工作程序，演练出纳实务工作。出纳实务的程序如下：

#### 1. 熟悉企业的基本情况

熟悉实训材料中模拟企业的概况：①了解实训企业的基本情况，包括单位名称、地址、联系电话、开户银行、账号、税务登记号等相关内容。②熟悉企业的会计机构和人员分工。③了解企业中与出纳业务相关的一些往来单位的基本情况，包括单位名称、地址、联系电话、开户银行、账号、税务登记号等相关内容。

**2．开设账簿**

企业的会计工作起始于账簿的设置。应根据企业的业务开设常见的账簿，包括现金日记账、银行存款日记账、总账和各类明细账。出纳业务需要设置现金日记账和银行存款日记账。在资料中提供了账户的期初余额。

知识点：现金日记账和银行存款日记账的格式是什么？多长时间需更换一次账簿？

一般来说，现金日记账和银行存款日记账应每年更换一次，必须采用订本式账簿。不得使用银行对账单或者其他方法代替日记账。

使用订本式账簿时，应从第一页按顺序编写页数，不得跳页、缺号。

**3．填制原始凭证**

从填制和审核原始凭证开始，企业就进入了日常的会计业务处理程序。本次实训为强化原始凭证，要求填写每笔业务的原始凭证（请区分从外单位取得的原始凭证）。

知识点：填制原始凭证的基本要求。

原始凭证的内容必须具备：凭证名称，填制凭证的日期（注意大小写），填制凭证的单位名称或者填制人，经办人员的签名或者盖章，接受凭证单位的名称。经济业务的内容，数量、单价和金额等。

**4．填制记账凭证**

根据本模拟企业于2009年5月发生的经济业务和原始凭证，按照时间顺序逐项编制记账凭证。一组会计分录使用两张以上记账凭证时，按顺序用“分号编号法”。注意正确地运用会计科目，按规定要求认真填写记账凭证的全部内容，并将原始凭证附在有关的记账凭证后面。

需注意的是，部分原始凭证不由出纳人员填写，仅做练习使用。

知识点：填制记账凭证的基本要求。

记账凭证的内容必须具备：填制凭证的日期，凭证编号，经济业务摘要，会计科目，金额，附件张数，填制凭证的人员，稽核人员，记账人员，会计机构负责人。收款和付款凭证上还需要由出纳人员签名或者盖章。

**5．登记日记账**

根据收款、付款凭证逐日逐笔登记现金日记账和银行存款日记账，并逐笔结出余额。

知识点：现金日记账和银行存款日记账必须逐日结出余额。

**6．对账与结账**

各单位应当定期将会计账簿记录中的数字与库存实物、货币资金、有价证券、往来单位或者个人进行相互核对，保证账证相符、账账相符、账实相符。

本次实训中月末将现金日记账账面余额与现金实际库存数相核对，并编制现金盘点报告表。银行存款日记账账面余额定期与银行对账单相核对，并编制银行存款余额调节表。

**7．应收票据备查簿，应付票据备查簿**

企业应当按照企业会计制度的规定设置备查簿。备查簿没有固定的格式，与其他账簿之间也不存在严密的勾稽关系，其格式可由企业根据内部管理的需要自行确定。备查簿的外表形式一般采用活页式。与明细账一样，为保证账簿的安全、完整，使用时应顺序编号并装订成册，注意妥善保管，以防账页丢失。

企业设置“应收票据备查簿”时，应该逐笔登记每一张应收票据的种类、号数和出票日期、票面金额、交易合同号和付款人、承兑人、背书人的姓名或单位名称、到期日期和利率、贴现日期、贴现率和贴现净额以及收款日期和收回金额等资料，应收票据到期结清票款后，应在备查簿内逐笔注销。

企业设置“应付票据备查簿”时，应该详细登记每一张应付票据的种类、号数、签发日期、到期日、票面金额、合同交易号、收款人姓名或单位名称，以及付款日期和金额等详细资料。应付票据到期付清时，应在备查簿内逐笔注销。

## 二、出纳模拟实训组织

### 1. 出纳模拟实训的工具和资料

（1）记账黑色（或蓝黑色）墨水钢笔　　1 支/人

（2）记账红色墨水钢笔　　1 支/人

（3）固体胶　　1 个/人

（4）票夹　　1 个/人

（5）现金收款凭证 25 张/人，银行收款凭证 25 张/人，现金付款凭证 30 张/人，银行付款凭证 50 张/人，转账凭证 25 张/人。

（6）银行存款余额调节表　　1 张/人

（7）现金日记账账页　　1 张/人

（8）银行存款日记账账页　　2 张/人

（9）会计凭证封面　　2 张/人

（10）装订线　　1 扎/班

### 2. 出纳模拟实训的考核

出纳模拟实训结束后，教师应当根据学生的实训成果（凭证、账页等资料）以及在实训过程中的表现综合评价学生的成绩。

评分参考标准如下：

（1）分数等级：优（90 分以下）、良（80～89 分）、中（70～79 分）、及格（60～69 分）、不及格（60 分以下）。

（2）评分标准

原始凭证的正确性、完整性；

记账凭证的正确性、完整性；

日记账的规范和整洁；

装订的规范和整洁；

学习态度等。

### 3. 出纳模拟实训的进度安排

根据实习目的、要求和模拟实习企业的实际情况，本次实训建议安排一周，共计 30 学时。安排，见表 7-1。

表 7-1 实训安排表

| 授课章节 | 学时 | 教学内容 |
|---|---|---|
| 实训一 | 2 | 出纳业务介绍 |
| 实训二 | 4 | 出纳业务中现金收入来源渠道<br>原始凭证的填制及流程（包括普通发票、增值税专用发票、收据、现金支票等） |
| 实训三 | 4 | 出纳业务中现金支出的渠道<br>原始凭证的填制及流程（包括工资单、借款单、报销单、领款收据、差旅费报销单、现金存款单等） |
| 实训四 | 2 | 银行存款结算方式（一）<br>原始凭证的填制及流程（包括银行本票、银行汇票、商业承兑汇票、支票、银行进账单等） |
| 实训四 | 6 | 银行存款结算方式（二）<br>原始凭证的填制及流程（包括汇兑、托收承付、委托收款等） |
| 实训五 | 4 | 出纳工作相关的各种原始凭证的审核<br>现收、现付、银收、银付凭证的编制 |
| 实训六 | 2 | 出纳日记账的登记<br>（包括现金日记账与银行存款日记账的登记） |
| 实训七 | 2 | 结账和对账方法（包括现金盘点报告表、银行存款余额调节表） |
| 实训八 | 2 | 出纳管理业务（包括账户管理、票据管理、印章管理、账簿管理、外币及有价证券管理的内容） |
| 实训九 | 2 | 出纳人员交接工作（包括交接内容，交接流程以及交接注意事项） |

注：实训中可根据具体情况分单项（如分为现金收入和支出，银行结算）来进行，也可以根据题目序号来进行。

# 任务二 模拟实训企业概况

## 一、企业类型与基本情况

本次实训以浙江杭州的浙江晨锋机电有限责任公司为主体企业，以该企业于 2009 年 5 月份发生的全部与出纳相关的经济业务为资料，以填制各类原始凭证为起点，根据审核无误的原始凭证编制记账凭证，登记日记账簿、根据银行对账单编制银行存款余额调节表，并完成出纳日常工作，如设置应收票据备查簿、应付票据备查簿。

浙江晨锋机电有限责任公司是一家小型机械制造业，企业的组织形式是有限责任公司。该公司主要生产甲、乙产品以及锯片刀、金刚锉、砂轮等，需要耗费的原材料有 X、Y、Z 三种材料。该公司为增值税一般纳税人。原材料的核算采用实际成本法。该公司在杭州方正证券公司开设投资专户。该公司的基本情况如表 7-2 所示。

表 7-2 公司基本情况

| | |
|---|---|
| 企业名称 | 浙江晨锋机电有限责任公司 |
| 地址 | 滨江区北海街道兴文桥直街 13-1-3 |
| 联系电话 | 0571-8889430 |
| 法人代表 | 宋亮 |
| 注册资金 | 5 000 万元 |
| 企业类型 | 有限责任公司 |
| 经营范围 | 甲、乙产品，锯片刀、金刚锉、砂轮等 |
| 纳税人登记号 | 330602760151266 |

（续）

| 开户银行 | 中国建设银行浙江兴文支行 |
|---|---|
| 基本账户账号 | 33065372280000000678 |
| 一般存款账户 | 中国工商银行浙江梅山支行 |
| 一般存款账号 | 3261212010917654321 |
| 税储账户 | 杭州银行江城支行 |
| 税储账户账号 | 3302537659900009017 |

往来企业资料：

（1）绍兴县时杰针纺有限公司　法人代表：张君

纳税人识别号：330621754911804

地址、电话：绍兴县湖塘街道王公楼村　0575-4386536

开户行及账号：绍兴县农村合作银行柯桥支行，110601140120100022635 8

（2）上海巨盈实业有限公司　法人代表：高云

纳税人识别号：320621354011106

地址、电话：上海宝山建设路 131 号　021-84206778

开户行及账号：中国农业银行上海宝山支行，509101040008403

（3）上海远望实业有限公司　法人代表：李娟

纳税人识别号：320681955511008

地址、电话：上海宝山银心路 222 号 021-85342606

开户行及账号：中国工商银行上海宝山支行，1992030104000l447

（4）上海盛和有限公司　法人代表：钱舟

纳税人识别号：320702800318482

地址、电话：上海宝山广岭路 9 号　021-85322456

开户行及账号：中国建设银行上海宝山支行，39012589143378

（5）杭州市经济电视台　法人代表：黄兰

开户行及账号：中国工商银行杭州五岭路支行，326500120109174344

（6）杭州远景有限公司　法人代表：王浩

纳税人识别号：320703200222457

地址、电话：杭州天城路 9 号　0575-83463478

开户行及账号：杭州银行天城路支行，33567143378256734890

（7）杭州电信局

开户行及账号：杭州银行武林路支行，33567143378256734980

通过填写原始凭证熟悉在现金收入、现金支出以及银行结算过程中相关的原始凭证，如现金支票、转账支票、借款单、银行本票申请书、银行汇票申请书等，掌握每一种原始凭证的运用。

## 二、公司相关机构以及财务分工

公司总经理宋亮全面负责公司的经营管理，组织召开董事长会议。

公司下设办公室、财务处、销售科、采购科等组织机构。

采购科王一夫负责各项采购任务，仓库保管员李信负责材料的保管，办公室王仪负责一切后勤采购。

财务部门的分工如下：

（1）财务经理（李阳）：审核业务，进行财务分析，制订财务计划，参与企业经营决策，负责财务科的全面工作。

（2）出纳（娄芳）：办理货币资金的收付业务，编制收、付款凭证，登记现金日记账、银行存款日记账。

（3）会计（张晓）。

## 三、财务管理制度

为加强财务管理，规范企业财务工作，促进公司经营业务的发展，提高公司经济效益，根据国家有关财务管理法规支付和公司章程的有关规定，结合浙江晨锋机电有限责任公司实际情况，特制定相关的制度。其中，与出纳业务相关的财务管理制度如下：

### 1. 现金管理制度

（1）严禁白条抵库和任意挪用现金。出纳人员必须每日结出现金日记账的账面余额（注意：一天只有一笔发生额时，结出账面余额；一天有两笔或者两笔以上发生额时，最后一笔发生额后结出账面余额），并与库存现金相核对，发现不符时要及时查明原因。

（2）公司的一切现金收付都必须有合法的原始凭证。

（3）严格执行中国人民银行颁布的《现金管理暂行条例》，根据本公司实际需要，合理核实现金的库存限额，超出限额部分要及时送存银行。

### 2. 银行存款的管理

（1）加强对银行账户以及其他账户的保密工作，非因业务需要不准外泄，银行账户印鉴实行分管，不得一人统一保管使用。严禁在任何空白合同上加盖银行账户印鉴。

（2）出纳人员要随时掌握银行存款余额，不准签发空头支票，不准将银行账户出借给任何单位和个人办理结算或套取现金。在月末要做好与银行的对账工作，并编制银行存款余额调节表，分析未达账项并进行分析，查找原因，并报财务部门负责人。

### 3. 借款与费用报销制度

（1）出差人员借款，必须先到财务部领取“借款单”，写明出差时间、地点，填写好该凭证后，先经部门经理同意，再由财务经理批准，最后经总经理审批后，方予借支，前次借支出差返回时间超过三天无故未报销者，不得再借款。

（2）凡职工借用公款者，在原借款未还清前，不得再借。

（3）借款出差人员回公司后，三天内应按规定到财务部报账，报账后结欠部分金额或三天内不办理报销手续的欠款，财务部门有权通知行政部在当月工资中扣回。

（4）报销审批时应具备的凭证：原始发票、物品明细表。在所附凭单上，要由经办人签字、主管部门经理签字和财务经理签字。

# 任务三　模拟实训企业经济业务内容

2009 年 5 月初，浙江晨锋机电有限责任公司的库存现金余额为 1 000 元，银行存款余额：

建行为 1 320 000 元，工行为 100 000 元。

注：以下业务的开户行均指建设银行。所有的票据平时均不计利息。假设涉及的固定资产的增值税税额不允许抵扣。

浙江晨锋机电有限责任公司于 2009 年 5 月份发生的经济业务如表 7-3 所示。

**表 7-3　2009 年 5 月份经济业务**

| 顺序号 | 时间 | 经济业务内容 |
|---|---|---|
| 1 | 5.1 | 开出一张现金支票，提现 3 000 元备用 |
| 2 | 5.1 | 自开户行转账 30 000 元至本公司税储账户 |
| 3 | 5.2 | 销售科经理王川去北京出差十天归来报销差旅费 2 500 元，补付现金 400 元，结清原借款。其中，来回火车票为 800 元，住宿费为 150 元/天，计 9 天，伙食补助为 35 元/天，共计 10 天。 |
| 4 | 5.2 | 收到绍兴县时杰针纺有限公司以现金支付的上月货款 500 元 |
| 5 | 5.2 | 自开户行开出一张转账支票，预付向上海巨盈实业有限公司采购的 X 材料款 20 000 元 |
| 6 | 5.3 | 以现金支付特困职工生活补助 1 500 元 |
| 7 | 5.3 | 销售部门零售 200×4 型号的 5 片锯片刀产品，单价为 117 元/片，增值税税率为 17%，购货方上海远望实业有限公司以现金支付，即日出纳人员存入开户行 |
| 8 | 5.4 | 自开户行开给上海远望实业有限公司一张转账支票，偿还前欠货款 5 500 元 |
| 9 | 5.5 | 销售库存不需用的型号为 ST100 的冷轧甲材料 5t 给上海巨盈实业有限公司，不含税单价为 120 元/t，增值税税率为 17%，收到对方交来的现金，即日送存工商银行 |
| 10 | 5.5 | 提现 23 400 元，其中发放职工误餐补助 20 400 元，多余现金留库存 |
| 11 | 5.5 | 自开户行开出一张转账支票，支付杭州市经济电视台的产品广告费 150 000 元，收到对方开具的广告费用结算发票 |
| 12 | 5.6 | 收到王凯借用公司小汽车的租金现金 450 元 |
| 13 | 5.6 | 预收上海远望实业有限公司交付的货物货款现金 1 500 元 |
| 14 | 5.6 | 收到职工张延因违反规定的罚款现金 300 元 |
| 15 | 5.6 | 将当日现金收入存入开户行 |
| 16 | 5.7 | 向上海远望实业有限公司销售 200×5 型号的 1 000 只锯刀片，增值税专用发票上注明不含税的单价为 100 元/片，价款为 100 000 元，收到对方的转账支票，当日送存开户行 |
| 17 | 5.8 | 以现金预付杭州邮电局下季度的书报费 1 000 元 |
| 18 | 5.9 | 向上海盛和有限公司购买 Z 材料 100t，不含税单价为 120 元/t，取得对方的增值税发票，以转账支票支付，材料验收入库 |
| 19 | 5.9 | 收到保管员李信交来的上月末仓库原材料短缺的责任赔款现金 900 元 |
| 20 | 5.10 | 提取现金 104 500 元，备发 4 月份工资 |
| 21 | 5.10 | 发放 4 月份工资 104 500 元，代扣个人所得税 4 000 元，房租 2 400 元（见后附工资单） |
| 22 | 5.11 | 出租一批包装物，收到杭州华联超市交付的包装物押金现金 500 元 |
| 23 | 5.11 | 收回 4 月底支付给上海巨盈公司的包装物押金现金 600 元 |
| 24 | 5.11 | 将上述两笔共计现金 1 100 元存入工商银行 |
| 25 | 5.12 | 收到开户行转来的一张资金汇划补充凭证，金额为 150 000 元，是上海盛和有限公司以电汇方式归还的上月所欠货款 |
| 26 | 5.13 | 销售部职工孙明因公出差，预借差旅费 1 500 元 |
| 27 | 5.15 | 拟向本市杭州远景有限公司采购 X 材料，向开户行申请签发银行本票 35 100 元 |
| 28 | 5.15 | 采购员王强持上述本票向杭州远景有限公司购 X 材料，取得对方开具的增值税专用发票，价税合计 35 100 元 |
| 29 | 5.16 | 拟向上海远望实业有限公司采购 Y 材料，向工商银行申请签发银行汇票 50 000 元 |
| 30 | 5.16 | 采购员张芳持上述汇票向上海远望实业有限公司购 Y 材料，取得对方开具的增值税专用发票，价税合计 46 800 元 |
| 31 | 5.18 | 在开户行以电汇方式付给上海远望实业有限公司 50 000 元购入一台设备（非生产），取得对方开具的增值税专用发票，另以现金 200 元支付装卸搬运费 |

（续）

| 顺序号 | 时间 | 经济业务内容 |
|---|---|---|
| 32 | 5.19 | 向本市杭州远景有限公司销售一批乙产品，售价为 30 000 元，增值税税额为 5 100 元，收到对方交来的银行本票，本票金额为 35 100 元，送存开户行 |
| 33 | 5.20 | 2 月 20 收到的上海巨盈实业有限公司的一张面额为 120000 元，汇票期限为三个月的不带息商业承兑汇票到期，企业接到开户行转来的票款收账通知 |
| 34 | 5.20 | 异地采购 Y 材料，取得对方单位上海盛和有限公司开具的增值税专用发票，价税合计 81 900 元，验收入库，采用开户行电汇的方式支付货款 |
| 35 | 5.20 | 收到上海远望实业有限公司开出的已承兑的一张商业承兑汇票以抵前欠货款，面值为 20 000 元，利率为 9%，期限为 4 个月 |
| 36 | 5.20 | 管理人员王仪购买办公用品 200 元，到财务处报销，现金付讫 |
| 37 | 5.21 | 因工负伤的张强报销医疗费用 800 元 |
| 38 | 5.21 | 持 1 月 21 日收到的一张上海远望实业有限公司的带息商业承兑汇票，面值为 30 000 元，利率为 5%，期限为 6 个月，向开户行办理贴现，贴现率为 6% |
| 39 | 5.21 | 因销售一批产品，收到了一张上海巨盈实业有限公司不带息的商业承兑汇票，面额为 117 000 元，其中包括应收取的增值税 17 000 元，汇票期限为 6 个月 |
| 40 | 5.21 | 因采购 X 材料开出已承兑的一张商业承兑汇票付给上海远望实业有限公司，金额为 117 000 元，其中包括应支付的增值税税额 17 000 元，汇票期限为 6 个月，材料未验收入库 |
| 41 | 5.22 | 销售部孙明从武汉出差归来，报销差旅费。其中来回硬座火车票共计 350 元，出差 10 天，住宿费标准为 60 元/天，共住 9 天。市内交通费标准为 5 元/天，伙食补助为 20 元/天，另有 50%的不买卧补贴（按硬座票价） |
| 42 | 5.22 | 因采购 Y 材料 100t，5 月 21 日收到的一张上海巨盈实业有限公司不带息的商业承兑汇票，面额为 117 000 元，转让给上海盛和有限公司，用来支付材料价款，不含税材料价款为 100 000 元，材料未验收入库 |
| 43 | 5.23 | 车间报废一套工具，收到达昌机械厂的现金 50 元 |
| 44 | 5.24 | 因购材料签发并承兑的上海巨盈实业有限公司的带息商业汇票到期，收到开户行转来的付款通知，支付 50 000 元，利息 2 500 元 |
| 45 | 5.25 | 支付给上海远望实业有限公司的一张金额为 5 000 元的银行本票超过付款期没有使用，填写进账单，连同本票送交开户行要求办理退款，银行同意受理 |
| 46 | 5.25 | 收到开户行转来的杭州电信局委托收款凭证的付款通知和电话收费单据，支付电话费 2 260 元 |
| 47 | 5.25 | 前期开给上海巨盈实业有限公司的已承兑的不带息商业承兑汇票到期，收到开户行转来的付款通知，票据面值为 40 000 元，期限为 4 个月 |
| 48 | 5.25 | 销售型号为 350×40×127 的 7 片砂轮给上海远望实业有限公司，不含税单价为 1 000 元/片。开出一张增值税专用发票。另自开户行以电汇方式支付给上海巨盈实业有限公司代垫运杂费 2 000 元，同时向开户行办理托收 |
| 49 | 5.26 | 收到 5 月 25 日托收的货款以及运费，合计 10 190 元 |
| 50 | 5.31 | 月末现金清查，现金溢余 200 元，原因待查 |

6 月 5 日，收到建设银行 5 月的对账单，银行对账单余额为＿＿＿＿＿＿。

发现以下未达账项：

销售一批产品，货款为 24 470 元，收到一张转账支票已送存银行；以转账支票支付上海远望实业有限公司前欠的材料采购款 5 500 元；本月水电费为 1 430 元，银行已划出，企业尚未记账；绍兴县时杰针纺有限公司偿付前欠货款 36 700 元，银行已收入公司账户，企业尚未记账。

6 月 6 日，收到工商银行 5 月的对账单，银行对账单余额为＿＿＿＿＿＿。

发现以下未达账项：

（1）发生银行已收、企业尚未入账的业务 2 笔，金额为 4 000 元。

（2）发生银行已付，企业尚未入账的业务 2 笔，金额为 2 500 元。

（3）发生企业已收，银行尚未入账的业务 1 笔，金额为 2 000 元。

（4）发生企业已付，银行尚未入账的业务 1 笔，金额为 2 000 元。

# 任务四　模拟实训企业原始凭证

**业务 1**

| 中国建设银行<br>存根<br>附加信息<br><br><br><br><br>出票日期　　年　月　日<br>收款人：<br>金　额：<br>用　途：<br>单位主管　　　　会计 | 现金支票　　0005547<br>出票日期（大写）　　年　月　日　　付款行名称：<br>收款人：　　出票人账号：<br>人民币（大写）　亿 千 百 十 万 千 百 十 元 角 分<br>用途＿＿＿＿<br>上列款项请从<br>我账户内支付<br>出票人签章　　　　复核　　记账 |
|---|---|

**业务 2-1**

| 中国建设银行<br>存根<br>附加信息<br><br><br><br>出票日期　　年　月　日<br>收款人：<br>金　额：<br>用　途：<br>单位主管　　　　会计 | 转账支票　　0005501<br>出票日期（大写）　　年　月　日　　付款行名称：<br>收款人：　　出票人账号：<br>人民币（大写）　亿 千 百 十 万 千 百 十 元 角 分<br>用途＿＿＿＿<br>上列款项请从<br>我账户内支付<br>出票人签章　　　　复核　　记账 |
|---|---|

**业务 2-2**

**进账单（收账通知）**

年　月　日

| 出票人 | 全称 | | 收款人 | 全称 | |
|---|---|---|---|---|---|
| | 账号 | | | 账号 | |
| | 开户银行 | | | 开户银行 | |

| 金额 | 人民币（大写） | 亿 | 千 | 百 | 十 | 万 | 千 | 百 | 十 | 元 | 角 | 分 |
|---|---|---|---|---|---|---|---|---|---|---|---|---|
| | | | | | | | | | | | | |

| 票据种类 | | 票据张数 | | |
|---|---|---|---|---|
| 复核：　　　　记账： | | | | |

**业务 3**

## 差旅费报销单

| 起 | | 止 | | 起止地点 | 补助 | | | 说明 |
|---|---|---|---|---|---|---|---|---|
| 月 | 日 | 月 | 日 | | 天数 | 标准/天 | 金额 | |
| | | | | | | | | |
| | | | | | | | | |
| | | | | | | | | |
| | | | | | | | | |

| 飞机费 | | 车船费 | | 住宿费 | | 其他 | |
|---|---|---|---|---|---|---|---|
| 合计（大写） | | 单据张数 | | 报销人 | | | |
| | | | | 年　月　日 | | | |

**业务 4**

## 现　金　收　据

年　月　日

交款单位＿＿＿＿＿＿＿＿交款人＿＿＿＿＿＿＿＿

交来＿＿＿＿＿＿＿＿款。

人民币（大写）＿＿＿＿＿＿＿＿￥＿＿＿＿＿。

收款人：

**业务 5-1**

## 预付款项申请单

年　月　日

| 申请金额： | 批准金额： | 预付方式： |
|---|---|---|
| 收款单位： | 开户银行： | 账号： |
| 预付内容： | | |
| 预计到货或工程完工时间：　年　月　日 | | |
| 批准人： | | |
| 执行情况 | | |

单位主管　　申请人：　　财务科长：　　经办人：

**业务 5-2**

中国建设银行
存根

附加信息

出票日期　年　月　日
收款人：
金　额：
用　途：
单位主管　　会计

## 转账支票

0005502

出票日期（大写）　年　月　日　　付款行名称：
收款人：　　出票人账号：

| 人民币（大写） | 亿 | 千 | 百 | 十 | 万 | 千 | 百 | 十 | 元 | 角 | 分 |
|---|---|---|---|---|---|---|---|---|---|---|---|
| | | | | | | | | | | | |

用途＿＿＿＿＿
上列款项请从
我账户内支付
出票人签章　　复核　　记账

**业务 6**

## 职工补助清单

| 职　　位 | 工龄/年 | 补助标准/元 |
|---|---|---|
| | | |
| 合　　计 | | |

现 金 付 讫

**业务 7-1**

## 增值税专用发票

No. 03359117

此联是记账联　　开票日期：　　年　　月　　日

<table>
<tr><td rowspan="4">购货单位</td><td>名称：</td><td colspan="4" rowspan="4"></td><td rowspan="4">密码区</td><td colspan="3" rowspan="4"></td></tr>
<tr><td>纳税人识别号：</td></tr>
<tr><td>地址、电话：</td></tr>
<tr><td>开户银行及账号：</td></tr>
<tr><td colspan="2">货物或应税劳务名称</td><td>规格型号</td><td>单位</td><td>数量</td><td>单价</td><td>金额</td><td>税率</td><td>税额</td><td></td></tr>
<tr><td colspan="2"></td><td></td><td></td><td></td><td></td><td></td><td></td><td></td><td></td></tr>
<tr><td colspan="2">价税合计（大写）</td><td colspan="8"></td></tr>
<tr><td rowspan="4">销货单位</td><td>名称：</td><td colspan="4" rowspan="4"></td><td rowspan="4">备注</td><td colspan="3" rowspan="4"></td></tr>
<tr><td>纳税人识别号：</td></tr>
<tr><td>地址、电话：</td></tr>
<tr><td>开户银行及账号：</td></tr>
</table>

第四联 记账联

收款人：　　复核：　　开票人：　　销货单位：（章）

**业务 7-2**

## 现金缴款单

年　月　日　　　序号：

<table>
<tr><td rowspan="6">客户填写部分</td><td>收款人户名</td><td colspan="7"></td></tr>
<tr><td>收款人账号</td><td colspan="5"></td><td>收款人<br>开户行</td><td></td></tr>
<tr><td>缴款人</td><td colspan="5"></td><td>款项来源</td><td></td></tr>
<tr><td>币种（人民币）</td><td colspan="7">大写：　　　　　　¥：</td></tr>
<tr><td>券别</td><td>100元</td><td>50元</td><td>20元</td><td>10元</td><td>5元</td><td>2元</td><td>1元</td></tr>
<tr><td>张数</td><td></td><td></td><td></td><td></td><td></td><td></td><td></td></tr>
<tr><td rowspan="2">银行填写部分</td><td colspan="8">日期：　　日志号：　　交易码：　　币种：<br>金额：　　终端号：　　主　管：　　柜员：</td></tr>
<tr><td colspan="8"></td></tr>
</table>

制票：　　复核：

**业务 8**

<table>
<tr><td rowspan="3">中国建设银行<br>存根<br>附加信息<br><br><br><br>出票日期 年 月 日<br>收款人：<br>金 额：<br>用 途：<br>单位主管 会计</td><td>转账支票 0005503<br>出票日期（大写） 年 月 日 付款行名称：<br>收款人： 出票人账号：</td></tr>
<tr><td>

| 人民币（大写） | 亿 | 千 | 百 | 十 | 万 | 千 | 百 | 十 | 元 | 角 | 分 |
|---|---|---|---|---|---|---|---|---|---|---|---|
| | | | | | | | | | | | |

</td></tr>
<tr><td>用途＿＿＿＿＿<br>上列款项请从<br>我账户内支付<br>出票人签章 复核 记账</td></tr>
</table>

**业务 9-1**

## 增值税专用发票

No. 03359118

此联是记账联 开票日期：年 月 日

<table>
<tr><td rowspan="4">购货单位</td><td>名称：</td><td colspan="3" rowspan="4"></td><td rowspan="4">密码区</td><td colspan="3" rowspan="4"></td></tr>
<tr><td>纳税人识别号：</td></tr>
<tr><td>地址、电话：</td></tr>
<tr><td>开户银行及账号：</td></tr>
<tr><td colspan="2">货物或应税劳务名称</td><td>规格型号</td><td>单位</td><td>数量</td><td>单价</td><td>金额</td><td>税率</td><td>税额</td></tr>
<tr><td colspan="2"></td><td></td><td></td><td></td><td></td><td></td><td></td><td></td></tr>
<tr><td colspan="2">价税合计（大写）</td><td colspan="7"></td></tr>
<tr><td rowspan="4">销货单位</td><td>名称：</td><td colspan="3" rowspan="4"></td><td rowspan="4">备注</td><td colspan="3" rowspan="4"></td></tr>
<tr><td>纳税人识别号：</td></tr>
<tr><td>地址、电话：</td></tr>
<tr><td>开户银行及账号：</td></tr>
</table>

第四联 记账联

收款人： 复核： 开票人： 销货单位：（章）

**业务 9-2**

## 现金缴款单

年 月 日 序号：

<table>
<tr><td rowspan="6">客户填写部分</td><td colspan="2">收款人户名</td><td colspan="6"></td></tr>
<tr><td colspan="2">收款人账号</td><td colspan="4"></td><td>收款人开户行</td><td></td></tr>
<tr><td colspan="2">缴款人</td><td colspan="4"></td><td>款项来源</td><td></td></tr>
<tr><td colspan="2">币种（人民币）</td><td colspan="6">人民币（大写） ￥：</td></tr>
<tr><td>券别</td><td>100 元</td><td>50 元</td><td>20 元</td><td>10 元</td><td>5 元</td><td>2 元</td><td>1 元</td></tr>
<tr><td>张数</td><td></td><td></td><td></td><td></td><td></td><td></td><td></td></tr>
<tr><td rowspan="2">银行填写部分</td><td colspan="8">日期： 日志号： 交易码： 币种：<br>金额： 终端号： 主 管： 柜员：</td></tr>
<tr><td colspan="8"></td></tr>
</table>

制票： 复核：

业务 10-1

<table>
<tr><td rowspan="2">中国建设银行<br>存根<br>附加信息<br>______<br>______<br>______<br>______<br><br>出票日期　年　月　日<br>收款人：<br>金　额：<br>用　途：<br>单位主管　　会计</td><td>现金支票　　0005548<br>出票日期（大写）　年　月　日　　付款行名称：<br>收款人：　　出票人账号：</td></tr>
<tr><td>

| 人民币（大写） | 亿 | 千 | 百 | 十 | 万 | 千 | 百 | 十 | 元 | 角 | 分 |
|---|---|---|---|---|---|---|---|---|---|---|---|
| | | | | | | | | | | | |

用途______<br>上列款项请从<br>我账户内支付<br>出票人签章　　复核　　记账</td></tr>
</table>

业务 10-2

# 领　款　单

领款部门：　　年　月　日

| 领到______<br>人民币（大写）金额：______￥：______ |
|---|
| 领款用途： |
| 总经理批示：　　部门经理： |

会计主管：　　出纳：

业务 11

<table>
<tr><td rowspan="2">中国建设银行<br>存根<br>附加信息<br>______<br>______<br>______<br>______<br><br>出票日期　年　月　日<br>收款人：<br>金　额：<br>用　途：<br>单位主管　　会计</td><td>转账支票　　0005504<br>出票日期（大写）　年　月　日　　付款行名称：<br>收款人：　　出票人账号：</td></tr>
<tr><td>

| 人民币（大写） | | | | | | | | | | | |
|---|---|---|---|---|---|---|---|---|---|---|---|
| | | | | | | | | | | | |

用途______<br>上列款项请从<br>我账户内支付<br>出票人签章　　复核　　记账</td></tr>
</table>

业务 12

## 现　金　收　据

年　　月　　日

交款单位＿＿＿＿＿＿＿＿＿＿交款人＿＿＿＿＿＿＿＿＿＿

交来＿＿＿＿＿＿＿＿＿＿＿款。

人民币（大写）＿＿＿＿＿＿＿＿＿＿＿￥＿＿＿＿＿。

收款人：

业务 13

## 现　金　收　据

年　　月　　日

交款单位＿＿＿＿＿＿＿＿＿＿交款人＿＿＿＿＿＿＿＿＿＿

交来＿＿＿＿＿＿＿＿＿＿＿款。

人民币（大写）＿＿＿＿＿＿＿＿＿＿＿￥＿＿＿＿＿。

收款人：

业务 14

## 现　金　收　据

年　　月　　日

交款单位＿＿＿＿＿＿＿＿＿＿交款人＿＿＿＿＿＿＿＿＿＿

交来＿＿＿＿＿＿＿＿＿＿＿款。

人民币（大写）＿＿＿＿＿＿＿＿＿＿＿￥＿＿＿＿＿。

收款人：

业务 15

## 现金缴款单

年　　月　　日　　　　　　序号：

| 客户填写部分 | 收款人户名 | | | | | | | |
|---|---|---|---|---|---|---|---|---|
| | 收款人账号 | | | | | | 收款人开户行 | |
| | 缴款人 | | | | | | 款项来源 | |
| | 币种（人民币） | 大写： | | | | | ￥： | |
| | 券别 | 100 元 | 50 元 | 20 元 | 10 元 | 5 元 | 2 元 | 1 元 |
| | 张数 | | | | | | | |
| 银行填写部分 | 日期：　　　　日志号：　　　　交易码：　　　　币种： | | | | | | | |
| | 金额：　　　　终端号：　　　　主　管：　　　　柜员： | | | | | | | |
| | | | | | | | | |

制票：　　　　复核：

业务 16-1

## 增值税专用发票

No. 03359119

此联是记账联　　开票日期：　年　月　日

| 购货单位 | 名称： | | 密码区 | | | | |
|---|---|---|---|---|---|---|---|
| | 纳税人识别号： | | | | | | |
| | 地址、电话 | | | | | | |
| | 开户银行及账号： | | | | | | |
| 货物或应税劳务名称 | | 规格型号 | 单位 | 数量 | 单价 | 金额 | 税率 | 税额 |
| | | | | | | | | |
| 价税合计（大写） | | | | | | | | |
| 销货单位 | 名称 | | 备注 | | | | |
| | 纳税人识别号： | | | | | | |
| | 地址、电话： | | | | | | |
| | 开户银行及账号： | | | | | | |

第四联　记账联

收款人　　复核：　　开票人：　　销货单位：（章）

业务 16-2

## 进账单（收账通知）

年　月　日

| 出票人 | 全称 | | 收款人 | 全称 | |
|---|---|---|---|---|---|
| | 账号 | | | 账号 | |
| | 开户银行 | | | 开户银行 | |

| 金额 | 人民币（大写） | 亿 | 千 | 百 | 十 | 万 | 千 | 百 | 十 | 元 | 角 | 分 |
|---|---|---|---|---|---|---|---|---|---|---|---|---|
| | | | | | | | | | | | | |

| 票据种类 | | 票据张数 | | |
|---|---|---|---|---|
| 复核：　　记账： | | | | |

业务 17

## 领　款　单

领款部门：　　年　月　日

| 领至＿＿＿＿＿＿＿＿<br>人民币（大写）金额：＿＿＿＿＿＿＿＿＿＿¥：＿＿＿＿＿＿ | |
|---|---|
| 领款用途： | |
| 总经理批示： | 部门经理： |

会计主管：　　出纳：

业务 18-1

## 增值税专用发票

No.

此联是发票联　　　　开票日期：　　年　　月　　日

<table>
<tr><td rowspan="4">购货单位</td><td>名称：</td><td colspan="3" rowspan="4"></td><td rowspan="4">密码区</td><td colspan="3" rowspan="4"></td></tr>
<tr><td>纳税人识别号：</td></tr>
<tr><td>地址、电话：</td></tr>
<tr><td>开户银行及账号：</td></tr>
<tr><td colspan="2">货物或应税劳务名称</td><td>规格型号</td><td>单位</td><td>数量</td><td>单价</td><td>金额</td><td>税率</td><td>税额</td></tr>
<tr><td colspan="2"></td><td></td><td></td><td></td><td></td><td></td><td></td><td></td></tr>
<tr><td colspan="2">价税合计（大写）</td><td colspan="7"></td></tr>
<tr><td rowspan="4">销货单位</td><td>名称：</td><td colspan="3" rowspan="4"></td><td rowspan="4">备注</td><td colspan="3" rowspan="4"></td></tr>
<tr><td>纳税人识别号：</td></tr>
<tr><td>地址、电话：</td></tr>
<tr><td>开户银行及账号：</td></tr>
</table>

收款人：　　　　复核：　　　　开票人：　　　　销货单位：（章）

第二联 发票联

业务 18-2

## 增值税专用发票

No.

此联是抵扣联　　　　开票日期：　　年　　月　　日

<table>
<tr><td rowspan="4">购货单位</td><td>名称：</td><td colspan="3" rowspan="4"></td><td rowspan="4">密码区</td><td colspan="3" rowspan="4"></td></tr>
<tr><td>纳税人识别号：</td></tr>
<tr><td>地址、电话：</td></tr>
<tr><td>开户银行及账号：</td></tr>
<tr><td colspan="2">货物或应税劳务名称</td><td>规格型号</td><td>单位</td><td>数量</td><td>单价</td><td>金额</td><td>税率</td><td>税额</td></tr>
<tr><td colspan="2"></td><td></td><td></td><td></td><td></td><td></td><td></td><td></td></tr>
<tr><td colspan="2">价税合计（大写）</td><td colspan="7"></td></tr>
<tr><td rowspan="4">销货单位</td><td>名称：</td><td colspan="3" rowspan="4"></td><td rowspan="4">备注</td><td colspan="3" rowspan="4"></td></tr>
<tr><td>纳税人识别号：</td></tr>
<tr><td>地址、电话：</td></tr>
<tr><td>开户银行及账号：</td></tr>
</table>

收款人：　　　　复核：　　　　开票人：　　　　销货单位：（章）

第三联 抵扣联

业务 18-3

中国建设银行
存根
附加信息

出票日期 年 月 日
收款人：
金 额：
用 途：
单位主管 会计

转账支票 0005505

出票日期（大写） 年 月 日 付款行名称：
收款人： 出票人账号：

| 人民币（大写） | 亿 | 千 | 百 | 十 | 万 | 千 | 百 | 十 | 元 | 角 | 分 |
|---|---|---|---|---|---|---|---|---|---|---|---|
| | | | | | | | | | | | |

用途________
上列款项请从
我账户内支付
出票人签章 复核 记账

业务 19

现 金 收 据

年 月 日

交款单位________交款人________

交来________款。

人民币（大写）________¥________。

收款人：

业务 20

中国建设银行
存根
附加信息

出票日期 年 月 日
收款人：
金 额：
用 途：
单位主管 会计

现金支票 0005549

出票日期（大写） 年 月 日 付款行名称：
收款人： 出票人账号：

| 人民币（大写） | 亿 | 千 | 百 | 十 | 万 | 千 | 百 | 十 | 元 | 角 | 分 |
|---|---|---|---|---|---|---|---|---|---|---|---|
| | | | | | | | | | | | |

用途________
上列款项请从
我账户内支付
出票人签章 复核 记账

**业务 21**

## 工 资 单

单位：元

| 部 门 | 基本工资 | 奖 金 | 应发工资 | 个人所得税 | 房 租 | 实发工资 |
|---|---|---|---|---|---|---|
| (1) 管理人员 | 4 500 | 9 800 | 14 300 | 500 | 300 | 13 500 |
| (2) 生产车间管理人员 | 6 000 | 6 300 | 12 300 | 500 | 300 | 11 500 |
| (3) 生产工人 | | | | | | |
| (4) 销售人员 | 18 000 | 27 400 | 45 400 | 2 000 | 900 | 42 500 |
| | 9 000 | 29 900 | 38 900 | 1 000 | 900 | 37 000 |
| 合 计 | 37 500 | 73 400 | 110 900 | 4 000 | 2 400 | 104 500 |

**业务 22**

## 现 金 收 据

年 月 日

交款单位____________交款人____________

交来____________款。

人民币（大写）____________￥________。

收款人：

**业务 23**

## 现 金 收 据

年 月 日

交款单位____________交款人____________

交来____________款。

人民币（大写）____________￥________。

收款人：

**业务 24**

## 现金缴款单

年 月 日 序号：

| | | | | | | | | |
|---|---|---|---|---|---|---|---|---|
| 客户填写部分 | 收款人户名 | | | | | | | |
| | 收款人账号 | | | | | | 收款人开户行 | |
| | 缴款人 | | | | | | 款项来源 | |
| | 币种（人民币） | 大写： | | | ￥： | | | |
| | 券别 | 100 元 | 50 元 | 20 元 | 10 元 | 5 元 | 2 元 | 1 元 |
| | 张数 | | | | | | | |
| 银行填写部分 | 日期： | | 日志号： | | 交易码： | | 币种： | |
| | 金额： | | 终端号： | | 主 管： | | 柜员： | |

制票： 复核：

业务25

中国建设银行 资金汇划补充凭证（贷方回单）

收报日期：2009年5月12日

行名：兴文支行营业部

业务种类：汇兑

收款人账号：3306537228000000678　　付款人账号：39012589143378

收款人户名：浙江晨锋机电有限责任公司

付款人户名：上海盛和有限公司

大写金额：壹拾伍万元整

小写金额：￥150 000

发报流水号：004030108　　收报流水号：25482476

发报行行号：25120028　　收报行行号：11130110

发报行行名：

打印日期：2009-5-12

用途：购货款　　付款类型：非延期付款

客户附言：

银行附言：

中国建设银行
兴文支行
收讫

业务26

借 款 单

年 月 日

| 借款人 | | 借款事由 | 现金付讫 | |
|---|---|---|---|---|
| 所属部门 | | | | |
| 金额（人民币） | | 核准金额 | 人民币（大写） | |
| 审批意见 | 归还期限 | | 归还方式 | 回来报账 |

会计主管　　复核：　　出纳：　　借款人：

业务27

中国建设银行兴文支行本票申请书（存根）

申请日期　　年　月　日

| 申请人 | | 收款人 | | | | | | | | | | | |
|---|---|---|---|---|---|---|---|---|---|---|---|---|---|
| 账号或住址 | | 账号或住址 | | | | | | | | | | | |
| 用途 | | 代理付款行 | | | | | | | | | | | |
| 汇款金额 | 人民币（大写） | | 万 | 千 | 百 | 十 | 万 | 千 | 百 | 十 | 元 | 角 | 分 |
| | | | | | | | | | | | | | |
| 备注 | | 科目______<br>对方科目______<br>财务主管　复核　经办 | | | | | | | | | | | |

此联申请人留存

业务 28-1

## 增值税专用发票

No.

此联是发票联　　　　开票日期：　　年　　月　　日

| 购货单位 | 名称：<br>纳税人识别号：<br>地址、电话：<br>开户银行及账号： | | 密码区 | | | | |
|---|---|---|---|---|---|---|---|
| 货物或应税劳务名称 | 规格型号 | 单位 | 数量 | 单价 | 金额 | 税率 | 税额 |
| | | | | | | | |
| 价税合计（大写） | | | | | | | |
| 销货单位 | 名称：<br>纳税人识别号：<br>地址、电话：<br>开户银行及账号： | | 备注 | | | | |

第二联　发票联

收款人：　　复核：　　开票人：　　销货单位：（章）

业务 28-2

## 增值税专用发票

No.

此联是抵扣联　　　　开票日期：　　年　　月　　日

| 购货单位 | 名称：<br>纳税人识别号：<br>地址、电话：<br>开户银行及账号 | | 密码区 | | | | |
|---|---|---|---|---|---|---|---|
| 货物或应税劳务名称 | 规格型号 | 单位 | 数量 | 单价 | 金额 | 税率 | 税额 |
| | | | | | | | |
| 价税合计（大写） | | | | | | | |
| 销货单位 | 名称：<br>纳税人识别号：<br>地址、电话：<br>开户银行及账号： | | 备注 | | | | |

第三联　抵扣联

收款人：　　复核：　　开票人：　　销货单位：（章）

业务 29

## 银行汇票申请书

申请日期　　年　　月　　日

| 申请人 | | 收款人 | | | | | | | | | | | |
|---|---|---|---|---|---|---|---|---|---|---|---|---|---|
| 账　号<br>或住址 | | 账　号<br>或住址 | | | | | | | | | | | |
| 用　途 | | 代理<br>付款行 | | | | | | | | | | | |
| 汇款金额 | 人民币<br>（大写） | | 万 | 千 | 百 | 十 | 万 | 千 | 百 | 十 | 元 | 角 | 分 |
| 备注： | | 科　目＿＿＿＿＿＿<br>对方科目＿＿＿＿＿＿<br>财务主管　复核　经办 | | | | | | | | | | | |

此联申请人留存

**业务 30-1**

## 增值税专用发票

No.

此联是发票联　　开票日期：　年　月　日

<table>
<tr><td rowspan="4">购货单位</td><td>名称：</td><td rowspan="4" colspan="3"></td><td rowspan="4">密码区</td><td rowspan="4" colspan="3"></td></tr>
<tr><td>纳税人识别号：</td></tr>
<tr><td>地址、电话：</td></tr>
<tr><td>开户银行及账号：</td></tr>
<tr><td colspan="2">货物或应税劳务名称</td><td>规格型号</td><td>单位</td><td>数量</td><td>单价</td><td>金额</td><td>税率</td><td>税额</td></tr>
<tr><td colspan="2"></td><td></td><td></td><td></td><td></td><td></td><td></td><td></td></tr>
<tr><td colspan="2">价税合计（大写）</td><td colspan="7"></td></tr>
<tr><td rowspan="4">销货单位</td><td>名称：</td><td rowspan="4" colspan="3"></td><td rowspan="4">备注</td><td rowspan="4" colspan="3"></td></tr>
<tr><td>纳税人识别号：</td></tr>
<tr><td>地址、电话：</td></tr>
<tr><td>开户银行及账号：</td></tr>
</table>

第二联 发票联

收款人：　　复核：　　开票人：　　销货单位：（章）

**业务 30-2**

## 增值税专用发票

No.

此联是抵扣联　　开票日期：　年　月　日

<table>
<tr><td rowspan="4">购货单位</td><td>名称：</td><td rowspan="4" colspan="3"></td><td rowspan="4">密码区</td><td rowspan="4" colspan="3"></td></tr>
<tr><td>纳税人识别号：</td></tr>
<tr><td>地址、电话：</td></tr>
<tr><td>开户银行及账号：</td></tr>
<tr><td colspan="2">货物或应税劳务名称</td><td>规格型号</td><td>单位</td><td>数量</td><td>单价</td><td>金额</td><td>税率</td><td>税额</td></tr>
<tr><td colspan="2"></td><td></td><td></td><td></td><td></td><td></td><td></td><td></td></tr>
<tr><td colspan="2">价税合计（大写）</td><td colspan="7"></td></tr>
<tr><td rowspan="4">销货单位</td><td>名称：</td><td rowspan="4" colspan="3"></td><td rowspan="4">备注</td><td rowspan="4" colspan="3"></td></tr>
<tr><td>纳税人识别号：</td></tr>
<tr><td>地址、电话：</td></tr>
<tr><td>开户银行及账号：</td></tr>
</table>

第三联 抵扣联

收款人：　　复核：　　开票人：　　销货单位：（章）

**业务 31-1**

## 增值税专用发票

No.

此联是发票联　　开票日期：　　年　月　日

| 购货单位 | 名称：<br>纳税人识别号：<br>地址、电话：<br>开户银行及账号： | | 密码区 | |
|---|---|---|---|---|

| 货物或应税劳务名称 | 规格型号 | 单位 | 数量 | 单价 | 金额 | 税率 | 税额 |
|---|---|---|---|---|---|---|---|
| | | | | | | | |
| 价税合计（大写） | | | | | | | |

| 销货单位 | 名称：<br>纳税人识别号：<br>地址、电话：<br>开户银行及账号： | | 备注 | |
|---|---|---|---|---|

收款人：　　复核：　　开票人：　　销货单位：（章）

第二联　发票联

**业务 31-2**

## 增值税专用发票

No.

此联是抵扣联　　开票日期：　　年　月　日

| 购货单位 | 名称：<br>纳税人识别号：<br>地址、电话：<br>开户银行及账号： | | 密码区 | |
|---|---|---|---|---|

| 货物或应税劳务名称 | 规格型号 | 单位 | 数量 | 单价 | 金额 | 税率 | 税额 |
|---|---|---|---|---|---|---|---|
| | | | | | | | |
| 价税合计（大写） | | | | | | | |

| 销货单位 | 名称：<br>纳税人识别号：<br>地址、电话：<br>开户银行及账号： | | 备注 | |
|---|---|---|---|---|

收款人：　　复核：　　开票人：　　销货单位：（章）

第三联　抵扣联

业务 31-3

## 中国建设银行 电汇凭证（回单）

第　　号

委托日期：　　　　　　　　　　　　　　　　　　　应解汇款编号

<table>
<tr><td rowspan="3">汇款人</td><td>全称</td><td colspan="3"></td><td rowspan="3">收款人</td><td>全称</td><td colspan="10"></td></tr>
<tr><td>账号或住址</td><td colspan="3"></td><td>账号或住址</td><td colspan="10"></td></tr>
<tr><td>汇出地点</td><td></td><td>汇出行名称</td><td></td><td>汇入地点</td><td colspan="3"></td><td colspan="4">汇入行名称</td><td colspan="3"></td></tr>
<tr><td rowspan="2">金额</td><td colspan="6" rowspan="2">人民币（大写）</td><td>千</td><td>百</td><td>十</td><td>万</td><td>千</td><td>百</td><td>十</td><td>元</td><td>角</td><td>分</td></tr>
<tr><td></td><td></td><td></td><td></td><td></td><td></td><td></td><td></td><td></td><td></td></tr>
<tr><td colspan="7">汇款用途：</td><td colspan="10">留行待取预留收款人印鉴</td></tr>
<tr><td colspan="3">款项已收入<br><br>收款人账户<br><br>汇入行盖章　年　月　日</td><td colspan="4">款项已收妥<br><br>收款人盖章<br><br>年　月　日</td><td colspan="10">账户（借）<br>对方账户（贷）<br>汇入行解汇日期　年　月　日<br>复核　　出纳<br>记账</td></tr>
</table>

此联给付款人的回单

业务 32-1

## 增值税专用发票

No.03359120

此联是记账联　　　开票日期：年　　月　　日

<table>
<tr><td rowspan="4">购货单位</td><td colspan="2">名称：</td><td rowspan="4" colspan="2"></td><td rowspan="4">密码区</td><td rowspan="4" colspan="3"></td></tr>
<tr><td colspan="2">纳税人识别号：</td></tr>
<tr><td colspan="2">地址、电话：</td></tr>
<tr><td colspan="2">开户银行及账号</td></tr>
<tr><td colspan="3">货物或应税劳务名称</td><td>规格型号</td><td>单位</td><td>数量</td><td>单价</td><td>金额</td><td>税率</td><td>税额</td></tr>
<tr><td colspan="3"></td><td></td><td></td><td></td><td></td><td></td><td></td><td></td></tr>
<tr><td colspan="10">价税合计（大写）</td></tr>
<tr><td rowspan="4">销货单位</td><td colspan="2">名称：</td><td rowspan="4" colspan="2"></td><td rowspan="4">备注</td><td rowspan="4" colspan="3"></td></tr>
<tr><td colspan="2">纳税人识别号：</td></tr>
<tr><td colspan="2">地址、电话：</td></tr>
<tr><td colspan="2">开户银行及账号</td></tr>
</table>

收款人：　　　　复核：　　　　开票人：　　　　销货单位：（章）

第四联　记账联

业务 32-2

## 进　账　单（收账通知）

年　月　日

<table>
<tr><td rowspan="3">出票人</td><td>全称</td><td colspan="2"></td><td rowspan="3">收款人</td><td>全 称</td><td colspan="11"></td></tr>
<tr><td>账号</td><td colspan="2"></td><td>账 号</td><td colspan="11"></td></tr>
<tr><td>开户银行</td><td colspan="2"></td><td>开户银行</td><td colspan="11"></td></tr>
<tr><td rowspan="2">金额</td><td colspan="4" rowspan="2">人民币<br>（大写）</td><td>亿</td><td>千</td><td>百</td><td>十</td><td>万</td><td>千</td><td>百</td><td>十</td><td>元</td><td>角</td><td>分</td></tr>
<tr><td></td><td></td><td></td><td></td><td></td><td></td><td></td><td></td><td></td><td></td><td></td></tr>
<tr><td>票据种类</td><td></td><td>票据张数</td><td></td><td colspan="13" rowspan="2"></td></tr>
<tr><td>复核：</td><td colspan="3">记账：</td></tr>
</table>

**业务 33**

委邮　　**委托收款凭证**　　5　　　　委收号码

委托日期：　　　　年　　月　　日

| 收款单位 | 全称 | | | | 付款单位 | 全称 | | | | | | | | | | |
|---|---|---|---|---|---|---|---|---|---|---|---|---|---|---|---|---|
| | 账号或地址 | | | | | 账号或地址 | | | | | | | | | | |
| | 开户银行 | | 行号 | | | 开户银行 | | | | | | | | | | |
| 委收金额 | 人民币（大写） | | | | | 千 | 百 | 十 | 万 | 千 | 百 | 十 | 元 | 角 | 分 | |
| | | | | | | | | | | | | | | | | |
| 款项内容 | | 委托收款凭据名称 | | | | 附寄单证张数 | | | | | | | | | | |
| 备注： | | 款项收妥日期<br>年　　月　　日 | | | | | | | | | | | | | | |

单位主管：　　　　会计：　　　　复核：　　　　记账：

**业务 34-1**

**增值税专用发票**　　　　No.

此联是发票联　　　　开票日期：　　年　月　日

| 购货单位 | 名称： | | | | 密码区 | | | |
|---|---|---|---|---|---|---|---|---|
| | 纳税人识别号： | | | | | | | |
| | 地址、电话： | | | | | | | |
| | 开户银行及账号： | | | | | | | |
| 货物或应税劳务名称 | | 规格型号 | 单位 | 数量 | 单价 | 金额 | 税率 | 税额 |
| | | | | | | | | |
| 价税合计（大写） | | | | | | | | |
| 销货单位 | 名称： | | | | 备注 | | | |
| | 纳税人识别号： | | | | | | | |
| | 地址、电话： | | | | | | | |
| | 开户银行及账号： | | | | | | | |

第二联　发票联

收款人：　　　　复核：　　　　开票人：　　　　销货单位：（章）

**业务 34-2**

**增值税专用发票**　　　　No.

此联是抵扣联　　　　开票日期：　　年　月　日

| 购货单位 | 名称： | | | | 密码区 | | | |
|---|---|---|---|---|---|---|---|---|
| | 纳税人识别号： | | | | | | | |
| | 地址、电话： | | | | | | | |
| | 开户银行及账号： | | | | | | | |
| 货物或应税劳务名称 | | 规格型号 | 单位 | 数量 | 单价 | 金额 | 税率 | 税额 |
| | | | | | | | | |
| 价税合计（大写） | | | | | | | | |
| 销货单位 | 名称： | | | | 备注 | | | |
| | 纳税人识别号： | | | | | | | |
| | 地址、电话： | | | | | | | |
| | 开户银行及账号： | | | | | | | |

第三联　抵扣联

收款人　　　　复核：　　　　开票人：　　　　销货单位：（章）

业务 34-3

## 中国建设银行 电汇凭证（回单）

第 2254 号

委托日期：　　　　　　　　　　　　　　　　应解汇款编号

| 汇款人 | 全称 | | | 收款人 | 全称 | |
|---|---|---|---|---|---|---|
| | 账号或住址 | | | | 账号或住址 | |
| | 汇出地点 | 汇出行名称 | | | 汇入地点 | 汇入行名称 |
| 金额 | 人民币（大写） | | | | | 千 百 十 万 千 百 十 元 角 分 |
| 汇款用途： | | | | | | 留行待取预留收款人印鉴 |
| 款项已收入收款人账户<br>汇入行盖章<br>年 月 日 | | 款项已收妥<br>收款人盖章<br>年 月 日 | | 账户（借）<br>对方账户（贷）<br>汇入行解汇日期 年 月 日<br>复核 出纳记账 | | |

此联给付款人的回单

业务 34-4

## 收　料　单

材料科目：材料　　　　　　　　　　　　编号：001
材料类别：原料及主要材料　　　　　　　收料仓库：1 号仓库
供应单位：　　　年　　月　　日　　　　发票号码：

| 材料编号 | 材料名称 | 规格 | 计量单位 | 数量 | | 实际价格 | | | | 计划价格 | |
|---|---|---|---|---|---|---|---|---|---|---|---|
| | | | | 应收 | 实收 | 单价/元 | 发票金额/元 | 运费/元 | 合计/元 | 单价/元 | 金额/元 |
| | | | | | | | | | | | |
| | | | | | | | | | | | |
| 备注 | | | | | | | | | | | |

采购员　　　检验员：　　　记账员：　　　保管员：

业务 35

## 登记票据备查簿（不用填写）

业务 36

## 费用报销单

报销日期：　　年　月　日　　　　　　　　　　附件：　张

| 费 用 项 目 | 类　别 | 金　额 | 负责人（签章） | |
|---|---|---|---|---|
| | | | 审查意见 | |
| | | | 报销人（签章） | |
| 报销金额合计 | | 人民币（大写） | | |
| 核实金额（大写）　仟　佰　拾　元　角　分 | | | | |

审核：　　　　　　出纳：

业务 37

## 费用报销单

报销日期：　　年　月　日　　　　　　　　　　　　　　　　　　附件：　张

| 费用项目 | 类别 | 金额 | 负责人（签章） | |
|---|---|---|---|---|
| | | | 审查意见 | |
| | | | 报销人（签章） | |
| 报销金额合计 | | 人民币（大写） | | |
| 核实金额（大写）　　仟　佰　拾　元　角　分 | | | | |

审核：　　　　　　　　　　　　　　　　出纳：

业务 38

## 商业汇票贴现申请书

编号：

| 申请人全称 | | 法人代表人 | |
|---|---|---|---|
| 企业性质 | | 地址 | |
| 经营范围 | | | |
| 开户行及账号 | | | |

申请人将以下商业汇票申请贴现

| 汇票种类<br>项目 | | | | |
|---|---|---|---|---|
| 汇票号码 | | | | |
| 出票人全称 | | | | |
| 开户行及行号 | | | | |
| 出票日期 | | | | |
| 到期日期 | | | | |
| 承兑人全称 | | | | |
| 开户行及行号 | | | | |
| 交易合同字号 | | | | |
| 增值税发票号 | | | | |
| 发运单据号 | | | | |
| 汇票金额（大写） | | | | |

现将我单位持有的上述内容的汇票向你行申请贴现，并保证该票据真实、合法、有效。如票据到期不获付款，将由我单位承担全部赔偿责任。请予以审核受理。

此致

贴现银行

申请人（盖章）

法定代表人

年　　月　　日

联系人　　　　　　　　　　　　　　联系电话：

**业务 39**

## 增值税专用发票

No.03359121

此联是记账联　　　　开票日期：　　年　月　日

| 购货单位 | 名称： | | 密码区 | | | | 第四联 记账联 |
|---|---|---|---|---|---|---|---|
| | 纳税人识别号： | | | | | | |
| | 地址、电话： | | | | | | |
| | 开户银行及账号： | | | | | | |
| 货物或应税劳务名称 | | 规格型号 | 单位 | 数量 | 单价 | 金额 | 税率 | 税额 |
| | | | | | | | | |
| 价税合计（大写） | | | | | | | | |
| 销货单位 | 名称： | | 备注 | | | | |
| | 纳税人识别号： | | | | | | |
| | 地址、电话： | | | | | | |
| | 开户银行及账号： | | | | | | |

收款人：　　　　复核：　　　　开票人：　　　　销货单位：（章）

**业务 40 1**

## 增值税专用发票

No.

此联是发票联　　　　开票日期：　　年
月　日

| 购货单位 | 名称： | | 密码区 | | | | 第二联 发票联 |
|---|---|---|---|---|---|---|---|
| | 纳税人识别号： | | | | | | |
| | 地址、电话： | | | | | | |
| | 开户银行及账号： | | | | | | |
| 货物或应税劳务名称 | | 规格型号 | 单位 | 数量 | 单价 | 金额 | 税率 | 税额 |
| | | | | | | | | |
| 价税合计（大写） | | | | | | | | |
| 销货单位 | 名称： | | 备注 | | | | |
| | 纳税人识别号： | | | | | | |
| | 地址、电话： | | | | | | |
| | 开户银行及账号： | | | | | | |

收款人：　　　　复核：　　　　开票人：　　　　销货单位：（章）

**业务 40-2**

## 增值税专用发票

No.

此联是抵扣联　　　开票日期：　　年　月　日

| 购货单位 | 名称： | | | | 密码区 | | | |
|---|---|---|---|---|---|---|---|---|
| | 纳税人识别号： | | | | | | | |
| | 地址、电话： | | | | | | | |
| | 开户银行及账号： | | | | | | | |
| 货物或应税劳务名称 | | 规格型号 | 单位 | 数量 | 单价 | 金额 | 税率 | 税额 |
| | | | | | | | | |
| 价税合计（大写） | | | | | | | | |
| 销货单位 | 名称： | | | | 备注 | | | |
| | 纳税人识别号： | | | | | | | |
| | 地址、电话： | | | | | | | |
| | 开户银行及账号： | | | | | | | |

收款人：　　　　复核：　　　　开票人：　　　　销货单位：（章）

第三联　抵扣联

**业务 41-2**

## 差旅费报销单

| 起 | | 止 | | 起止地点 | 补助 | | | 说明 |
|---|---|---|---|---|---|---|---|---|
| 月 | 日 | 月 | 日 | | 天数 | 标准/天 | 金额 | |
| | | | | | | | | |
| | | | | | | | | |
| | | | | | | | | |
| | | | | | | | | |
| 飞机费 | | | | 车船费 | | 住宿费 | | 其他 |
| 合计（大写） | | | | | 单据张数 | | 报销人 | |
| | | | | | | | 年　月　日 | |

**业务 42-2**

## 现　金　收　据

年　月　日

交款单位________________交款人________________

交来________________款。

人民币（大写）________________￥__________。

收款人：

业务 42-1

## 增值税专用发票

No.

此联是发票联　　开票日期：　年　月　日

<table>
<tr><td rowspan="4">购货单位</td><td colspan="2">名称：</td><td colspan="3" rowspan="4"></td><td rowspan="4">密码区</td><td colspan="3" rowspan="4"></td></tr>
<tr><td colspan="2">纳税人识别号：</td></tr>
<tr><td colspan="2">地址、电话：</td></tr>
<tr><td colspan="2">开户银行及账号：</td></tr>
<tr><td colspan="3">货物或应税劳务名称</td><td>规格型号</td><td>单位</td><td>数量</td><td>单价</td><td>金额</td><td>税率</td><td>税额</td></tr>
<tr><td colspan="3"></td><td></td><td></td><td></td><td></td><td></td><td></td><td></td></tr>
<tr><td colspan="3">价税合计（大写）</td><td colspan="7"></td></tr>
<tr><td rowspan="4">销货单位</td><td colspan="2">名称：</td><td colspan="3" rowspan="4"></td><td rowspan="4">备注</td><td colspan="3" rowspan="4"></td></tr>
<tr><td colspan="2">纳税人识别号：</td></tr>
<tr><td colspan="2">地址、电话：</td></tr>
<tr><td colspan="2">开户银行及账号：</td></tr>
</table>

第二联　发票联

收款人：　　复核：　　开票人：　　销货单位：（章）

业务 42-2

## 增值税专用发票

No.

此联是抵扣联　　开票日期：　年　月　日

<table>
<tr><td rowspan="4">购货单位</td><td colspan="2">名称：</td><td colspan="3" rowspan="4"></td><td rowspan="4">密码区</td><td colspan="3" rowspan="4"></td></tr>
<tr><td colspan="2">纳税人识别号：</td></tr>
<tr><td colspan="2">地址、电话：</td></tr>
<tr><td colspan="2">开户银行及账号：</td></tr>
<tr><td colspan="3">货物或应税劳务名称</td><td>规格型号</td><td>单位</td><td>数量</td><td>单价</td><td>金额</td><td>税率</td><td>税额</td></tr>
<tr><td colspan="3"></td><td></td><td></td><td></td><td></td><td></td><td></td><td></td></tr>
<tr><td colspan="3">价税合计（大写）</td><td colspan="7"></td></tr>
<tr><td rowspan="4">销货单位</td><td colspan="2">名称：</td><td colspan="3" rowspan="4"></td><td rowspan="4">备注</td><td colspan="3" rowspan="4"></td></tr>
<tr><td colspan="2">纳税人识别号：</td></tr>
<tr><td colspan="2">地址、电话：</td></tr>
<tr><td colspan="2">开户银行及账号：</td></tr>
</table>

第三联　抵扣联

收款人：　　复核：　　开票人：　　销货单位：（章）

业务 43

## 现　金　收　据

年　月　日

交款单位＿＿＿＿＿＿＿＿交款人＿＿＿＿＿＿＿＿

交来＿＿＿＿＿＿＿＿款。

人民币（大写）＿＿＿＿＿＿＿＿¥＿＿＿＿＿。

收款人：

**业务 44**

### 委邮　委托收款凭证　5

委收号码

委托日期：　　年　月　日

| 收款单位 | | | | 付款单位 | | |
|---|---|---|---|---|---|---|
| | 全　称 | | | | 全　称 | |
| | 账号或地址 | | | | 账号或地址 | |
| | 开户银行 | 行号 | | | 开户银行 | |

| 委收金额 | 人民币（大写） | 千 | 百 | 十 | 万 | 千 | 百 | 十 | 元 | 角 | 分 |
|---|---|---|---|---|---|---|---|---|---|---|---|
| | | | | | | | | | | | |

| 款项内容 | | 委托收款凭据名称 | | 附寄单证张数 | |
|---|---|---|---|---|---|
| 备注： | 款项收妥日期<br>年　月　日 | | | | |

单位主管：　　　　会计：　　　　复核：　　　　记账：

**业务 45**

### 进　账　单（收账通知）

年　月　日

| 出票人 | | | 收款人 | | |
|---|---|---|---|---|---|
| | 全　称 | | | 全　称 | |
| | 账　号 | | | 账　号 | |
| | 开户银行 | | | 开户银行 | |

| 金额 | 人民币（大写） | 亿 | 千 | 百 | 十 | 万 | 千 | 百 | 十 | 元 | 角 | 分 |
|---|---|---|---|---|---|---|---|---|---|---|---|---|
| | | | | | | | | | | | | |

| 票据种类 | | 票据张数 | | |
|---|---|---|---|---|
| 复核： | 记账： | | | |

**业务 46**

### 委邮　委托收款凭证　1

委收号码

委托日期：　　年　月　日

| 收款单位 | | | | 付款单位 | | |
|---|---|---|---|---|---|---|
| | 全　称 | | | | 全　称 | |
| | 账号或地址 | | | | 账号或地址 | |
| | 开户银行 | 行号 | | | 开户银行 | |

| 委收金额 | 人民币（大写） | 千 | 百 | 十 | 万 | 千 | 百 | 十 | 元 | 角 | 分 |
|---|---|---|---|---|---|---|---|---|---|---|---|
| | | | | | | | | | | | |

| 款项内容 | | 委托收款凭据名称 | | 附寄单证张数 | |
|---|---|---|---|---|---|
| 备注 | 款项收妥日期<br>年　月　日 | | | | |

单位主管：　　　　会计：　　　　复核：　　　　记账：

**业务 47**

委邮　**委托收款凭证**　5　　委收号码

委托日期：　年　月　日

| | | | | | | | |
|---|---|---|---|---|---|---|---|
| 收款单位 | 全　称 | | | | 付款单位 | 全　称 | |
| | 账号或地址 | | | | | 账号或地址 | |
| | 开户银行 | | 行　号 | | | 开户银行 | |
| 委收金额 | 人民币（大写） | | | | | 千 百 十 万 千 百 十 元 角 分 | |
| 款项内容 | | 委托收款凭据名称 | | | 附寄单证张数 | | |
| 备注： | 款项收妥日期<br>年　月　日 | | | | | | |

单位主管：　会计：　复核：　记账：

**业务 48-1**

**增值税专用发票**　　No.03359122

此联是记账联　　开票日期：　年　月　日

| | | | | | | | | |
|---|---|---|---|---|---|---|---|---|
| 购货单位 | 名称： | | 密码区 | | | | | |
| | 纳税人识别号： | | | | | | | |
| | 地址、电话： | | | | | | | |
| | 开户银行及账号： | | | | | | | |
| 货物或应税劳务名称 | 规格型号 | 单位 | 数量 | 单价 | 金额 | 税率 | 税额 | |
| | | | | | | | | |
| 价税合计（大写） | | | | | | | | |
| 销货单位 | 名称： | | 备注 | | | | | |
| | 纳税人识别号： | | | | | | | |
| | 地址、电话： | | | | | | | |
| | 开户银行及账号： | | | | | | | |

第四联　记账联

收款人：　复核：　开票人：　销货单位：（章）

**业务 48-2**

## 中国建设银行 电汇凭证（回单）

第　　号

委托日期　　　　　　　　　　　　　　　　应解汇款编号

<table>
<tr><td rowspan="3">汇款人</td><td>全　称</td><td colspan="3"></td><td rowspan="3">收款人</td><td>全　称</td><td colspan="12"></td></tr>
<tr><td>账号或住址</td><td colspan="3"></td><td>账号或住址</td><td colspan="12"></td></tr>
<tr><td>汇出地点</td><td></td><td>汇出行名称</td><td></td><td>汇入地点</td><td colspan="6"></td><td colspan="4">汇入行名称</td><td colspan="2"></td></tr>
<tr><td rowspan="2">金额</td><td colspan="6" rowspan="2">人民币（大写）</td><td>千</td><td>百</td><td>十</td><td>万</td><td>千</td><td>百</td><td>十</td><td>元</td><td>角</td><td>分</td></tr>
<tr><td></td><td></td><td></td><td></td><td></td><td></td><td></td><td></td><td></td><td></td></tr>
<tr><td colspan="9">汇款用途：</td><td colspan="9">留行待取预留收款人印鉴</td></tr>
<tr><td colspan="5">款项已收入收款人账户<br>汇入行盖章<br>年　月　日</td><td colspan="3">款项已收妥<br>收款人盖章<br>年　月　日</td><td colspan="10">账户（借）<br>对方账户（贷）<br>汇入行解汇日期　年　月　日<br>复核　　出纳记账</td></tr>
</table>

此联给付款人的回单

**业务 48-3**

邮

## 中国工商银行托收承付结算凭证（支款凭证）

第　　号

托收号码

承付期限

委托日期：　　　年　　月　　日　　　　到　　期

<table>
<tr><td rowspan="3">收款单位</td><td>全　称</td><td colspan="3"></td><td rowspan="3">付款单位</td><td>全　称</td><td colspan="10"></td></tr>
<tr><td>账　号</td><td colspan="3"></td><td>账号或地址</td><td colspan="10"></td></tr>
<tr><td>开户银行</td><td></td><td>行号</td><td></td><td>开户银行</td><td colspan="10"></td></tr>
<tr><td rowspan="2">托收金额</td><td colspan="5" rowspan="2">人民币（大写）</td><td>千</td><td>百</td><td>十</td><td>万</td><td>千</td><td>百</td><td>十</td><td>元</td><td>角</td><td>分</td></tr>
<tr><td></td><td></td><td></td><td></td><td></td><td></td><td></td><td></td><td></td><td></td></tr>
<tr><td colspan="2">附件</td><td colspan="4">商品发运情况</td><td colspan="11">合同名称号码</td></tr>
<tr><td colspan="2">附寄单证张数或册数</td><td colspan="4"></td><td colspan="11"></td></tr>
<tr><td colspan="3">备注</td><td colspan="4">银行意见：<br>（收款单位开户行盖章）　月　日</td><td colspan="10">科目（付）<br>对方科目（付）<br>转账　年　月　日<br>复核员：　记账员：</td></tr>
</table>

付款单位开户行收到日期　　　　　　　　　　年　月　日

**业务 49**

第 0224 号

托收号码

邮　**中国工商银行托收承付结算凭证（支款凭证）**　承付期限

委托日期：　　年　月　日　　到　期

<table>
<tr><td rowspan="3">收款单位</td><td>全　称</td><td colspan="3"></td><td rowspan="3">付款单位</td><td>全　称</td><td colspan="9"></td></tr>
<tr><td>账　号</td><td colspan="3"></td><td>账号或地址</td><td colspan="9"></td></tr>
<tr><td>开户银行</td><td></td><td>行号</td><td></td><td>开户银行</td><td colspan="9"></td></tr>
<tr><td rowspan="2">托收金额</td><td colspan="5" rowspan="2">人民币（大写）</td><td>千</td><td>百</td><td>十</td><td>万</td><td>千</td><td>百</td><td>十</td><td>元</td><td>角</td><td>分</td></tr>
<tr><td></td><td></td><td></td><td></td><td></td><td></td><td></td><td></td><td></td><td></td></tr>
<tr><td colspan="2">附件</td><td colspan="4">商品发运情况</td><td colspan="10">合同名称号码</td></tr>
<tr><td colspan="2">附寄单证张数或册数</td><td></td><td colspan="3"></td><td colspan="10"></td></tr>
<tr><td colspan="3">备注</td><td colspan="4">银行意见：<br>（收款单位开户行盖章）　月　日</td><td colspan="9">科目（付）______<br>对方科目（付）___<br>转账　年　月　日<br>复核员：　记账员：</td></tr>
</table>

付款单位开户行收到日期　　年　月　日

**业务 50**

## 现金盘点报告表

年　月　日

<table>
<tr><td rowspan="2">实存金额/元</td><td rowspan="2">账存金额/元</td><td colspan="2">对比结果</td><td rowspan="2">备注</td></tr>
<tr><td>盘盈</td><td>盘亏</td></tr>
<tr><td></td><td></td><td colspan="2"></td><td>出纳员：<br>领导签字：</td></tr>
</table>

盘点人签章：　　出纳签章：